汽车专业技能型教育创新教材

汽车维护与保养图解教程
第 2 版

组　编　东莞市凌凯教学设备有限公司
主　编　谭本忠
参　编　胡　波　谭红平　谭秋平　张远军
　　　　张国林　李阳阳　李志杰　李　明
　　　　曾放生　宋祥贵　吴林勇　向建华

机械工业出版社

本书详细地介绍了汽车发动机、底盘、车身、电器设备的常见维护及保养项目，从汽车的构造、保养、维护、装配、调整方面介绍了操作要点和维护保养规范。

为了方便读者的理解，本书采用图文并茂的形式，其内容翔实、系统全面、简易实用。本书既可作为各汽车职业培训学校、职业院校的专业教材供学生和教师使用，也可供汽车维修与养护技术人员阅读使用。

> 为方便教学，本套教材专门配备了 PowerPoint(PPT)形式的配套教学课件，可供广大教师选用。在 http://www.cmpedu.com 网站上，注册后即可下载教材课件；机械工业出版社编辑热线：010-88379771。

图书在版编目(CIP)数据

汽车维护与保养图解教程/谭本忠主编. —2版. —北京：机械工业出版社，2016.12(2025.7重印)
汽车专业技能型教育创新教材
ISBN 978-7-111-55225-3

Ⅰ.①汽… Ⅱ.①谭… Ⅲ.①汽车—车辆修理—教材 ②汽车—车辆保养—教材 Ⅳ.①U472

中国版本图书馆 CIP 数据核字(2016)第 249347 号

机械工业出版社(北京市百万庄大街22号　邮政编码100037)
策划编辑：连景岩　孟　阳　责任编辑：连景岩　孟　阳　朱琳琳
责任校对：刘　岚　　　　　　封面设计：鞠　杨
责任印制：单爱军
北京中科印刷有限公司印刷
2025年7月第2版第19次印刷
184mm×260mm·10印张·240千字
标准书号：ISBN 978-7-111-55225-3
定价：29.00元

电话服务　　　　　　　　　　网络服务
客服电话：010-88361066　　　机　工　官　网：www.cmpbook.com
　　　　　010-88379833　　　机　工　官　博：weibo.com/cmp1952
　　　　　010-68326294　　　金　书　网：www.golden-book.com
封底无防伪标均为盗版　　　　机工教育服务网：www.cmpedu.com

丛 书 序

当今正值国家大力推广职业教育之际，各地教育机构紧抓机遇，大胆革新，积极推行新的职业教育方法与思路。

本套创新教材根据职业需求和岗位要求设置教学项目，同时将知识系统和技能系统化整为零，使学员能做到学一样精一样，而且在细化深入的前提下掌握解决问题的途径和思路。

本套教材强化职业实践的实用性教学，对理论教学的要求是将抽象深奥的知识简单化、形象化和感性化，使学员能够轻松掌握，并联系实际，融入实践，同时在实践教学中结合理论认识能将实践认知与经验总结为理论。这样，在学中做，在做中学，巩固知识，强化技能。

综合上述特点和要求，创新教材应该具有系统分块，知识点与技能点结合，理论描述简明，实践叙述符合职业规范，能直接感知并参照操作的特点。

很多汽车相关职业院校与职教中心在进行教学改革的同时也在进行教材更新，但大多数是在传统教学教材的基础上改编而来的，无法摆脱原有的形式和限制，编写出来的教材往往难以普及并发挥实效。

我们综合汽车运用与维修、汽车检测与维修技术等专业课程设置的要求，同时考虑到职业需求和岗位的设置，将本套创新教材分为汽车机修技术、汽车电子技术、汽车故障诊断技术、汽车车身修复技术、汽车美容与装饰技术、汽车保养与维护技术六大块，同时为保证专业课程有理论和技术基础，设置了汽车机械基础、汽车电学基础、汽车维修专业英语以及汽车文化四门基础课。各个专业分类下是核心与主干课程，如机修之下包括汽车发动机与汽车底盘，电子之下包括汽车电器、汽车空调、汽车发动机电控系统、汽车自动变速器、汽车安全舒适系统等。

这套教材作为学生课本，主要突出实图、原理、检测、维修与案例相结合。配套开发的还有教学课件，我们力图通过这种方式使此套创新教材成为一种立体化的、学员易学、教师易教、效果独到的专门化教材。

编　者

目 录 Contents

丛书序

第一章　汽车维护绪论 ··· 1
 第一节　汽车技术状况的变化 ·· 1
 第二节　汽车维护制度 ·· 6
 第三节　汽车保养与维护工艺规范 ·· 14
 第四节　汽车保养与维护注意事项及常见误区 ·· 23

第二章　汽车保养与维护基础知识 ·· 25
 第一节　汽车保养维护的运行材料使用技术 ··· 25
 第二节　汽车保养维修常用工量具 ·· 38

第三章　汽车发动机的保养与维护 ·· 47
 第一节　发动机润滑系统的保养与维护 ·· 47
 第二节　发动机冷却系统的保养与维护 ·· 56
 第三节　发动机进、排气系统的保养与维护 ··· 60
 第四节　发动机点火系统的保养与维护 ·· 67
 第五节　发动机燃油喷射系统的保养与维护 ··· 74
 第六节　汽油-液化石油气(LPG)双燃料车的保养与维护 ·································· 85

第四章　汽车底盘的保养与维护 ··· 89
 第一节　离合器的保养与维护 ·· 89
 第二节　手动变速器的保养与维护 ·· 90
 第三节　自动变速器的保养与维护 ·· 91
 第四节　悬架系统的保养与维护 ··· 96
 第五节　转向系统的保养与维护 ··· 105
 第六节　制动系统的保养与维护 ··· 110

第五章　汽车车身的保养与维护 ··· 124
 第一节　汽车锁匙、刮水器的保养与维护 ·· 124
 第二节　电动车窗的保养与维护 ··· 128
 第三节　空调系统的保养与维护 ··· 131

第六章 汽车电器设备的保养与维护…………………………………………………… 135
　第一节　蓄电池、交流发电机、起动机的保养与维护……………………………… 135
　第二节　灯光信号装置的保养与维护……………………………………………… 144
　第三节　安全气囊的保养与维护…………………………………………………… 148

参考文献………………………………………………………………………………… 151

第一章

汽车维护绪论

第一节　汽车技术状况的变化

汽车是由各种零部件组合而成的机械。随着行驶里程的增加，汽车技术状况发生变化，使用性能逐渐变差，并通过各种故障表现出来，直至丧失工作能力。因此，掌握汽车技术状况变化规律，合理使用和及时维护汽车，确保技术状况良好，对延长汽车使用寿命有着重要作用。

一、汽车技术状况变化的规律及表现

（一）汽车技术状况变化的规律

汽车技术状况是定量测得某一时刻汽车外观和性能综合参数值的总和。汽车技术状况变化规律是指汽车技术状况与行驶里程或时间的关系，了解和掌握其变化规律，就可采取相应措施以延长汽车使用寿命。

1. 配合零件的磨损特性曲线

通常以汽车主要部件的磨损情况作为衡量汽车技术状况变化的指标。研究结果表明，零件的磨损过程可分为三个阶段，如图 1-1 所示。

（1）第一阶段　第一阶段是零件的走合期，行驶里程一般为 1000~1500km。其特征是：在较短的里程（或时间）内零件的磨损速度较快，当配合零件走合良好后，磨损速度开始减慢。机件在走合期的磨损量主要与机件加工工艺质量及走合期的使用维护有关。在车辆使用中，走合期的维护很重要。

（2）第二阶段　第二阶段是零件的正常工作期。其特征是：零件的磨损速度随汽车行驶里程的增加而减缓。由于零件工作表面已经磨合、润滑条件较好，相配零件的间隙在正常技术范围内，此阶段的磨损缓慢。正常工作阶段维持时间的长短取决

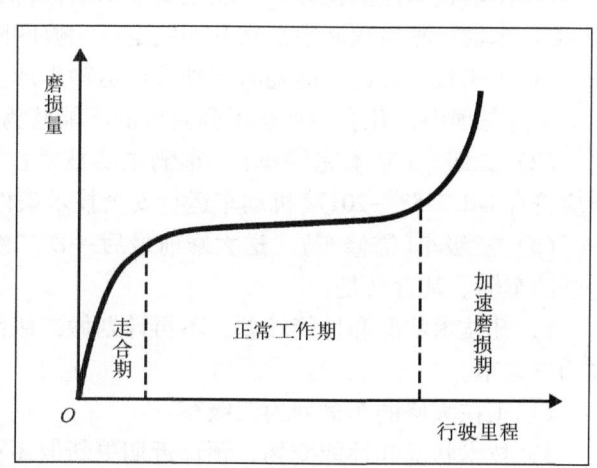

图 1-1　零件的磨损特性曲线

于零件的材料、结构、使用条件及是否正确维护。若合理使用、强制维护，汽车保持良好技术状况的时间就能延长。

（3）第三阶段　第三阶段是零件的加速磨损期。其特征是：相配零件间隙已达到最大允许使用极限，磨损量急剧增加。由于间隙增大，润滑油膜难以维持，冲击负荷增大，磨损量也增大，易出现故障，如异响、漏气、振抖、温度异常等现象。此时，若继续使用，就会有异常磨损，使零件迅速损坏，只有经过大修，才能恢复汽车的使用性能。

通过对汽车零件磨损特性曲线的分析，可以看出汽车的使用寿命与走合期和正常工作期的使用有很大的关系。要延长汽车使用寿命，必须合理使用汽车，定期做好汽车维护，才能保障车辆完好的技术状况。

2. 技术状况分级

交通运输部颁布的JT/T 198—2016《道路运输车辆技术等级划分和评定要求》是评定汽车技术状况的技术分级标准。

它根据汽车使用年限和在此年限内对汽车动力性、燃料经济性、制动性、转向操纵性、灯光、噪声、废气排放、整车外观等项目测得的技术数据与技术规范要求相符合的程度，将汽车划分为一级车、二级车、三级车、四级车四类，每半年核定一次。目的是使运输管理部门和运输单位通过定期车辆综合鉴定，核定其技术状况等级，以便掌握车辆的技术状况，有计划地安排与组织维修或合理更新改造。

现将各级车的基本标准说明如下：

（1）一级车（完好车）　一级车指新车行驶到第一次定额大修间隔里程的2/3和第二次定额大修间隔里程的2/3以前的车辆。一级车各主要总成的基础件和主要零部件坚固可靠，技术性能良好；发动机运转稳定，无异响，动力性能良好，燃润料消耗不超过定额指标，废气排放、噪声符合国家标准；各项装备齐全、完好，在运行中无任何保留条件。上述情况概括起来，一级车的标准有三条：

1）车辆技术性能良好，各项主要技术指标符合定额要求。
2）车辆行驶里程必须是在其相应定额大修间隔里程的2/3内。
3）车辆状况良好，能随时行驶参加运输生产。

上述三项中，凡有一项达不到要求的不能核为一级车。

（2）二级车（基本完好车）　车辆主要技术性能和状况或行驶里程低于完好车的要求，但应符合GB 7258—2017《机动车运行安全技术条件》的规定，能随时行驶参加运输。

（3）三级车（需修车）　送大修前最后一次二级维护后的车辆和正在大修或待更新尚在行驶的车辆。其含义是：

1）凡技术状况和性能较差，不再计划做二级维护作业即将送大修，但仍在行驶的车辆列为三级车。
2）正在大修的车辆列为三级车。
3）技术状况和性能变坏，预计近期更新但还在行驶的车辆列为三级车。

（4）四级车（停驶车）　预计在短期内不能修复或无修复价值的车辆。其含义是指已不能行驶但又尚未报废的车辆，列为四级车。

由此可知，汽车技术等级的划分遵循了汽车技术状况的变化规律，并且对实践中的实际车况进行了具体量化。

（二）汽车技术状况变化的表现

汽车在使用过程中，随着行驶里程的增加和外界条件的变化，其技术状况逐渐变差。导致汽车技术状况变化的原因是多方面的，有自然磨损、零件腐蚀、疲劳损伤、变形、材料老化及偶然损伤等，但主要因素仍是零件工作表面严重磨损。一般可以通过相继出现的种种外观症状来推断汽车技术状况变化的程度。

1. 用汽车使用性能指标评定技术状况的变化

（1）动力性下降　动力性的具体指标表现为：汽车的最高行驶速度、加速时间、加速距离、最大爬坡度、制动效能、牵引能力等。根据试验资料，在汽车行驶到接近大修里程时，发动机功率下降20%以上，最大行驶速度比新车额定车速下降10%~15%，而加速时间将增加25%~30%。

（2）经济性变差　经济性的具体指标表现为：燃润料消耗量、维修费用、运输成本等。当汽车行驶一定里程后，耗油量超过额定量的15%，润滑油料消耗达1L/100km以上，排烟增多或有异味，说明该车的经济性显著下降。

（3）汽车安全特性下降　汽车安全特性下降主要表现在汽车制动距离增长，跑偏量增大，制动机构反应迟缓甚至经常出现失灵，转向操纵沉重，摆振不断增加，行驶过程中噪声、振抖、异响不断增多，排气中的有害气体或烟度不断增加等。

（4）汽车可靠特性下降　汽车可靠特性是指汽车在特定条件下和规定时间内，完成规定功能的能力。也就是汽车在长时期使用过程中，能够无故障工作的能力。汽车可靠性下降主要表现在汽车运行过程中，随着使用时间或行驶里程的增加，因技术故障停歇的时间增多，而故障率明显上升。汽车的可靠度与使用时间的关系如图1-2所示。

以上四项汽车使用性能指标的变化，是通过外观症状来评定的。如有条件，可以通过测定发动机和底盘的技术参数来合理评价汽车技术状况。

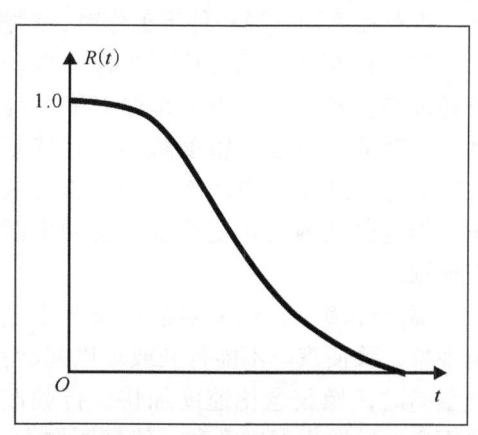

图1-2　汽车的可靠度与使用时间曲线

2. 用汽车技术参数评定技术状况变化

（1）评价发动机技术状况的技术参数　评价发动机技术状况的技术参数有发动机功率、燃油消耗量、机油消耗量、发动机燃烧质量、气缸压缩压力、曲轴箱窜气量、气缸漏气率、进气歧管真空度、点火系工作质量、机油压力、机油品质、发动机温度、发动机异响和振动等。在诊断发动机技术状况时，可在上述参数中，选择几项与发动机功率、油耗、磨损三方面有关的参数进行检测。这是因为功率与油耗决定了发动机的工作特性和经济指标；而磨损情况是发动机继续工作或需进行维修的依据。

（2）评价底盘技术状况的技术参数　评价底盘技术状况的技术参数有驱动车轮的驱动力、制动距离、车轮制动力和制动踏板作用力、制动减速度、最大转角、转向轮定位、侧滑量、车轮不平衡量、汽车前照灯光轴与照度、底盘的异响和振动、滑行距离、底盘某些主要总成件的工作温度等。在日常使用中诊断底盘技术状况时，可从安全（制动、转向）、动力（驱动车轮的牵引力、车速）和异响三个方面的参数进行评价。

二、影响汽车技术状况变化的因素

导致汽车技术状况变化的因素是多方面的,概括起来有以下几种。

(一)汽车结构和制造工艺的因素

汽车零件结构设计的先进性和合理性,制造与装配的质量,材质的优劣,都直接影响着汽车使用寿命。先进科学技术和管理办法的引入,新技术、新工艺、新设备、新材料的采用,汽车的质量和使用可靠性不断提高,都可延长汽车的使用寿命。

(二)燃料和机油品质的因素

1. 燃料的品质

燃料的使用性能直接影响发动机的工作性能。若选用不当,则易引起发动机爆燃,加剧零件的磨损和损坏,导致功率下降,同时使机油变质,造成浪费,增加成本。所以只有正确合理地选用燃料,才能获得良好的动力性、经济性。

2. 机油的品质

机油对汽车发动机工作,及其他汽车零件的耐久性、可靠性、经济性和工作能力的发挥具有重要作用。正确合理地使用机油可以降低发动机功率消耗、减轻零件磨损、延长零件使用寿命,从而延长汽车使用寿命。

(三)运行条件的因素

1. 气候因素

汽车在不同气温条件下工作时,对技术状况变化的速度影响很大。

(1)汽车在高温环境下工作 发动机易过热,发动机室内工作温度能升高到 70~75℃,使空气密度减小,充气系数下降,导致发动机功率下降,压力减小,加速机油的氧化变质以及发动机磨损加剧。

高温环境下,汽油供油系易产生气阻现象,致使汽车不能行驶或难以起动;气温高时,橡胶老化速度加快,行驶散热不良,轮胎内温度升高,使气压增大,因而容易爆胎。冷却液温度对发动机磨损的影响如图1-3所示。

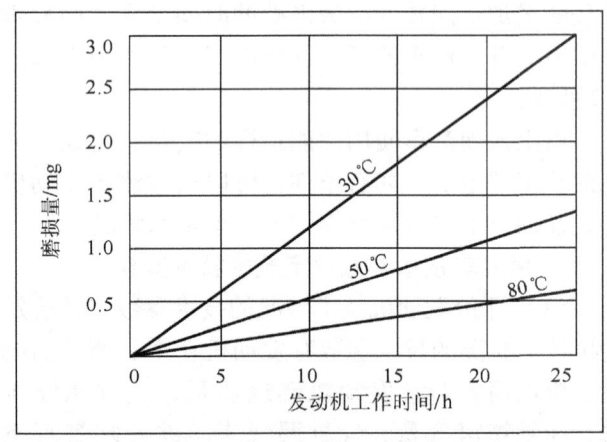

图1-3 冷却液温度对发动机磨损的影响曲线

当汽车在高温环境下工作时,可以按表1-1所述措施改善汽车的使用性能。

表1-1 高温条件下改善汽车性能采取的措施

加强季节维护	a. 换用夏季机油 b. 加强对冷却系的检查与调整 c. 调整电气系统,经常检查蓄电池的电解液相对密度和液面高度,并及时加注蒸馏水。适当调小调节器充电电流和点火提前角

（续）

防止供油系气阻	a. 改善发动机的散热和通风，以及隔开供油系的受热部分 b. 采用燃油蒸气回收装置 c. 采用无回油管燃油供给系统
防止发动机爆燃	a. 可适当推迟点火提前角，改善进气温度，使之少受发动机热辐射的影响 b. 提高发动机冷却系的冷却强度来改善使用性能
防止轮胎爆破	在运行中，应经常检查轮胎的温度和气压，保持规定的气压标准

（2）汽车在低温环境下工作

1）使用特点：低温使机油黏度增大，不能及时进入零件摩擦表面，使磨损加剧，也使发动机起动困难，燃料消耗量增加；汽车使用的非金属材料（如塑料、橡胶制品等），严寒气候条件可使之冻裂、硬化或降低零件的结构强度等。

2）改善性能采取的措施：加强季节性维护，选用冬季用的燃料和机油；检查冷却系，检查和调整油路、电路；备好过冬装备；使用低温专用冷却液。

2. 道路条件因素

（1）汽车在不良路面上行驶的使用特点　汽车在不良路面上行驶时，行驶阻力增加，各零件总成承受冲击载荷大而频繁；行驶速度经常变化，换档次数增加使传动机构磨损增大；不良路面尘土较多，飘浮的尘埃通过空气、燃油、机油进入发动机气缸内部，加速活塞环、曲轴轴承等的磨损，使汽车技术状况迅速变差。

（2）汽车在不良路面上行驶应采取的措施

1）提高车轮与路面的附着力，防止车轮滑转。在冰雪路面上行驶时，可在驱动轮上装防滑链，以提高车轮与路面的附着系数。

2）采取合理的驾驶方法。松软道路上附着系数很低，在驾驶时，不能使用紧急制动，转向也不要过急，以免发生侧滑；当车轮陷入泥泞道路空转打滑时，不可盲目地加大加速踏板行程强行驶出，以免越陷越深。

3）合理选用汽车轮胎。车轮对汽车通过性有很大影响，为提高汽车通过性，必须正确选择轮胎气压、花纹、结构参数，使汽车行驶阻力最小而又获得最大附着力。

（四）汽车的载荷、速度及驾驶操作的因素

驾驶操作对汽车使用寿命的影响是一个重要因素。驾驶人的素质体现在两个方面：

1）爱惜车辆，做到勤检查、勤维护，经常保持车辆处于良好的技术状况。

2）对驾驶操作技术精益求精。驾驶操作过程中，能冷摇慢转，预热升温，轻踏缓抬、均匀中速、行驶平稳，正确换档、爬坡自如，在安全情况下滑行，掌握温度，保持发动机的最佳热状况和良好的润滑条件，以及在装运中做到装载均匀不超载等。这样，不仅车辆的使用性能得到充分发挥，而且车辆的使用寿命也大大提高。

（五）维修质量的因素

维修质量是汽车技术状况变化的关键影响因素。除在使用过程中，能按照要求进行润滑、检查、紧固和调整外，在维修中还需注意以下几点：

1）贯彻汽车维护规范，按照维护制度要求，对各级维护内容、技术要求进行作业，不漏项、不减项。

2) 按国家技术标准对需修汽车进行相应级别的修理，提高汽车的完好状况。

3) 加强对维护和修理车辆的及时检测，确保维修质量达到规定指标。返工率小于5%，一次合格率大于85%。

第二节　汽车维护制度

我国现行的汽车维护和修理制度在交通部2016年新颁布的《道路运输车辆技术管理规定》中有明确的要求。对车辆的技术管理应坚持预防为主和技术与经济相结合的原则；对运输车辆实行择优选配、正确使用、定期检测、强制维护、视情修理、合理改造、适时更新和报废的全过程综合性管理。

汽车维修包含汽车维护和修理，是性质不同的两种技术措施，由于目的不同，因此执行的条件也不同。车辆维护贯彻预防为主、强制维护的原则。其任务是保持车容整洁，降低零件磨损速度，预防故障发生，延长汽车使用寿命。车辆修理贯彻视情修理的原则，即根据车辆检测诊断和技术鉴定的结果，视情按不同作业范围和深度将达到工作极限的汽车恢复工作能力。所以不能把性质不同的两种技术措施加以混淆。

交通运输车辆技术管理在文件精神指导下，经过多年努力，逐步纳入系统管理轨道，并得到健康发展。随着改革形势的深入，经营体制的变化，车辆维护走向市场化。为加强对车辆维护工作的管理，交通部发布了《道路运输车辆维护管理规定》，并于1998年4月1日正式执行。它更加明确了车辆维护的作业内容和技术要求，对车辆使用单位和维护企业双方都提出了行为规范和惩处法则。这是国家为保持车辆良好技术状况、确保车辆运行安全、保护环境、降低运行消耗、提高运输质量，对车辆维护这个环节的管理极为重视而采取的又一重要措施，也说明了车辆维护在车辆运输技术管理中所占的重要地位。

一、我国现行的汽车维修制度

（一）我国现行的汽车维护制度
1. 基本精神

我国现行的汽车维护制度贯彻"预防为主，强制维护"的原则。"预防为主"的设备管理原则在世界通行，只有做好事前的预防性工作，才能使设备经常保持良好的技术状况，减少故障频率，降低消耗，延长使用寿命。现行的汽车维护制度，将过去的计划预防维护制度的"定期维护"改为"强制维护"，这是为了进一步强调维护的重要性和必要性，使运输单位和个人更加重视车辆的维护，防止因追求眼前利益而不及时维护，从而导致车况严重下降，影响安全生产。

2. 维护分类

维护分定期维护和非定期维护，定期维护分日常维护、一级维护和二级维护。非定期维护分为季节性维护和走合维护，季节性维护可结合定期维护进行。

3. 维护的作业规范

维护作业包括清洗、检查、补给、润滑、紧固、调整等内容。

一般除主要总成发生故障必须解体外，不得对车辆总成进行解体，这就明确了维护和修

理的界限。车辆进行维护时，不能对其主要总成大拆大卸，只有在发生故障需要解体时方允许进行解体。很明显，与过去的维护制度比较，现行的维护制度有以下特点：

1）取消了整车解体式的三级维护。经生产实践证明，对主要总成大拆大卸的工艺方法是不科学的，也是不符合技术经济原则的。同时，"三级维护"作业内容既有维护的作业又有修理的作业，不便于维护与修理的区分。

2）没有对各级维护周期做统一规定，由各省、市、自治区按车型，结合本地区具体情况提出统一的维护周期，但制定了车辆维护技术规范以保证车辆正常维护质量。

3）对季节性维护做了规范。当车辆进入冬、夏两季运行时，一般结合二级维护对车辆进行季节性维护。

4. 各类维护的作业范围

（1）日常维护　日常维护是日常性作业，由驾驶人负责完成。其主要内容是清洁、补给和安全检视。它是保持车辆正常工作状况的经常性、必须性的工作。

（2）一级维护　一级维护由专业维修厂负责执行。其主要内容除日常维护工作外，以清洁、润滑、紧固为主，并检查有关制动、操纵等安全部件。坚持"三检"，即出车前、行车中、收车后检视车辆的安全机构及各部件连接的紧固情况；保持"四清"，即保持机油、空气、燃油滤清器和蓄电池的清洁；防止"四漏"，即防止漏水、漏油、漏气、漏电等。

（3）二级维护　二级维护由专业维修厂负责执行。其主要内容除一级维护所包括的工作外，以检查、调整万向节、转向摇臂、制动蹄片、悬架等经过一定时间的使用容易磨损或变形的安全部件为主，并拆检轮胎，进行轮胎换位。

（4）季节性维护　由于冬、夏季的温差大，为使车辆在冬、夏季合理使用，在换季之前应结合定期维护，并附加一些相应的项目，使汽车适应气候变化的运行条件，此种附加性的维护称为季节性维护。

（5）走合维护　汽车运行初期，改善零件摩擦表面几何形状和表面层物理、机械性能的过程称为走合维护。

5. 汽车维护周期

（1）日常维护　日常维护的周期为每次出车前、行车中、收车后。

（2）一级维护　一级维护的周期为2000~3000km或根据车型要求。

（3）二级维护　二级维护周期依据各地条件不同在10000~15000km范围内选定，或者时间间隔为60~90天。

现行的维护制度，着重于加强强制性的日常维护，增加检测性定期维护。即对日常维护和一级维护实行定期强制执行，提高安全、节能、环保与寿命等性能；对二级维护先检测诊断和技术评定，根据结果确定附加作业或小修项目，结合二级维护一并进行。

（二）我国现行的汽车修理制度

1. 基本精神

我国现行的汽车修理制度贯彻视情修理的原则。这个原则是随着汽车检测诊断技术的发展和维修市场的变化提出的。过去的"计划修理"往往因计划不周或执行不彻底造成修理的不及时或提前修理，其结果致使车况急剧恶化或执行不彻底造成不应有的浪费。而现在的"视情修理"是建立在检测诊断基础上的，不是依照车辆使用者的意见随意确定的修理。

"视情修理"也并不意味着由此取消车辆或总成的大修。归结起来,现行的汽车修理制度其基本实质是:

1) 由原来以行驶里程为基础确定车辆的修理方式改变为以车辆的实际技术状况为基础的修理方式。

2) 车辆修理的作业范围是通过检测诊断后确定的,所以检测诊断技术是实现视情修理的重要保证。

3) 视情修理体现了技术与经济相结合的原则。

2. 修理分类

车辆修理按作业范围可分为汽车大修、总成大修、汽车小修和零件修理。

(1) 汽车大修 汽车大修用修理或更换车辆任何零件的方法,恢复车辆的完好技术状况和完全(或接近完全)恢复车辆寿命的恢复性修理,其目的是恢复车辆的动力性、经济性、可靠性和原有装备,使车辆的技术状况和使用性能达到规定的技术条件。

(2) 总成大修 总成大修用修理或更换总成任何零部件(包括基础件)的方法,恢复某一总成的完好状况和寿命的恢复性修理。

(3) 汽车小修 汽车小修是用更换或修理个别零件的方法,保证或恢复车辆工作能力的运行性修理,主要在于排除车辆运行中发生的临时故障和发现的隐患及局部损伤。

(4) 零件修理 零件修理是对因磨损、变形、损伤等原因而不能继续使用的零件进行修理。零件修理要遵循经济合理的原则,是修旧利废、节约原材料、降低维修费用的重要措施。

(三) 我国现行的汽车维修技术标准和车辆的送修标志

1. 现行的汽车维修技术标准

车辆维护和修理必须根据国家和交通部发布的车辆维修技术标准进行作业,根据相关规定和标准进行验收,以确保维修的质量。

(1) 现行的汽车维护技术标准 各生产厂生产的不同车型的车辆,在使用说明书中对车辆维护有一些具体要求,这些要求也是根据车型特点和国家标准确定的,是汽车维修的第一手资料。

(2) 现行的汽车修理技术标准 车辆修理必须根据国家和交通部发布的有关修理技术标准确保修理质量。

我国现行的车辆修理有关的技术标准、条件主要有:

GB/T 3798.1—2005《汽车大修竣工出厂技术条件 第1部分:载客汽车》

GB/T 3798.2—2005《汽车大修竣工出厂技术条件 第2部分:载货汽车》

GB/T 3799.1—2005《商用汽车发动机大修竣工出厂技术条件 第1部分:汽油发动机》

GB/T 3799.2—2005《商用汽车发动机大修竣工出厂技术条件 第2部分:柴油发动机》

GB/T 5336—2005《大客车车身修理技术条件》

DB 11105—1998《轻型汽车排气污染物排放标准》

GB 17691—2005《车用压燃式、气体燃料点燃式发动机与汽车排气污染物排放限值及测量方法(中国Ⅲ、Ⅳ、Ⅴ阶段)》

GB 14763—2005《装用点燃式发动机重型汽车—燃油蒸发污染物排放限值及测量方法(收集法)》

GB 11340—2005《装用点燃式发动机重型汽车曲轴箱污染物排放限值》
GB 7258—2012《机动车运行安全技术条件》
GB 18285—2005《点燃式发动机汽车排气污染物排放限值及测量方法(双怠速法及简易工况法)》
GB 3847—2005《车用压燃式发动机和压燃式发动机汽车排气烟度排放限值及测量方法》
GB 1495—2002《汽车加速行驶车外噪声限值及操作方法》
GB/T 15746—2011《汽车修理质量检查评定方法》
GB/T 3181—2008《漆膜颜色标准》
GB 9656—2003《汽车安全玻璃》

2. 车辆的送修标志

要确定车辆及其总成是否需要大修，必须掌握车辆和总成大修的送修标志。

（1）汽车大修送修标志　客车以车厢为主，结合发动机总成；货车以发动机总成为主，结合车架总成或其他两个总成符合大修条件的。

（2）挂车大修送修标志　挂车车架（包括转盘）和货厢符合大修条件。半挂车和铰接式客车，按照汽车大修的标志与牵引车同时进厂大修。

（3）总成大修送修标志

1）发动机总成。气缸磨损、圆柱度误差达到 0.17～0.25mm 或圆度误差已达到 0.050～0.063mm（以磨损量最大的一缸为准）；最大功率或气缸压缩压力标准降低 25% 以上；燃料和机油消耗量显著增加。

2）车架总成。车架断裂、锈蚀、弯曲、扭曲变形逾限，大部分铆钉松动或铆钉孔磨损，必须拆卸其他总成后才能进行校正、修理或重铆，方能修复。

3）变速器（分动器）总成。壳体变形、破裂、轴承孔磨损逾限，变速齿轮及轴恶性磨损、损坏，需要彻底修复。

4）后桥（驱动桥、中桥）总成。桥壳破裂、变形，半轴套管承孔磨损逾限，减速器齿轮恶性磨损，需要校正或彻底修复。

5）前桥总成。前轴裂纹、变形，主销承孔磨损逾限，需要校正或彻底修复。

6）客车车身总成。车厢骨架断裂、锈蚀、变形严重、蒙皮破损面积较大，需要彻底修复。

7）货车车身总成。驾驶室锈蚀、变形严重、破裂或货厢纵横梁腐朽，底板、栏板破损面积较大，需要彻底修复。

（4）根据交通部的有关规定，送修车辆及总成必须具备以下装备条件

1）除肇事或长期停驶等特殊情况外，送修汽车必须保持行驶状态；送修总成应在装合状态。

2）送修车辆或总成的有关技术资料应随同车辆或总成进厂。

3）除少数通用件外，送修车辆或总成应装备齐全，零件、总成不得缺少或拆换。

4）送修车辆必须配齐轮胎，并充足气压。

5）随车工具及备用品，不属于汽车附件者由送修者自行保管。

二、汽车维修的工艺组织

（一）汽车技术维护的工艺组织

1. 汽车技术维护作业内容

汽车技术维护作业是汽车在技术维护过程中必须完成的技术措施。按其维护操作特点和执行条件，可分为以下几个基本单元。

（1）清洁养护作业　清除汽车外部污泥，打扫、清洗和擦拭车厢、驾驶室及各类附件，使车辆外表保持整洁、美观。

（2）检查与紧固作业　检查和紧固车辆各总成和零部件的外部联接螺栓，更换配置丢落或损坏的螺钉、螺栓、销子和油嘴等零件。

（3）检查与调整作业　检查车辆各机构、总成和仪表的技术状况，必要时按使用要求进行调整。

（4）电气作业　对汽车所有电气仪表及设备进行清洁、检验、调整和润滑等作业。更换或配置已损坏的零部件及导线，检验与维护蓄电池。

（5）润滑作业　清洗发动机润滑系统和机油滤清器，更换或添加机油，更换滤清器滤网；加注底盘专用润滑油或润滑脂；更换或添加制动液和减振液压油等。

（6）轮胎作业　检查轮胎气压及充气；检查气门芯及轮胎与轮辋的密封性能；检查外胎及清除嵌入物；更换内外胎和换位等作业。

（7）补给添加作业　检查油箱存油量，添加燃料、水和油液等。

上述的划分，有利于工人迅速掌握并熟练操作技术；有利于设备、工具的配备和使用；有利于减轻工人的劳动强度，提高工作质量和工作效率。

2. 汽车技术维护工艺

汽车技术维护工艺是指汽车维护的各种作业按一定方式组合、协调、有序地进行的过程。其目的是按照一定顺序进行维护工作，实现高效、优质、低消耗。

汽车技术维护工艺的划分具有灵活性。既可以按作业的内容单一划分；也可以将几个内容结合进行；还可以按汽车组成部分划分。总之，不管采用何种方式的工艺，首先应符合车辆运行的工作制度，做到充分利用人力、物力，有机地组织和协调生产，以获取最高效益，取得最佳效果。

根据生产实践，汽车各级维护工艺的顺序大致为：

1）进行外表清洁作业。

2）进行检查与紧固作业，与此同时或在其后进行试验与调整作业、电气作业、轮胎作业和补给添加作业等。

3）进行润滑作业和外表整修作业。

3. 汽车技术维护工艺的组织

汽车技术维护工艺的组织通常指在车间、工段或工位上的工艺组织。当汽车进场后，生产管理部门需要从全局出发，进行劳动组织工作。按照技术维护生产过程，正确合理地组织汽车技术维护作业，以用最短的停场维护时间取得合格的维护质量。

汽车技术维护作业组织形式的确定，与维护场地布置及企业车辆保有量有关，并与汽车维护作业方式相对应。一般维护工艺的组织形式为两种：

（1）综合作业法　综合作业是把几个工人组织起来成立一个维护小组，担任一辆汽车的某一级维护作业。所有应进行的维护作业项目及维护过程中发现的小修作业，都由该维护小组完成。这种劳动组织形式适用于定位作业法，由于维护工人少、速度慢、工作效率低，因而在车辆少、车型复杂、维修设备简单的企业采用。

（2）专业分工法　专业分工是在维护小组内配备专业工人，每个专业工人都按固定的分工项目进行作业，这种组织方式既适用于定位作业法，也适用于流水作业法。采用定位作业法时，专业工人在车辆的不同部位平行交叉地在分工范围内进行作业。采用流水作业法时，把规定的维护作业项目按作业性质或作业部位划分，设置若干个专业工位，每个工位都配备必要的机具设备和专业工人。各工位按照维护作业顺序排列成流水作业线，车辆按顺序间歇地通过整个作业线，即可完成全部维护作业。这种劳动组织形式适合于企业具有同类型的汽车数量较多的情况；维护工作有经常固定的内容和较固定的劳动量，且要求缩短维护时间，则采用流水作业法较为合适。

4. 汽车技术维护检测诊断与维护作业的组织

随着科技的进步和新的维修制度的贯彻，车辆检测诊断设备得到了广泛的应用，检测诊断技术已在车辆维修技术措施中获得了重要地位。

采用检测诊断技术后，汽车维护生产作业的流程有了一定的改变，如图1-4所示。它与一般的技术维护生产作业流程方案的不同之处在于增设了技术检测工序。

从维修作业流程图中可以看出，汽车每天运行回场，作为一般性日常维护需要，需经检查和清洗，然后分四种情况进行安排：

1）对已列入需进行一级维护的车辆，先进行安全检测。按项目对车辆进行检测、诊断后，送入一级维护或小修车间。

2）对需进行二级维护的车辆，先进行安全检测，然后进行综合性能检测，待全面技术检测诊断后，进入二级维护或小修车间。

3）对运行中发现的故障，需要小修的车辆因修理任务已经明确，故不需经过技术检测而直接进入小修车间。

4）运行返场后不需要进行任何作业的车辆，在做过日常维护后，就直接驶入停车场，等候待用。

在维修作业生产流程中的安全检测工序，主要配备有：侧滑试验台、制动试验台、车速表试验台、前照灯试验仪、废气分析仪、烟度计及噪声计等检测仪器和设备。担负对汽车转向、制动、灯光等安全技术的检测，以及对废气和噪声的测量等。

上述安全检测是按流水顺序逐项进行的。

综合性能检测工序中设置了检测汽车动力性能和燃料经济性能的设备和仪器。如底盘测功机、发动机综合检测仪、油耗仪、柴油发动机检查仪等。检查汽车燃料经济性时，还可同时检测废气排放状况以及对大气污染的程度等。

（二）汽车修理的工艺组织

汽车修理作业的组织形式，包括修理的基本方法、作业方法和劳动组织形式三个方面。汽车修理企业组织形式要根据企业生产规模、设备条件、人员素质、经济效率及外部环境等因素来确定。其中修理的基本方法是基础，修理方法决定作业方法和劳动组织形式。

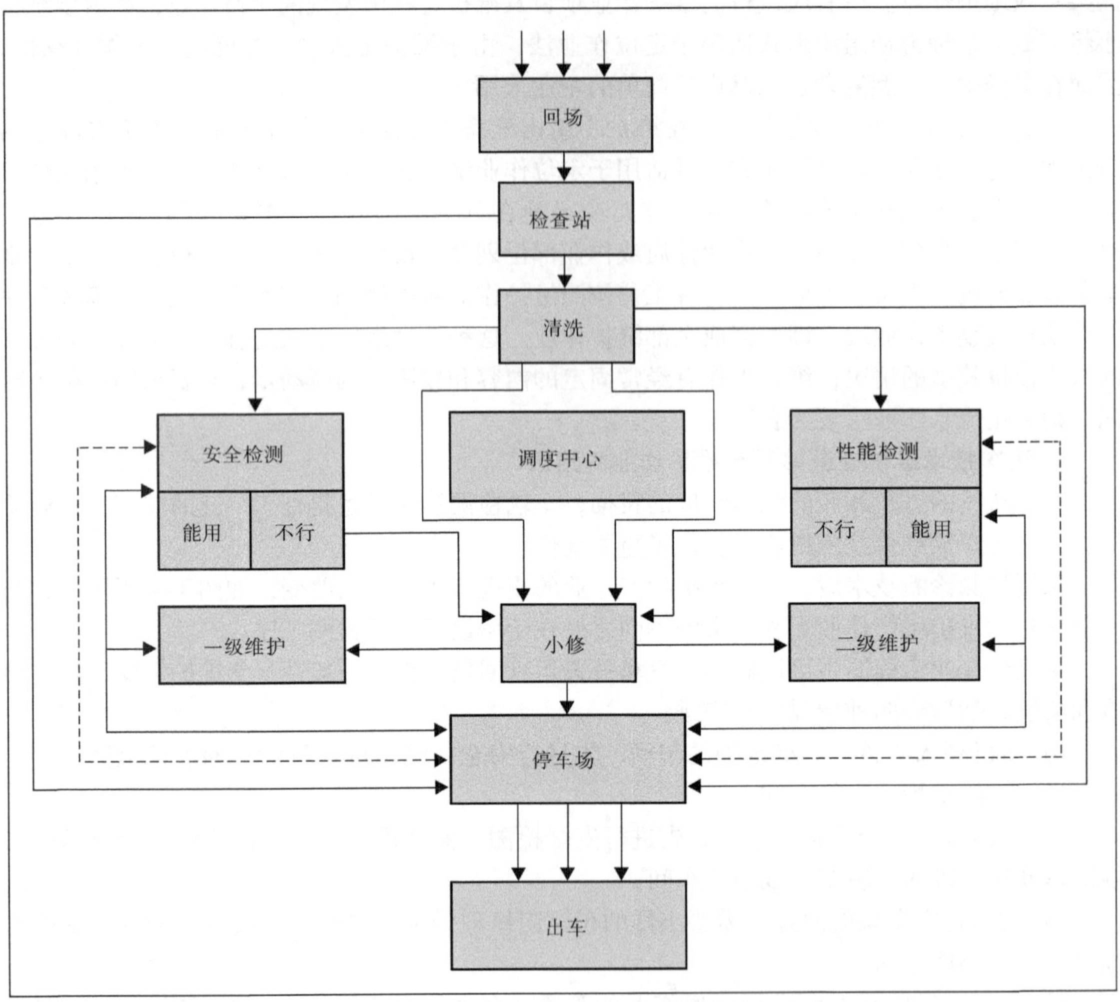

图1-4 维修厂内技术检测与维修作业流程组织方案

1. 汽车修理的基本方法

汽车修理的基本方法可分为就车修理法和总成互换修理法两种。

（1）就车修理法　就车修理法指在修理过程中，从汽车上拆下的零件、组合件、总成件除报废更换外，凡可修复的，经修理仍装回原车。这种维修方法停车维修时间长、生产率低，适用于生产规模不大，承修车型复杂，送修单位不一的修理厂。就车修理法工艺流程如图1-5所示。

（2）总成互换修理法　总成互换修理法指在修理过程中，除车架和车身外，其他零件、组合件及总成都换装已修好的储备件。换下来的零件、组合件及总成修好后送入库房作备用。这种维修方法停车维修时间短、生产率高，但需要有一定的备用周转总成，适用于生产量大、维修车型和送修单位单一的大中型汽车修理厂。总成互换修理法工艺流程如图1-6所示。

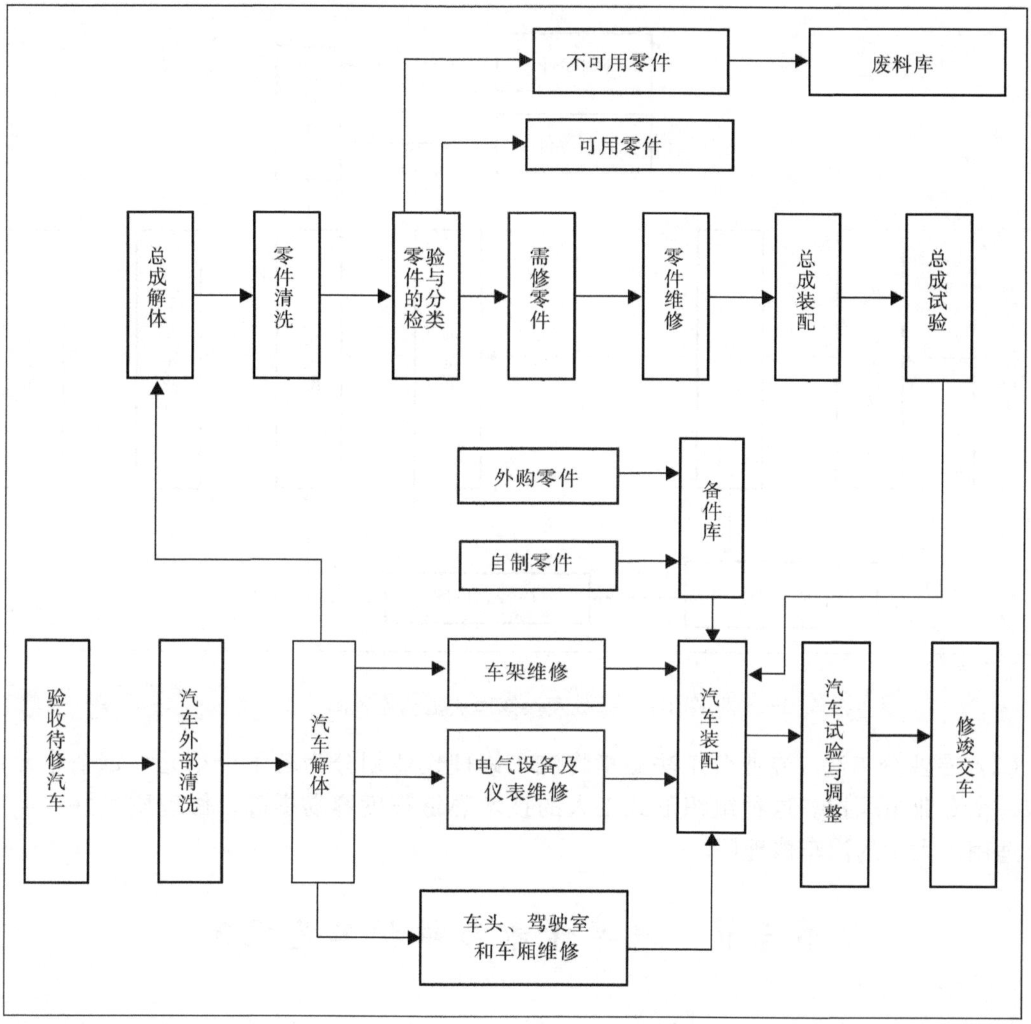

图 1-5　就车修理法工艺流程图

2. 汽车修理的作业方法

汽车修理的作业方法，一般分为定位作业和流水作业。

（1）定位作业法　定位作业法是指汽车的拆装作业固定在一定的工作位置上进行。此种定位作业法占地面积小，所需设备简单，适用于小型的汽车修理厂。

（2）流水作业法　流水作业法是指由各专业工组在流水线相应的工位上顺序完成汽车的拆装及修理作业。其专业化程度高，修理质量好，生产率高，适用于规模较大的汽车修理厂。

3. 汽车修理的劳动组织形式

汽车修理的劳动组织形式一般分为综合作业法和专业分工法。

（1）综合作业法　综合作业法是指除车身、轮胎和机械加工等由各专业工种配合外，其他修理作业全部由一个承修组来完成。这种组织形式要求工人的技术知识全面，工人的熟练程度不易提高，生产率低，修理质量差，适用于小型的汽车修理厂。

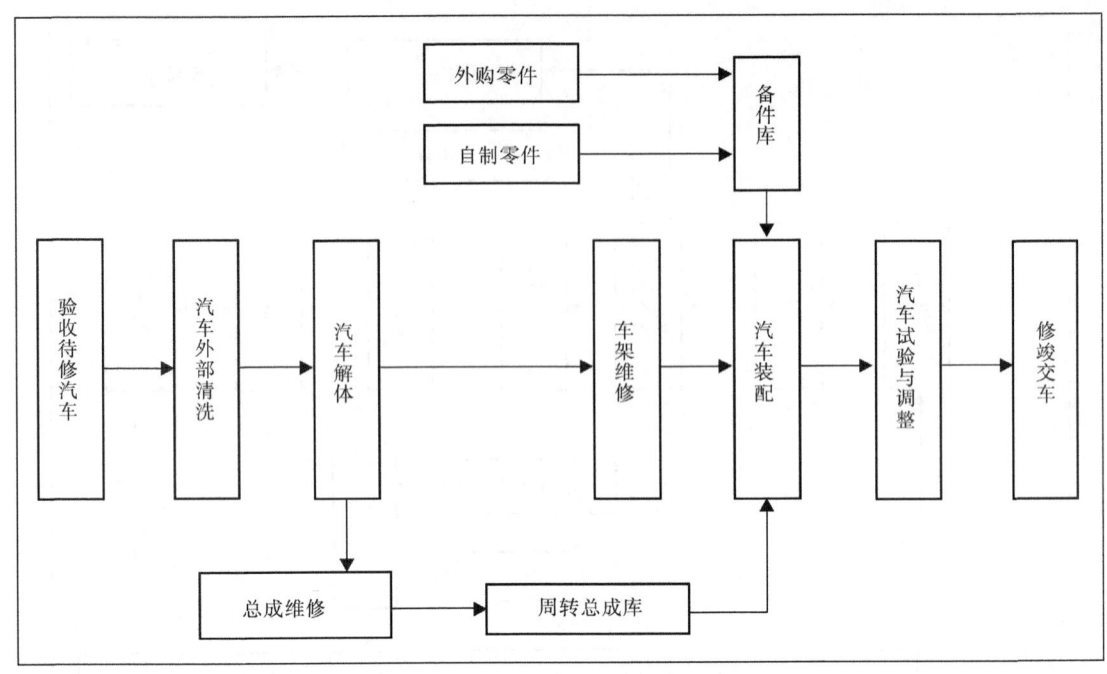

图 1-6　总成互换修理法工艺流程图

（2）专业分工法　专业分工法是指将汽车修理作业划分为若干个单元，每个单元由专人或一个专业组承担。这种组织形式工人的技术熟练程度容易提高，修理质量好、生产率高，适用于大型的汽车修理厂。

第三节　汽车保养与维护工艺规范

一、新车车体保养与维护

车主在买了新车之后首次保养（图1-7）不能马虎。买了一辆新车，车主往往会先将车内装饰得非常美观，而忽略了车体本身的养护。其实首次车体养护和开蜡，往往是日后用车养车的质量保证，如果开始保养得不好，以后会出现许多问题。

新车漆面虽无老化问题，但使用前应该做彻底的保护处理，从出厂到运输至停车场，车表漆就已经接触了空气，受到了酸气、风沙的侵袭。及时正确的养护，能使爱车永葆青春。如果买的是进口轿车，首先要考虑的是除蜡。车蜡中含有石蜡、树脂及特氟龙等材料，除蜡时不要用汽油或煤油擦拭，应选用专业的开蜡液，或者到专业的美容养护店，请技师帮助处理。至于国产车，车身大多采用静电喷涂，漆面呈镜面光泽，故无开蜡需要。

第一次清洗爱车不能马虎，如清洗不当，会损伤外层的亮油部分，那么车就不是越洗越亮而是越洗越暗了。最好是去无尘手工洗车房，选用中性温和的洗净剂，把车漆表面的沙粒、污物清除干净。有些污物是用肉眼看不出来的，像飞漆、树胶、碱液、酸液等，都应当彻底清除，只简单地用洗净剂是去不掉的，必须用专业去污剂一点点地擦拭。全车清理完

第一章　汽车维护绪论

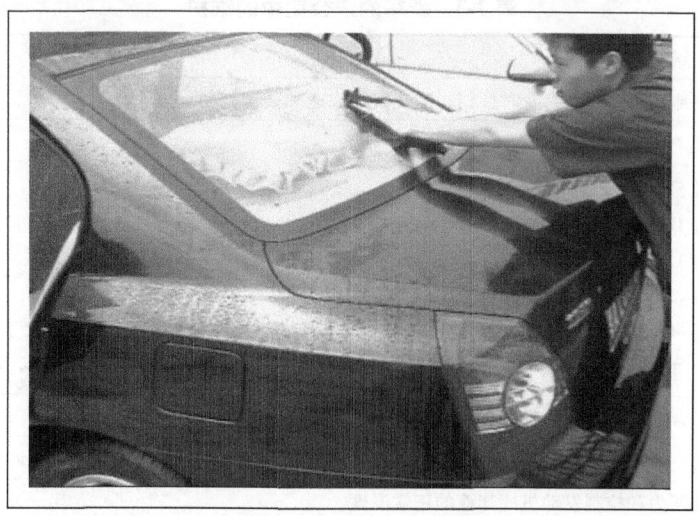

图 1-7　新车的保养与维护

毕,再用抛光机把釉封入车漆。封完釉的车一年内不用再打蜡,只用清水清洗后用干净的麂皮布擦干净即可,而且防氧化,防紫外线,保持车漆不会褪色。最后可在轮胎、轮眉等部位涂上相应的保护剂,以防老化。

二、走合期的保养与维护

汽车在新车出厂或大修(包括发动机大修)后,初期的使用阶段称为走合期,在这段时期对汽车所进行的维护,称为走合维护。新车的走合期一般为 1000~2500km,或按汽车生产厂家的规定。大修后的汽车的走合期一般为 1000~1500km。

新车的正确走合,对延长汽车使用寿命,提高汽车工作的可靠性和经济性有着极大的作用。走合期的维护,一般分为走合期前维护、走合期中维护和走合期后维护三个阶段。走合期前的维护见表 1-2,走合期中的维护见表 1-3、表 1-4。

表 1-2　走合期前的维护

1	检查各部位的连接、紧固情况。对转向、制动、悬架的固定螺栓进行紧固
2	检查散热器以及冷却系各部位有无泄漏现象
3	检查发动机曲轴箱、变速器、转向器等内部油量,根据需要进行添加或更换,并检查各部位有无漏油现象
4	检查转向机构有无松旷或发紧的现象
5	检查变速器各档是否能正确接合
6	检查电气设备、点火、灯光、电动车窗和仪表的工作是否正常
7	检查蓄电池液面,不足时添加蒸馏水。用玻璃管或塑料吸管检查蓄电池液面高度,应该高出极板 10cm,液面不可过低,但液面过高也不好
8	检查轮胎气压,不足时充气
9	检查行车和驻车制动系统是否正常,有无漏液现象,检查制动液液面高度,不足时应添加

表 1-3　新车的走合期中的维护

1	应在平坦良好的路面上行驶
2	正确驾驶,平稳地接合离合器,及时换档,避免突然加速和紧急制动
3	速度限制： 　　一档　不超过 5km/h 　　二档　不超过 10km/h 　　三档　不超过 15km/h 　　四档　不超过 25km/h 　　五档　不超过 40km/h 为控制汽车在走合期内的速度,走合前在进气管与化油器之间装有限速片,用铅封锁住,走合期内严禁拆除
4	载重量限制：走合期内不允许拖带挂车,载重量不得超过 3500kg
5	经常注意变速器、后桥、轮毂及制动鼓的温度,如有严重发热现象,应找出原因,予以调整或修理
6	应特别注意机油压力和控制发动机冷却液的正常温度
7	走合 200km 后,应按规定力矩和顺序拧紧气缸盖及进排气歧管螺栓、螺母
8	走合 500km 后,应在热车状态更换发动机机油,以免发动机内遗留未清洗干净的铁屑、脏物等堵塞油道,刮伤轴瓦

表 1-4　大修车走合期中的维护

1	走合中期维护是在汽车行驶 500km 左右时进行的,主要是对汽车技术状况开始发生变化的部分进行一次及时维护,以恢复其良好的技术状况,保证下阶段走合顺利进行
2	清洗发动机的润滑系,更换机油和机油滤清器滤芯
3	润滑全车各润滑点。最初行驶 30~40km 时,应检查变速器、分动器、前后驱动桥、轮毂和传动轴等处是否发热或有异响。如发热或有异响应查明原因,予以调整或修理
4	在行驶一段时间后立即用手摸制动鼓,如果发烫说明需要调整制动
5	检查制动效能和各连接处,检查制动管路和密封程度,必要时加以调整和紧固
6	检查调整离合器踏板自由行程
7	按规定力矩和顺序拧紧气缸盖及进排气歧管螺栓、螺母和轮胎螺母
8	走合 500km 左右时,应在热车状态更换机油,以免未清洗干净的金属屑、脏物等堵塞油道、刮伤轴瓦；同时更换机油滤清器
9	一般行驶 1500km 后,可视为走合期结束

走合结束后,应结合二级维护对汽车进行全面的清洗、检查、调整、紧固、添加和润滑等,见表 1-5、表 1-6。

表 1-5　新车走合期结束后的维护

1	清洗发动机油底壳,按规定力矩检查连杆螺栓和主轴承盖螺栓的紧固情况
2	清洗粗滤器滤芯,并更换发动机机油
3	清洗变速器、后桥、转向器,并更换机油
4	紧固前、后悬架的 U 形螺栓螺母(满载时进行),检查后钢板弹簧固定端的螺栓及 U 形螺栓的紧固螺母有无松动

(续)

5	按规定力矩紧固转向机构中带有开口销的螺母
6	按规定力矩检查并紧固制动底板的紧定螺栓螺母
7	按规定力矩检查并紧固底盘的传动部分的各部连接
8	检查并紧固车身、车厢各部的连接
9	按使用说明书的规定,仔细调整点火正时,调整发动机车速和检查气门间隙
10	按一级维护作业项目进行润滑和维护

表1-6　大修车走合期结束后的维护

1	更换发动机、变速器、转向器、驱动桥等的机油,尽可能冲洗干净
2	检查测量气缸压力,并清除燃烧室积炭
3	按"先中间、后四周",分2~3次紧固气缸盖螺栓;铝质缸盖在发动机冷态时一次旋紧即可,铸铁缸盖在发动机热机后,还要再次检查气缸盖螺栓螺母的松紧度,以防螺栓热膨胀后,造成气缸盖密封不良,损坏气缸盖衬垫
4	检查和调整制动器
5	检查离合器踏板自由行程,润滑踏板轴
6	检查转向盘的自由行程,必要时进行调整
7	检查并调整前束
8	检查前后悬架螺栓的紧固情况
9	检查驾驶室、车厢各连接螺栓、螺母的紧固情况

三、长期停放车辆的保养与维护

俗话说得好:汽车不是用坏的,而是"放"坏的。经常停着的汽车比经常使用的汽车故障率高,而且使用寿命也会大大缩短。那么,经常"歇"在家里的爱车需要注意什么呢?

(1) 汽车防摩擦零件　汽车停放时间过长后,防摩擦零件表面会氧化。附着在零件表面的机油氧化变质后,如再次起动时就会形成干摩擦或半干摩擦,缩短零件使用寿命,而且起动阻力大大增加,起动时会很困难。汽车停驶后,发动机的气缸和活塞表面的润滑油膜,由于要接触空气中的氧气和其他有腐蚀性的酸碱成分,会造成润滑油膜变质,形成一层胶状物而失去润滑作用。车辆停驶时间越长,变质越严重。车辆停驶,油封容易老化变形,油封四周的接触受力会不均匀,受力大的方向,油封变形量就大;车辆停驶时间越长,其变形量就越不易恢复,直到油封发生永久变形,而这也就是漏油的开始。

(2) 汽车燃油系统　若汽车停放,油箱内没有或只有少量的燃油,水分就有可能侵入系统中而造成生锈和腐蚀。所以汽车长期停放时要将油箱加满。另外如果油箱和管道中的燃油长时间不用,有可能与氧气发生化学反应而产生胶质沉淀物类的物质,容易堵塞燃油管路。正确的做法是向燃油中添加稳定剂,延长汽油的使用寿命并保证其不变质。

（3）防轮胎变形　汽车停驶以后，汽车质量由四个轮胎接触地面的部位承受，从而造成接触部位受压收缩变形。汽车停驶时间越长，变形部位越不易恢复，使轮胎四周的质量分布发生变化，滚动半径不均匀，造成轮胎不平衡。一旦汽车进入高速行驶后，就会发生车身抖振，不仅影响乘车的舒适性，加速轮胎的磨损，还带来不安全的因素。

（4）汽车电子元件防潮　汽车上的电子元件及连接件有一个共同的特点，就是要防水、防潮和防腐蚀，否则就会引发故障。对于停驶车辆，其电子元件或插线插头受潮的可能性就会大大增加，并且停驶时间越长，发生故障的概率就越高。

（5）防日晒　汽车长时间不用时应存放在车库或室内停车场内，这样可以不受外界气候的影响。如果没有这个条件，至少也要给汽车罩上汽车罩。要选择厚及多层的汽车罩，这样可以有效地减少阳光对漆面的影响。因为强烈的阳光照射能使漆面缓慢地褪色并且促使汽车零件中的聚乙烯材料、皮革和橡胶迅速老化。另外，一定要选择质量好的汽车罩，并且大小要合适，否则车罩在风的吹动下与车身来回摩擦，其结果如同给汽车罩上了一层砂纸，而且在不停地打磨。

（6）经常检查蓄电池　蓄电池的电解液液面必须高于极板 10~15mm，不足时应及时添加蒸馏水，保持电量充足，必要时对蓄电池充电。

四、日常保养与维护

总的来说，汽车日常养护主要包括：清洁、安全检测、补充。对日常养护稍有大意不仅会给车辆造成意外损伤，而且危及行车安全，如机油缺乏引起的拉缸烧瓦，车辆某一部分功能失常引起交通事故等。反之，如果日常工作做得仔细认真，不仅能使车辆保持常新，同时还能掌握车辆各部分的技术状况，避免机械事故和交通事故。其实，日常养护工作很简单，归纳起来就是：清洁、紧固、检查、补充。

1. 清洁

空气中含有大量灰尘、泥沙和酸性物质，不仅容易被泄漏的燃油粘附，在高温烘烤下容易形成坚硬的保温层，使机件的散热性能变差，而且容易被车身静电吸附而侵蚀油漆面，使之过早褪色。

（1）清"三滤"　空气滤清器、燃油滤清器、机油滤清器这"三滤"保养及时与否，直接影响着发动机的性能和使用寿命。

1）空气滤清器。空气滤清器过脏会阻碍新鲜空气进入气缸，导致混合气过浓、燃烧不完全、功率下降、排气超标。

2）燃油滤清器。燃油滤清器堵塞，滤芯的通过阻力增大，造成燃油滤清器内燃油压力升高，供油不足，动力下降。

3）机油滤清器。机油滤清器堵塞，会阻碍机油的流动，使发动机润滑不良、磨损加大甚至烧瓦等。为此，应定期清洗或更换。通常每行驶 8000km 更换一次，若气候恶劣，应缩短为每 5000km 更换一次。

（2）清洁蓄电池　现代轿车一般都采用免维护蓄电池，但仍应经常清洁蓄电池的顶部。

2. 紧固

车辆清洗干净后，就要对各连接处进行紧固。由于运行中的振动、颠簸、摇摆等原因，必然造成连接件松动、磨损。因此，在日常养护中要及时紧固。连接件的日常紧固工作直接关系到行车安全，特别是重要部件，如转向、制动、传动部件等，切不可掉以轻心。

1）对发动机周围各胶管的插头进行紧固，防止油液泄漏。

2）紧固各线路及用电设备的插接器，防止断路、短路、搭铁等情况而影响用电设备的正常工作。

3）对主要的连接件进行检查紧固。如发电机传动带、转向联动机构、制动装置连接点、传动系以及轮胎等。

4）紧固时注意事项：

① 观察周围线路及胶管的夹子是否牢固，防止与其他机件相刮而造成漏电、漏液、漏油、漏水，同时还要看一看软管、防尘罩的工作状况，防止其腐蚀、老化。

② 如发现联接螺栓、螺母不配或松动，应及时更换。

③ 各种防松件不能混用，如弹簧垫不能用平垫，锥形垫不能用弹簧垫，自锁螺母不能用普通螺母，开口销不能用铁丝等。

④ 螺母紧固后，螺栓应伸出螺母1~3个牙，各种锁止装置应牢固可靠，如锁片应反扣在螺母的侧面上，开口销规格合适、弯曲正确。

3. 检查油液的高度和品质

由于油液在高温下会逐渐损耗与氧化而导致液面降低和性能变差。

（1）检查油液的高度　无论何种液面高度检查，都应先将车停在平地上。

1）检查蓄电池电解液液面的高度。

2）检查机油液面的高度。

3）检查冷却液液面的高度。

4）检查底盘油液液面的高度。

5）检查制动液、转向液液面的高度。

各油尺及油液加注口位置如图1-8所示。

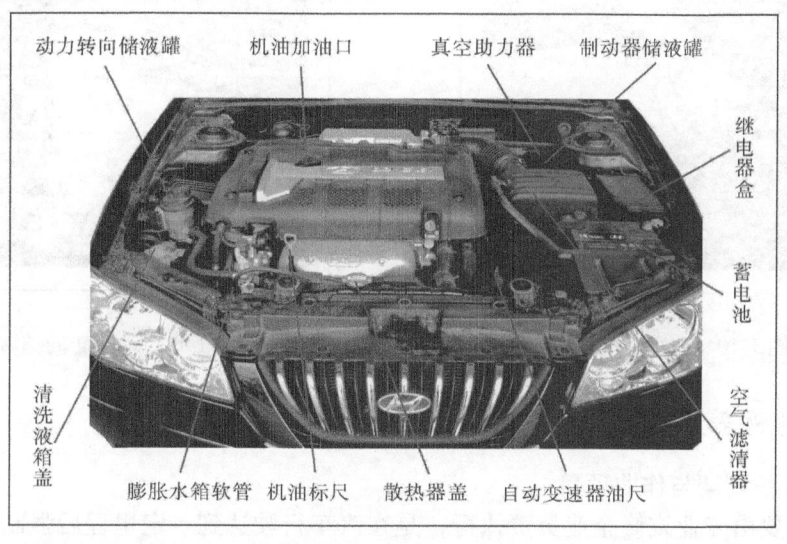

图1-8　油尺及油液加注口位置图

（2）检查油液的品质　无论何种油液，均可采用下列方法检查：

1）外观法。观察取出的油液样品，若比较透明，表明污染不严重。

2）气味法。

3）黏度比较法。

4. 补充

（1）油液的补充　检查时若没有发现油液有明显的变质，应检查是否泄漏，若有要予以排除，并及时补足同等级别的油液。油面的检查与机油的补充如图1-9所示。

（2）油液的更换　油液变质或超过更换周期，应及时更换。

1）更换周期。通常每行驶8000km或半年就更换一次机油；每行驶2万~4万km或使用1~2年更换一次制动液，加注制动液如图1-10所示；使用1~2年更换一次冷却液；每使用一年或行驶10000km更换一次液压油。

2）清洗方法。在放出油液前加入专用清洁剂，然后起动发动机（若是变速器或后桥应架起后桥）运转一定时间后放出旧油液即可。

3）加注油液。对液压油的加注，应在发动机怠速运转的情况下加注至最高标线后熄火，左右反复旋转数次，以排除系统中的空气。然后再次起动发动机，观察油面高度，补足至规定位置且储液罐（图1-11）中无气泡产生。

图1-9　油面的检查与机油的补充图

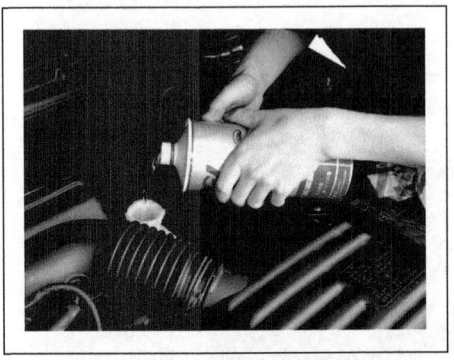

图1-10　加注制动液

图1-11　动力转向储液罐

五、一级保养与维护

1. 一级维护周期与作业项目

一级维护要由专业维修企业负责执行，是在汽车行驶达到一定里程后强制进行的。一级维护的时机一般按汽车生产厂家推荐或规定的行驶里程或使用时间进行。一级维护的间隔里程为2000~3000km或6个月，以行驶里程或使用时间先达到为准，主要内容除日常维护以外，以清洁、润滑、紧固、补给为主，并检查有关制动、操纵等安全部件，保持车辆正常的运行状况。作业主要内容包括检查、紧固汽车外露部位松动的螺钉和螺母，按规定对润滑部位加注润滑脂，检查总成内润滑油面，添加机油，清洗空气滤清器、燃油滤清器、机油滤清器三种滤清器。

2. 一级维护工艺流程

一级维护工艺流程，如图1-12所示。

3. 一级维护竣工标准

1) 对于发动机前后悬架、进排气歧管、散热器、轮胎、传动轴、车身、附件支架等，其外露螺栓、螺母需齐全、紧固、无裂纹。

2) 转向臂、转向拉杆、制动操纵机构等工作可靠，锁销齐全有效，转向杆球头、转向传动十字轴承、传动轴十字轴承无松旷。

3) 转向器、变速器、驱动桥的润滑油面，应在检视口下沿0~15mm（车辆处于停驶状态），通风孔应畅通；变速器、减速器突缘螺母紧固可靠。

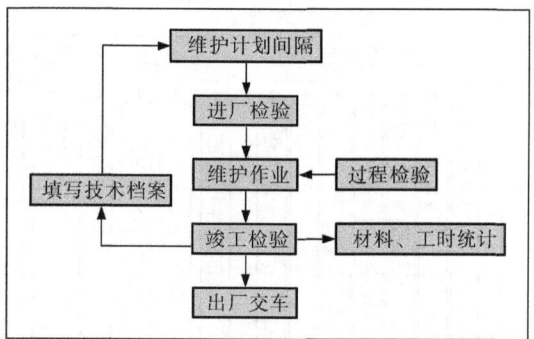

图1-12 一级维护工艺流程图

4) 各润滑脂嘴齐全有效、安装位置正确；所有润滑点均已润滑、无遗漏。

5) 空气滤清器滤芯清洁有效。

6) 轮胎气压应符合充气规定，胎面无嵌石及其他硬物。车轮轮毂轴承无松旷。

7) 离合器踏板和制动踏板自由行程符合技术规定。

8) 灯光、仪表、喇叭、信号齐全有效。

9) 蓄电池电解液液面应高出极板10~15mm，通风孔畅通，接头牢靠。

10) 短途试车，检查维护效果。试车中，发动机、底盘运行正常，无异响；各操纵部位符合技术要求；转向、制动系统灵敏可靠；各部位紧固无松动；试车后，检视各部位应无漏水、漏油、漏气和漏电现象。

六、二级保养与维护

1. 二级维护周期与作业项目

二级维护要由专业维修企业负责执行，主要内容除一级维护所包括的工作外，主要以检查、调整为主，并拆检轮胎，进行轮胎换位，是在汽车行驶更长一定里程后强制进行的，二级维护前应进行汽车检测诊断和技术评定。汽车在经过一段较长时间的使用后（约30000km/年），必须进行全面的检查和调整，以保证安全性能、动力性能和经济性能达到使用要求。为防止汽车的早期损坏，保障汽车的正常技术状况和使用，在二级维护前，必须对汽车进行检测诊断和技术评定。

2. 二级维护前的技术评定

二级维护前的技术评定如图1-13所示。

3. 二级维护前的诊断项目

二级维护前的诊断项目见表1-7。

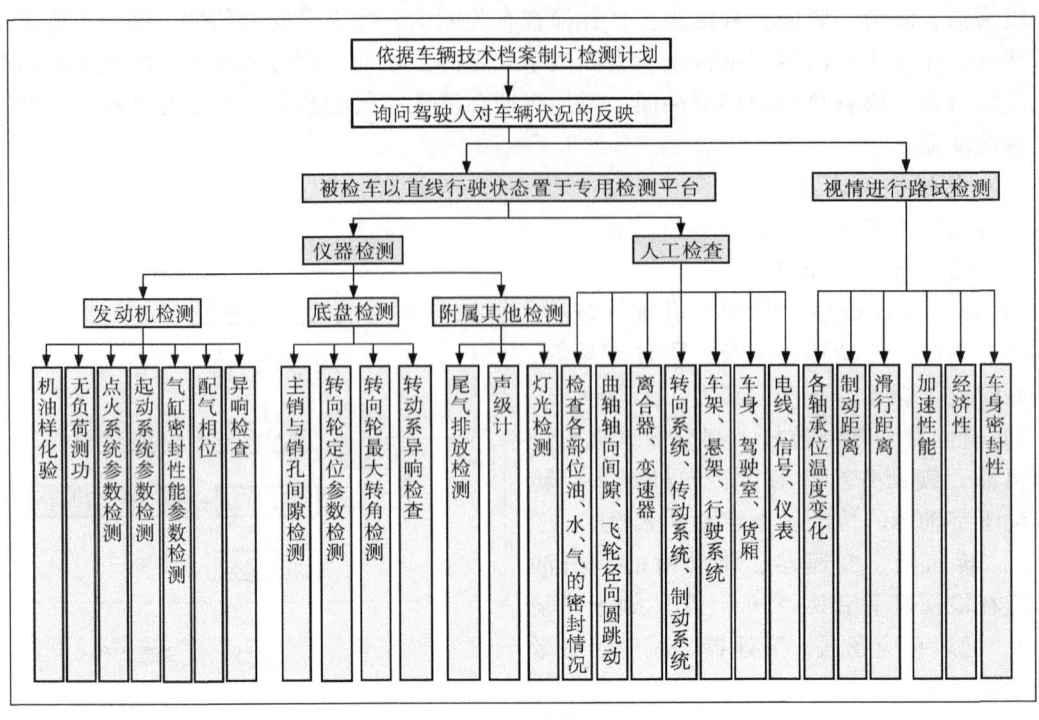

图 1-13 二级维护前的技术评定流程图

表 1-7 汽车二级维护前应进行的检测诊断项目

分类	序号	测试种类	检测项目
检测部分	1	点火系统参数	触点闭合角、分电器重叠角、点火电压、点火提前角
	2	发动机动力性	无负荷功率、各缸功率平衡
	3	起动系统参数	起动电流、起动电压
	4	气缸密封情况	气缸压力、曲轴箱窜气、气缸漏气、真空度
	5	配气相位	进排气门开启、关闭角度
	6	发动机异响	曲轴轴承、连杆轴承、活塞、活塞销、配气机构
	7	气缸表面状况	气缸拉痕、活塞顶烧蚀、积炭、活塞偏磨
	8	机油化验分析	斑痕污染指数、水分、闪点、酸值、运动粘度、铁屑含量
检查部分	1	发动机	发动机机油、水密封件、曲轴前后油封漏油、散热器、水泵水封、水套漏水、曲轴轴向间隙、异响
	2	转向系统	转向盘自由行程，转向机工作状况及油封密封状态，路试转向稳定性（视情进行）
	3	传动系统	离合器工作情况，变速器、减速器壳油封密封状态及壳体表面状况，路试变速器、传动轴各轴承，主减速器、差速器异响，变速器、差速器壳体温度
	4	行驶系统	轮胎偏磨，钢板弹簧座、销，套磨损状况；车架裂伤、各部铆接状况
	5	仪表信号	仪表信号，机油压力，冷却液温度，发电机充放电指示
	6	其他	车身、驾驶室各钣金件开裂、锈蚀、变形、脱漆，锁止机构状况；牵引机构状况

4. 二级维护常规作业项目

1) 进行日常保养和一级保养的全部作业。
2) 更换汽油滤清器、机油滤清器和空气滤清器等。
3) 检查发电机和起动机，必要时更换电刷并润滑各轴承。
4) 检查、紧固进排气歧管及消声器总成螺栓螺母。
5) 检查、紧固发动机支架螺栓螺母、散热器支架螺栓螺母。
6) 检查曲轴主轴承及连杆轴承紧固其螺栓螺母；检查离合器、润滑分离轴承。
7) 检查变速器、传动轴、万向节和中间支承轴承及各部紧固情况，润滑变速器第一轴承、万向节和中间支承轴承。
8) 检查、调整、紧固驻车制动器、前后轮制动器、制动轮缸和制动软管。
9) 检查、调整转向盘的自由转动量。
10) 检查前后减振器及万向节，检查、调整前轮前束。
11) 检查轮胎，并进行轮胎换位。
12) 检查、调整电喇叭、指示灯、照明灯、变光器及仪表线路接头。
13) 更换机油。

第四节　汽车保养与维护注意事项及常见误区

一、保养与维护注意事项

1. 保养周期要求

汽车保养周期是指汽车保养的间隔里程或时间。

保养频率高不是什么坏事，能更有效地保障车辆的各项性能。用车初期主要是正常保养，费用相对较低；当车辆使用一定年限或行驶一定里程后就会进入维修期，费用就相对高一些。

科学地确定各类保养作业的间隔里程，不仅能使汽车经常保持良好的技术状况，还能节省保养费用和修理费用。

在决定汽车保养周期时，应参照汽车制造厂推荐的保养周期，结合汽车自身的技术状况和实际使用条件，对保养周期进行适当调整。

对于一些定点维修经销商推荐的维修周期要仔细斟酌，毕竟经销商是要赚钱的。一般技术状况良好的新车，可适当延长保养周期；而技术状况较差，或使用条件恶劣的汽车，则应适当缩短保养周期。

2. 部件的更换周期要求

制动蹄片，汽车每行驶1万km需检查一次。
轮胎，每次保养时应换位一次。
机油，在每次做基本保养时应更换。
自动变速器油，每行驶2万km左右应更换一次，新车最好在初始1000km时就更换。
装有动力转向装置的汽车，则每行驶2万km或18个月应更换一次动力转向液。
车龄2年以上或经常在山区行驶的车辆，最好18个月更换一次制动液。由于制动液具

有相当强的吸水性，在长久使用后会发生变质，因此必须在使用一定时间或行驶一定里程时更换，并且在换用新种类制动液时，必须把原有的制动液完全倒掉，否则将影响新更换制动液的品质与使用寿命。

发动机上用以驱动其他附件（如动力转向机构、空调装置、发电机）的传动带的使用寿命通常为2年，若在检查时发现传动带有老化、硬化、裂痕、脱丝、发出响声等现象，则应该尽快将其更换。

发动机冷却系统的橡胶管使用寿命通常约为4年，假如汽油渗入到冷却液中，与冷却液、空气混合接触会加速橡胶管的老化。

注意：特别需要注意的是，如果发现散热器上水管破裂漏水或管束的束紧部位有明显老化现象，则应将相应的下水管也同时换新，若继续使用下去，则很快就会漏水。

二、保养与维护常见误区

大多数人在汽车使用和保养上存在错误的认识，长此以往对车会造成无法愈合的"内伤"。常见的错误认识及做法有：

（1）机油越多越好　如果机油太多，发动机在工作时曲柄和连杆会产生剧烈搅动，不仅增加发动机内部功率损失，而且还会因激溅到缸壁上的机油增多，而产生烧机油故障。因此，机油量应控制在机油尺的上、下刻线之间。

（2）传动带越紧越好　汽车发动机的水泵、发电机都用V带传动。如果把传动带调整得过紧，易拉伸变形。同时，带轮及轴承容易造成弯曲和损坏。传动带紧度一般应调整到按压传动带中部时，其下沉量为两端带轮的中心距的3%~5%为佳。

（3）螺栓越紧越好　汽车上用螺栓、螺母联接的紧固件很多，应保证其有足够的预紧力，但也不能拧得过紧。若拧得过紧，一方面将使连接件在外力的作用下产生永久变形；另一方面将使螺栓产生拉伸永久变形，预紧力反而下降，甚至造成滑扣或折断现象。

（4）燃油油液随便加　轿车非常精细和"娇贵"，对燃油、机油、制动液、冷却液等都有相应的技术指标要求。用户应该参照使用手册中规定的油液品种和标号选用优质油液，保质保量添加或更换。避免不加区别随意使用油品，否则，将给车辆造成很大损害。

（5）汽车不能天天开　不少人因停车困难，平时上班时常以公共交通工具代步，只有放假时才用车出去。其实这样的用车模式是很伤车的。首先发动机与变速器等传动机件表面会因经常处于与空气直接接触的状态而生锈，蓄电池也会因为长期的自然放电影响到使用寿命。最好的方法是每隔几天就行驶三四十分钟。总是短途用车也会伤车，车随时在动但都开不远，也是伤车的重要原因。车上所有机件在起动阶段磨损最为严重，发动一次车蓄电池所消耗的电量要大约行驶20min才能补足，这样的用车习惯很容易提早出现故障。

第二章

汽车保养与维护基础知识

第一节 汽车保养维护的运行材料使用技术

一、燃油

(一) 汽油

1. 汽油的规格和牌号

汽油分为含铅汽油和无铅汽油两类,测试辛烷值的方法有研究法和马达法两种。截至2000年1月1日,我国所有汽油生产企业一律停止生产车用含铅汽油,从2000年7月1日起,全国实现汽油无铅化。我国现在使用的车用汽油都是无铅汽油,按国家标准《车用汽油》(GB 17930—2013),有89号、92号、95号等牌号。

2. 汽油选用原则及其注意事项

(1) 汽油选用原则

1) 根据车辆使用说明书的要求选择。

2) 根据发动机的压缩比选用。压缩比大,选用高牌号的汽油;反之,选用低牌号的汽油。

3) 根据使用条件选择。高原地区大气压力小,空气稀薄,汽油机工作时爆燃的倾向减小,可以适当降低汽油的辛烷值。一般海拔每上升100m,汽油辛烷值可以降低约0.1个单位。但若是经常在大负荷低转速下工作的汽油机,应选择较高辛烷值的汽油。

4) 根据发动机的使用时间来选择。使用时间长的汽油机,由于燃烧室积炭、水套积垢等原因,使爆燃的倾向增加,应选用高一级牌号的汽油。

(2) 车用汽油使用注意事项

1) 严格按照车辆使用说明书上推荐的汽油标号选择汽油的牌号。同时一定要注意要求的辛烷值是研究法辛烷值(RON)还是马达法辛烷值(MON)。

2) 尽量使用高标准的清洁汽油,以提高车辆的经济性和排放性。

3) 当换用其他汽油牌号时,发动机的点火提前角(若能人工调整的话)要做相应的调整。当由低牌号汽油换用高牌号汽油时,应适当提前点火提前角;而由高牌号汽油换用低牌号汽油时,应适当推迟点火提前角。

4) 汽车由平原驶入高原时,应换用低牌号汽油或适当推迟点火提前角,以免发动机过热,影响发动机的动力性;而汽车由高原驶入平原时,应换用高牌号汽油或适当提前点火提前角,以免发动机发生爆燃。

5）尽量不将不同牌号或不同用途的汽油掺兑使用，严禁与其他燃料掺兑使用，以免影响发动机的正常使用。

6）不要使用长期存放的变质汽油，因为其结胶严重，辛烷值下降，会影响发动机的正常使用。

7）当燃油警告灯亮时，就要及时加油。因为燃油箱底部含有较多的水分和杂质，会影响发动机的正常工作，尤其对电喷汽油机影响较大，会降低燃油泵、喷油器的使用寿命，也容易造成油路堵塞。

8）汽油不能掺入煤油或柴油。煤油、柴油易挥发且抗爆性差，会引起爆燃并严重破坏发动机的润滑系统，导致发动机损坏。

注意：汽油是易燃、易爆品，易产生静电，有一定的毒性，使用时要注意安全。在汽油存放点的附近禁用明火，不能用塑料桶存放汽油。

（二）柴油

1. 柴油的牌号和规格

国产柴油根据国家标准 GB 252—2015《普通柴油》的规定，按照其凝点的高低划分为 5 号、0 号、-10 号、-20 号、-35 号、-50 号六种。2000 年中国石化集团公司发布了城市柴油企业标准 QSHR 006—2000《城市车用柴油标准》，该标准按凝点将城市车用柴油分为：10 号、0 号、-5 号、-10 号、-20 号五种，并从 2004 年 4 月 1 日开始执行。

2. 柴油选用原则及其注意事项

（1）柴油的选用　应根据使用地区和季节的不同来选用柴油。气温较高的地区，选用凝点较高的柴油；反之，气温较低的地区，选用凝点较低的柴油。一般选用柴油的凝点应比当地当月最低环境气温低 5℃ 以上，以保证在最低气温时不致凝固。

各种柴油的适用范围如下：

5 号普通柴油适合最低气温在 8℃ 以上的地区使用。

0 号普通柴油适合最低气温在 4℃ 以上的地区使用。

-10 号普通柴油适合最低气温在-5℃ 以上的地区使用。

-20 号普通柴油适合最低气温在-14℃ 以上的地区使用。

-35 号普通柴油适合最低气温在-29℃ 以上的地区使用。

-50 号普通柴油适合最低气温在-44℃ 以上的地区使用。

（2）柴油使用的注意事项

1）不同牌号的柴油可以掺兑使用，并可根据气温情况适当调配。混合后的柴油凝点并不按比例计算，一般比其比例值高 2℃ 左右。例如，将-10 号柴油与-20 号柴油各以 50% 的质量分数混合，混合后柴油的凝点约为-13℃ 左右。

2）在寒冷地区，若缺乏低凝点柴油时，可以向高凝点普通柴油中掺入 10%～40%（质量分数）的煤油，混合均匀，可以降低凝点。也可以采用适当的预热措施，提高发动机温度。

3）在严寒的冬季如果不能起动时，要另用起动燃料（如乙醚与航空煤油按体积分数 1∶1 配制）帮助起动。但严禁向柴油中加入汽油，那样发动机更不容易起动。

4）柴油加入燃油箱前，要充分沉淀（不少于 48h），然后用滤网过滤，以除去杂质。

5）当燃油警告灯亮时，要及时加油。因为燃油箱底部含有较多的水分和杂质会影响发动机的正常工作，容易造成输油泵、喷油泵、喷油器等的磨损而降低它们的使用寿命，也容易造成油路堵塞。

（三）汽车代用燃料

随着汽车保有量的高速增长，我国的经济发展面临能源需求与环境保护的双重巨大压力。针对我国的自然条件和资源，逐步改变汽车能源结构，发展汽车清洁代用燃料，实现发动机高效、低污染的燃烧，以控制汽车发动机有害气体排放对我国大气质量的危害，已成为我国能源与环境研究中的一个十分重大和紧要的课题。

能够代替汽油或柴油作为汽车发动机燃料的主要有天然气（NG）、液化石油气（LPG）、醇类燃料、二甲醚、生物燃料和氢气等。而其中比较理想的是液化石油气，它已被成功地应用于汽油机。此外，复合动力、电动力等也是当前汽车动力研究方面的热点。

作为车用燃料的 LPG，主要成分是丙烷、丁烷和少量烯烃、戊烷。辛烷值比一般汽油高，可提高发动机的压缩比，提高热效率，CO、NO_x 等有害气体排放低于汽油机排放，基本上消除了颗粒物，发动机工作噪声低。但液化石油气的着火温度较高，难以在压燃式发动机中压缩燃烧，所以多半用于点燃式发动机用电火花点燃。

二、机油

（一）机油的分类

1. 按使用性能（使用等级）分类

我国新的国家标准 GB/T 28772—2012《内燃机油分类》，参照国际通用的 API（美国石油学会）使用分类法，将机油分为汽油机油系列（S 系列）和柴油机油系列（C 系列）两大类。每一系列又按油品特性和使用场合不同，分为若干等级。汽油机油系列共有 SE、SF、SG、SH、GF-1、SJ、GF-2、SL、GF-3、SM、GF-4、SN、GF-5 等汽油机油品种；柴油机油系列共有 CC、CD、CF、CF-2、CF-4、CG-4、CH-4、CI-4、CJ-4 等汽车柴油机油品种。各类油品的级号越靠后，其使用性能越好。

2. 按黏度分类

我国新的国家标准 GB/T 14906—2018《内燃机油黏度分类》，采用国际通用的 SAE（美国汽车工程师协会）黏度分类法，将机油分为冬季用油（W 级）和非冬季用油。冬季用油按低温黏度、低温泵送性划分，共有 0W、5W、10W、15W、20W 和 25W 六个等级，其级号越小，适应的温度越低；非冬季用油按 100℃时的运动黏度分级，共有 20、30、40、50 和 60 五个等级，其级号越大，适应的温度越高。

另外，为增大机油对季节和气温的适应范围，国家标准还规定了多级油的黏度级号，如 5W/30、5W/40、10W/30、20W/40 等多级油，其分子表示低温黏度等级，分母表示 100℃时的运动黏度等级。多级油在油中添加了黏度指数改进剂，能同时满足某 W 级油和非 W 级油的黏度要求，有较宽的温度使用范围。例如，5W/40 既符合 5W 级油黏度要求，又符合 40 级油黏度要求，在全国冬夏季均可通用。

（二）机油的选用注意事项

1. 机油的选用

由于机油对发动机的使用性能和寿命都有很大的影响，因此应严格按照汽车使用说明书的规定选用相同系列、使用等级、黏度等级的机油。车辆说明书推荐的机油是根据发动机的性能和销售地域的气温等情况而定的,对机油的选用有一定的指导作用,并留有较大的安全系数,同时也是发动机保用期内索赔的前提条件之一。若无说明书可按下列方法,选用合适的机油规格。

(1) 根据发动机的使用燃料选择相对应系列的发动机机油 汽油机选用 S 系列油;柴油机选用 C 系列油;液化石油气发动机选用液化石油气专用机油。

(2) 黏度等级的选用 机油黏度的选用应同时满足低温起动性和高温润滑性。

1) 根据地区、季节和气温选用黏度等级,并尽量使用多级油。在严寒的冬季使用的发动机机油应选用 0W、5W 油或 0W/20 或 5W/20 多级油;而在炎热的夏季,则应使用 40 号油或 20W/40 等机油。常用机油黏度等级与适用温度范围见表 2-1。

表 2-1 常用机油黏度等级与适用温度范围

黏 度 等 级	适用温度范围/℃	黏 度 等 级	适用温度范围/℃
5W/20	-30~20	20W/40	-15~40
5W/30	-30~30	10W	-5~15
10W/30	-25~30	20	5~25
10W/40	-25~40	30	15~35
15W/40	-20~40	40	20~40

2) 根据发动机技术特性选用黏度等级。对于新发动机应选用黏度较小的机油,以保证在使用期内正常磨合;而使用较久、磨损较大的发动机则应选用黏度较大的机油,以维持所需的机油压力,保证正常润滑。

2. 机油使用注意事项

1) 遇到下列情况之一的,机油使用等级应酌情提高一级。

① 汽车长时间处于停停开开使用状态,如邮递车、出租车等。

② 长时间在高温高速下工作,尤其是满载或超载长距离行驶,如直达快车。

③ 长时间在低温、低速(气温低于 0℃、车速小于 16km/h)下行驶。

④ 牵引车或中型以上载货汽车,满载并拖挂车长时间行驶。

⑤ 在灰尘大的场所使用的发动机。

⑥ 使用质量差、含硫量高(质量分数大于 0.5%)的燃料。

2) 使用品质等级较高的机油可以代替使用品质等级较低的机油,但相应维护费用较高;反之,使用等级较低的机油决不可代替使用等级较高的机油。

3) 根据用油地域或季节的变化,选用合适黏度的机油,特别是跨温区、跨季节使用的车辆,应尽量使用多级油。若是使用单级油,在换季保养时应及时更换相应黏度的机油,对于还能使用的机油,可以用机油桶密封储存,在合适的时候更换使用。不同规格、不同厂家生产的发动机机油不能混用,更不能混合储存。

4) 定期定里程或按质更换机油及机油滤清器或滤芯。任何质量的机油,在使用中都会发生变化,到一定里程后,油的性能恶化,会给发动机带来危害,产生各种故障,为了避免故障的发生,应结合使用条件定期换油或根据油的理化指标变化情况按质换油。发动机的磨屑，空气中的砂粒、尘埃等杂质经过油循环后，集中收集到机油滤清器内。所以，一般建议每换两次机油更换一次机油滤清器或滤芯。

5）掌握正确的机油油位检查方法，保持正常的油面高度。机油油面过低，油量不足会加速机油变质，而且发动机会因缺油而引发部件的异常磨损；相反油面过高，油会从气缸和活塞的间隙等处窜入燃烧室，产生积炭而影响发动机的正常工作。

6）定期清洁或更换空气滤清器、燃油滤清器和曲轴箱强制通风阀。以防止外界杂质带到机油中或因异常燃烧产生积炭等对机油和发动机产生危害。

7）防止水分渗入机油。水分会使机油乳化变质，降低甚至丧失机油的使用性能，这对发动机的危害极大。因此，日常维护时机油加注孔盖要盖好，并检查油质中是否含有水分。

8）换油应在发动机温度较高时进行，同时应尽量将废油放干净。废油应集中处理，不可随意倾倒，污染环境。

9）有些车辆配有专用机油，建议使用专用机油。这些专用机油是汽车制造厂针对相应车型的发动机工作性能而与石油公司合作开发的，使用性能更加良好。

10）若发动机运行中发现机油警告灯亮，应立即将车开到安全地带将发动机熄火，检查原因或寻求援助。在保证安全的前提下方可行车。尽可能在车上备有一些机油，以便发动机机油缺少时尽快补充。

三、润滑脂

（一）润滑脂的分类

1）按基础油划分。分为矿物油脂和合成油脂。
2）按用途划分。分为减磨润滑脂、防护润滑脂、密封润滑脂。
3）按特性划分。分为高温润滑脂、耐寒润滑脂、极压润滑脂。
4）按稠化剂的类别划分。分为皂基润滑脂和非皂基润滑脂两大类。

① 皂基润滑脂分为单皂基润滑脂（如钠基润滑脂、锂基润滑脂、钙基润滑脂等）、混合皂基润滑（如钙钠基润滑脂等）和复合皂基润滑脂（如复合钙基润滑脂、复合锂基润滑脂、复合铝基润滑脂等）等。

② 非皂基润滑脂分为烃基润滑脂、无机润滑脂、有机润滑脂等。

其中，按稠化剂的类别划分润滑脂的方法使用得最多。

（二）润滑脂的选用与注意事项

1. 润滑脂的选用

润滑脂的品种及品牌众多，且性能各异，选用时应该考虑对润滑脂影响较大的主要因素，使用1~2个质量指标合适的润滑脂。

（1）工作温度　若考虑的是温度对润滑脂的影响，就应该选用合适的滴点。工作温度越高，选用的滴点越高。

（2）运动速度　若对润滑脂影响最大的是运动速度，就应该选用合适的黏度指标。速度越大，选用的黏度越大；反之，应该选用低黏度的润滑脂。

（3）承载负荷　若负荷是影响润滑脂的主要因素，就应该考虑针入度指标。承载负荷大的，应选针入度小的，以免润滑脂被挤压出来；反之，应该选用针入度较大的润滑脂。

除了上述主要影响因素外，还要考虑润滑部件的周围环境和所接触的介质，如空气的湿度、尘埃，以及是否有灰尘、雨水等。若机件会受到雨水的侵袭，就不能选用钠基润滑脂，而应选用钙基润滑脂或汽车通用锂基润滑脂。

2. 使用注意事项

1）根据汽车润滑部位的要求使用合适的润滑脂。按车辆使用说明书的规定，定期或定里程向各润滑点注入相应的润滑脂，要防止用错。

2）不同种类的润滑脂不得混用。注意防止不同种类、牌号的新旧润滑脂的混合。换用新鲜润滑脂时，应先将旧的润滑脂洗净擦干。

3）润滑脂加注量不能过多，否则会使机件的运转阻力增加，工作温度升高。

4）润滑脂应防止沙尘、水分等杂质的侵入，要储存在阴凉干燥的地方，并防止日晒和雨淋。

5）盛放润滑脂的容器应清洁、密封。不要用木制或纸制包装容器盛放润滑脂。

四、齿轮油

（一）齿轮油的分类

车用齿轮油的分类和发动机机油一样，通常按使用性能和黏度分类。

1. 按使用性能分类

目前国际上广泛采用 API（美国石油协会）使用分类法，它按齿轮承载能力和使用条件不同，将车辆齿轮油分为 GL-1、GL-2、GL-3、GL-4、GL-5、GL-6 六个级别。

2. 按黏度分类

我国车辆齿轮油的黏度等级采用 SAE（美国汽车工程师协会）黏度分类法，按齿轮油黏度为 150000MPa·s 时的最高温度和 100℃时的运动黏度，将齿轮油分为 70W、75W、80W、85W、90、140 和 250 七个黏度牌号。其中，带 W 的级号为冬季用油。

（二）齿轮油的选用与注意事项

1. 齿轮油的选用

（1）根据齿轮工作条件的苛刻程度选用使用等级　齿轮工作条件的苛刻程度是由齿轮的类型及其工作时的负荷和表面滑移速度决定的。普通齿轮传动可选用普通车辆齿轮油，准双曲面齿轮传动必须选用准双曲面齿轮油。若汽车在山区或满载拖挂行驶，并经常处于高负荷状态下，工作苛刻、油温较高，也可以选用准双曲面齿轮油。

（2）依据季节气温选择黏度等级　齿轮的低温黏度达 150000MPa·s 时的最高温度决定其适用的最低气温。因此齿轮油的黏度等级一般是根据不同地区或季节的气温情况来选择的。气温高时，选择黏度高的齿轮油；反之，气温低时，选择黏度低的齿轮油。如长江流域及其他地区冬季气温不低于-10℃的地区，全年可用 90 号油。长江以北冬季气温不低于-26℃的寒区，全年可用 80W/90 油。黑龙江、内蒙古、新疆等冬季气温在-26℃以下的严寒区，冬季使用 75W 号油，夏季换用 90 号油。其他地区全年可用 85W/90 油。

2. 齿轮油使用注意事项

1）一般使用等级高的齿轮油可用在要求低的车辆上，但使用等级低的齿轮油决不能用在要求高的车辆上。如准双曲面齿轮油可用于准双曲面齿轮润滑，也可用于普通齿轮传动件的润滑，但却不可将普通车辆齿轮油用在准双曲面齿轮传动件，否则将使齿轮加速磨损和损坏。

2）在保证润滑的条件下，尽量使用黏度合适的齿轮油，不要使用黏度过高的齿轮油，否则会造成浪费和增加燃料的消耗量。

3）不同品牌的齿轮油不要混用。因为不同品牌齿轮油的某些性能指标不尽相同，若混用会降低齿轮油的使用效果。

4）齿轮油在使用过程中，应按规定及时更换。一般汽车每行驶4万~5万km后，结合定期维护予以换油。换油时应尽量将旧油放尽，并清洗齿轮箱。同时应将换下的废油集中处理，以免污染环境。

5）严防水分、机械杂质、燃油等混入齿轮油。

五、液力传动油

（一）液力传动油的分类

国外液力传动油的分类是按照ASTM（美国材料试验学会）和API（美国石油学会）的分类方案，将液力传动油分为PTF-1、PTF-2、PTF-3等3类。

我国目前液力传动油尚无国家标准，现行标准为中国石化总公司的企业标准，该标准将液力传动油分为6号液力传动油和8号液力传动油两种。

8号液力传动油具有良好的黏温性、抗磨性和较低的摩擦系数，它接近于PTF-1级油，适用于轿车、轻型载货汽车的自动变速器。

6号液力传动油比8号液力传动油具有更好的抗磨性，但黏温性稍差，它接近于PTF-2级油，适用于内燃机车和重型货车的多级变矩器和液力偶合器。

（二）液力传动油的选用与注意事项

1. 液力传动油的选用

必须严格按车辆使用说明书的规定，选用适合品种的液力传动油。若无说明书的车辆，轿车、轻型货车应选用8号液力传动油，进口轿车要求用GM-A型、A-A型或Dexron型液力传动油的也可用8号液力传动油代替；而重型货车、工程机械的液力传动系统，则可选用6号液力传动油。

2. 液力传动油使用注意事项

1）要经常检查液力传动油的油面，通常车辆每行驶1万km应检查一次。若发现油面下降过快，则可能出现漏油，应及时予以检查排除。

2）应按车辆使用说明书的规定期限，及时更换液力传动油和过滤器或清洗滤网，同时拆洗油底壳，并更换密封垫。对于无说明书的车辆，通常每行驶3万km应更换一次液力传动油。换下的油应集中处理。

3）当液力传动油出现理化变质（如有烧焦味、起泡沫）时，不管是否到了换油周期，均应及时检查原因并更换液力传动油。

4）注意有些进口车辆使用长寿命液力传动油，这种液力传动油只要没有发生理化变质就不用更换。

六、液压油

（一）液压油的分类

随着汽车技术的发展，现代汽车上的许多机构，广泛采用了液压传动。除了液压制动系统、液压减振器、自动变速器、助力转向系统、离合器液压操纵机构外，自动倾卸机构、高档车上的玻璃升降器等均采用液压传动装置。另外在汽车维修机械中也广泛应用了液压传动，如举升机、各部件拆装升降平台、千斤顶等。

液压油按国家标准 GB 7631.2—2003《润滑剂、工业用油和相关产品（L 类）的分类　第 2 部分：H 组（液压系统）》规定的分类命名方法进行分类，汽车及其维修机械液压系统常用的液压油品种主要有：L-HL、L-HM、L-HV 和 L-HR 液压油等。

（1）L-HL 液压油　该种液压油是一种精制矿物油，具有较好的防锈和抗氧化性。它常用于低压液压系统和传动装置，在 0℃ 以上环境下使用。

（2）L-HM 液压油　L-HM 液压油是抗磨型液压油。它是在 L-HL 油的基础上改善了其抗磨性能的品种。它适合于低、中、高压液压系统，也可用于其他中等负荷机械，适用的环境温度为 -5~60℃。

（3）L-HV 液压油　L-HV 液压油是低温抗磨型液压油。它是在 L-HM 油的基础上改善其黏温性能的品种。它适用于工作条件恶劣的低、中、高压液压系统（如野外作业的工程车辆、军车等），也可用于其他中等负荷机械，适用的环境温度变化较大。

（4）L-HR 液压油　该液压油也是低温抗磨型液压油。它是在 LHV 油的基础上改善其黏温性能的品种。它适用于环境温度变化较大或工作条件恶劣的低压液压系统，和其他轻负荷机械。

（二）液压油使用注意事项

1）严格按照液压系统的使用说明书选择合适的液压油。按规定的换油指标及时换油。

2）应特别注意保持液压油的清洁。防止沙、尘等杂物的侵入，否则会严重影响液压系统各元件的使用寿命。

3）不同品质、不同牌号的液压油不得混合使用。

七、制动液

（一）制动液的分类

制动液按其组成和特性不同，一般可分为醇型、矿油型和合成型制动液三类。其中合成型制动液是目前广泛应用的主要品种。

我国汽车用制动液按照国家标准 GB 12981—2012《机动车辆制动液》进行分类。按机动车辆安全使用要求分为 HZY3、HZY4、HZY5、HZY6 四种产品，其中 HZY3、HZY4、HZY5 分别对应于美国交通运输部制动液类型的 DOT3、DOT4、DOT5.1。

（二）制动液的选用和注意事项

1. 制动液选用

（1）根据环境条件　环境条件主要是指气温、湿度和道路条件等。如在炎热的夏季、常在山区多坡或高速公路上行驶的车辆，制动强度大，制动液工作温度高，特别是在湿热条件下，一般应选用 HZY3 或 HZY4 合成制动液。

（2）根据车辆速度性能　高速车辆或常在市区行驶的车辆，制动液工作温度较高，应使用级别较高的制动液。

2. 制动液使用注意事项

1）若有车辆使用说明书，应严格按照说明书选用相应级别的制动液。注意车辆有无配

第二章 汽车保养与维护基础知识

备制动防抱死(ABS)或牵引力控制等电子控制系统对制动液是否有不同的要求。

2)尽量选择性能稳定、质量可靠的好品牌的制动液。各种品牌的制动液原则上不能混用,因为它们不一定具有相容性。

3)应按车辆使用说明书要求,定期更换制动液。一般车辆每行驶4万~5万km或1~2年更换一次,因为制动液使用到一定时间,其各种使用性能会下降,从而影响行车安全。更换掉的制动液应集中处理,以免对环境造成污染。

4)更换不同品牌或不同级别的制动液时,应用新的制动液清洗一次。不得用汽油、煤油等清洗,还要防止水分和各种杂质混入。

5)若车辆出现制动过软,连续踩几脚才有制动时,应及时检查制动液液面高度是否合适,并按规定操作程序进行制动系统排气。

6)合成型制动液型号很多,颜色各异,选用时必须注意其质量指标中的使用温度范围,常温和低温下的黏度、有无沉淀和异味。

7)制动液应密封存放,车辆上制动液罐盖应盖好,以防制动液吸收大气中的水分而降低沸点。

8)制动液对车辆漆面有一定的腐蚀性,检查或更换制动液时,应注意别溅到车上或身上,若不慎溅到车上或身上应及时用清水清洗。

9)行车中若发现制动液位警告灯闪烁,应及时检查制动液面是否正常。液面若过低,应及时补充同级同牌的制动液。为此,车上应尽量备有制动液。

八、冷却液

(一)冷却液的分类

冷却液是在清洁的水中加入一定比例的防冻剂配制而成的具有不同冰点的产品。根据冷却液中加入防冻剂的不同构成不同品种的冷却液。目前,常用的防冻剂品种有乙二醇型、酒精型和甘油型等。而乙二醇型冷却液,因其具有冰点低、沸点高、防腐性好,被广泛使用。

乙二醇型冷却液根据标准NB/SH/T 0521—2010《乙二醇型和丙二醇型发动机冷却液》规定,按其冰点不同分为-25、-30、-35、-40、-45、-50六个牌号。

(二)冷却液的选用和注意事项

1. 冷却液的选用

冷却液的选用应根据当地冬季最低气温选用适当冰点牌号的冷却液,一般所选冷却液的冰点应至少比最低气温低5℃。选用浓缩冷却液时,应按说明书规定的比例加入蒸馏水或去离子水,配制出具有与使用条件相对应冰点的冷却液,配制时不得使用自来水等非清洁水。

无特殊要求的车辆,可以选用乙二醇型冷却液以降低运输成本。对于一些中高档车辆,要求使用其专用冷却液,应按车辆说明书选用对应的冷却液。

2. 冷却液使用注意事项

1)市面上的冷却液质量良莠不齐,注意选购信誉良好的品牌。合格的冷却液,只要维护得当,一般可以连续使用3~5年,但要求每年检测一次。

2)乙二醇对人体有毒性,使用保管时应严防入口。

3）冷却液对环境有一定的污染，更换掉的冷却液应集中处理。

4）应定期检查冷却液的液面高度，若液面过低应及时添加。

5）要针对各种发动机具体结构特点选用冷却液种类，强化系数高的发动机，应选用高沸点冷却液；缸体或散热器用铝合金制造的发动机，应选用含有硅酸盐类添加剂的冷却液。另外，有一些高档汽车还为其发动机规定专用的冷却液。例如，桑塔纳轿车发动机就要求使用大众公司特制的 G11 冷却液。因此，在选用冷却液时要严格按照发动机使用说明书中的要求选用。

6）冷却液的膨胀率一般比水大，若无膨胀水箱，冷却液只能加到冷却系容积的 95%，以免冷却液溢出。

7）如果发动机冷却系原先使用的是普通水或换用另一种冷却液，在加入新的一种冷却液之前，务必要将冷却系冲洗干净。

8）不同牌号的冷却液不能混装混用，以免起化学反应，破坏各自的综合防腐能力，用剩后的冷却液应在容器上注明名称，以免混淆。

9）在使用后，若因冷却系渗漏引起散热器液面降低，应及时补充同一品牌的冷却液，若液面降低由水蒸发所致，则应向冷却系添加蒸馏水或去离子水，切勿加入井水、自来水等硬水；当发现冷却液中有悬浮物、沉淀物或发臭时，证明冷却液已起化学反应，已变质失去功效，应及时地清洗冷却系统，并全部更换其冷却液。

10）乙醇型冷却液容易挥发，使用中应注意防火，在发动机冷却液温度过高时，不要打开散热器盖，也不要让发动机立即熄火，以免因冷却液急剧升温而突然喷出，造成失火；如果因乙醇挥发使散热器液面下降，可用 80%（质量分数）的乙醇溶液加注补充。

九、制冷剂

（一）制冷剂的品种

汽车空调制冷剂最早广泛使用 CFC-12（亦写为 R-12），后来使用环保型产品 HFC-134a（亦写为 R-134a）。

CFC-12 制冷剂具有制冷能力强、化学性质稳定、安全性好等优点。但是，研究证明，CFC-12 释放在大气中后，会消耗大气层中的臭氧，从而破坏了臭氧层对地球的保护作用（臭氧层可防止太阳光中紫外线直接射向地球），对人类健康和环境带来危害。

HFC-134a 对大气层不起破坏作用，与 CFC-12 相比制冷能力较小，但传热性能优越。

（二）制冷剂的选用及注意事项

1. 制冷剂的选用

制冷剂的选用是一个比较复杂的技术经济问题，需要考虑的因素很多，选择时应根据具体情况，进行全面的技术分析。

（1）考虑环保的要求　必须选用符合国家环保法规的制冷剂。

（2）考虑制冷温度的要求　根据制冷剂温度和冷却条件的不同，选用高温（低压）、中温（中压）、低温（高压）制冷剂。通常选择的制冷剂的标准蒸发温度要低于制冷温度 10℃。选择制冷剂还应考虑制冷装置的冷却条件、使用环境等。运行中的冷凝压力不应超过压缩机安全使用条件的规定值。汽车空调只能用车外空气作冷却介质，对其产生影响的气温、风速、太阳辐射、热辐射等因素无不在频繁发生变化，其运行条件决定它只能选用高温（低压)制冷剂,过去选用 R-12,目前大多选用 R-134a。

(3) 考虑制冷剂的性质　根据制冷剂的热力性质、物理性质和化学性质,选用那些无毒、不爆炸、不燃烧的制冷剂;选用的制冷剂应传热好、阻力小、与制冷系统用材料相容性好。

(4) 考虑压缩机的类型　不同的制冷压缩机的工作原理有所不同。体积式压缩机是通过缩小制冷剂蒸气的体积提高其压力的,一般选用单位体积制冷量大的制冷剂,如 R-134a、R-22 等。

2. 制冷剂的使用注意事项

HFC-134 与 CFC-12 是有区别的,使用时切不可用错制冷剂量,否则会引起制冷系统故障。

(1) 使用 CFC-12 时的注意事项

1) 制冷剂容器应避免日光直射、火炉烘烤,以防意外。
2) 避免与人的皮肤直接接触,以防冻伤;尤其避免误入眼睛,以防造成失明。
3) 尽管 CFC-12 是无毒或低毒,但与火焰接触时,会产生毒气。
4) 操作现场应通风良好。

(2) 使用 HFC-134a 时的注意事项　除了要注意上述问题外,相对于 CFC-12 还应注意以下几点:

1) 干燥剂应用 XH-7,并增加用量。
2) 冷冻机油应用适于 HFC-134a 的专用油。
3) 制冷系统密封材料应用专用材料。

十、汽车轮胎

(一) 汽车轮胎的种类及其规格

1. 充气轮胎的分类

汽车轮胎按照其组成部分可分为:有内胎轮胎和无内胎轮胎;按照轮胎充气压力大小可分为:高压胎(气压为 0.5~0.7MPa)、低压胎(气压为 0.2~0.5MPa)和超低压胎(0.2MPa 以下);按轮胎胎面花纹可分为:普通花纹轮胎、混合花纹轮胎和越野花纹轮胎;按轮胎胎体中帘线排列方式可分为:普通斜交轮胎和子午线轮胎。

2. 我国轮胎规格的表示方法

(1) 轿车轮胎规格　GB 9743—2015《轿车轮胎》和 GB/T 2978—2014《轿车轮胎规格、尺寸、气压与负荷》均规定了轿车轮胎规格的表示方法。

1) 斜交轮胎。

例:6.70 - 13 - 6PR

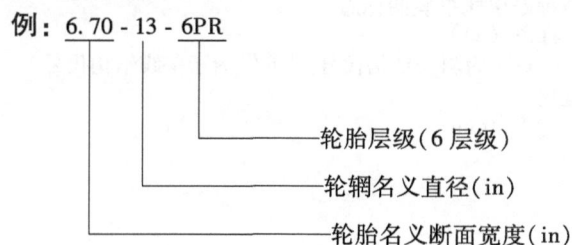

2）子午线轮胎。

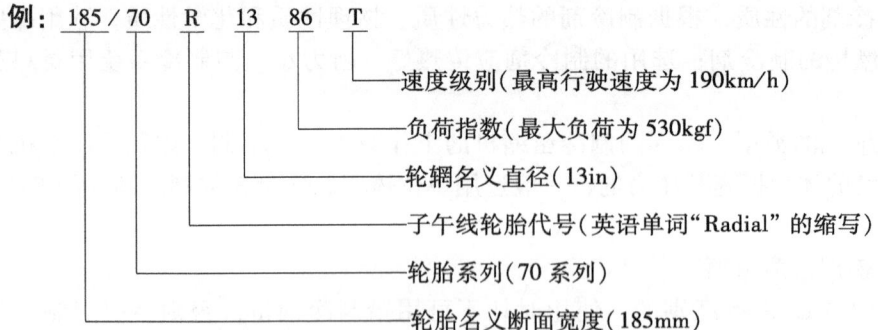
例：185 / 70 R 13 86 T
- 速度级别（最高行驶速度为190km/h）
- 负荷指数（最大负荷为530kgf）
- 轮辋名义直径（13in）
- 子午线轮胎代号（英语单词"Radial"的缩写）
- 轮胎系列（70系列）
- 轮胎名义断面宽度（185mm）

（2）载货汽车轮胎规格　GB/T 2977—2008《载重汽车轮胎规格、尺寸、气压与负荷》按照载重汽车类型规定了载货汽车轮胎规格新的表示方法。

1）微型、轻型载重汽车轮胎。

例1：

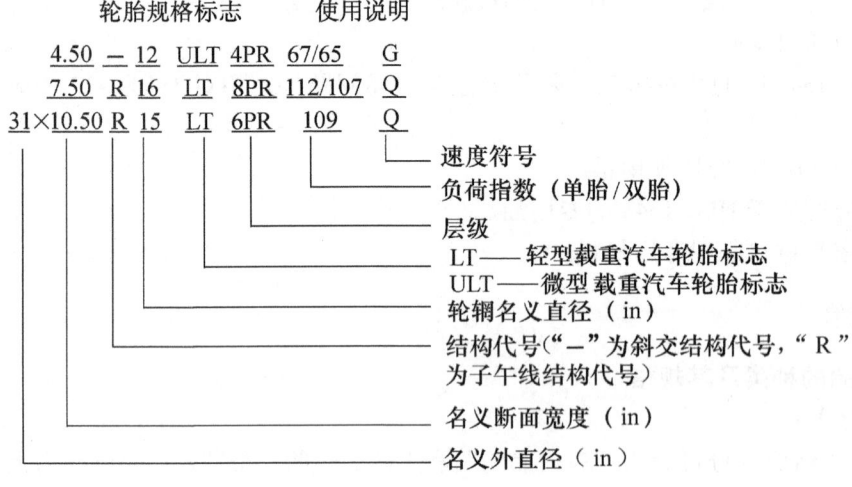

轮胎规格标志　　　使用说明
4.50 − 12 ULT 4PR 67/65 G
7.50 R 16 LT 8PR 112/107 Q
31×10.50 R 15 LT 6PR 109 Q
- 速度符号
- 负荷指数（单胎/双胎）
- 层级
- LT——轻型载重汽车轮胎标志
- ULT——微型载重汽车轮胎标志
- 轮辋名义直径（in）
- 结构代号（"−"为斜交结构代号，"R"为子午线结构代号）
- 名义断面宽度（in）
- 名义外直径（in）

例2：

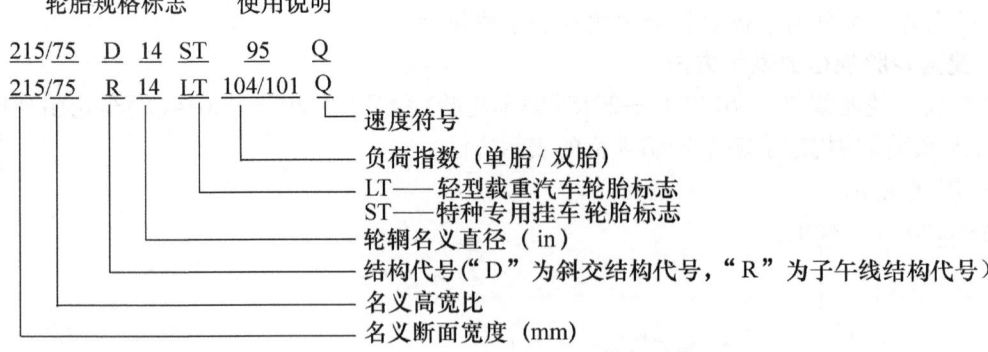

轮胎规格标志　　　使用说明
215/75 D 14 ST 95 Q
215/75 R 14 LT 104/101 Q
- 速度符号
- 负荷指数（单胎/双胎）
- LT——轻型载重汽车轮胎标志
- ST——特种专用挂车轮胎标志
- 轮辋名义直径（in）
- 结构代号（"D"为斜交结构代号，"R"为子午线结构代号）
- 名义高宽比
- 名义断面宽度（mm）

2）载重汽车轮胎。

例1：

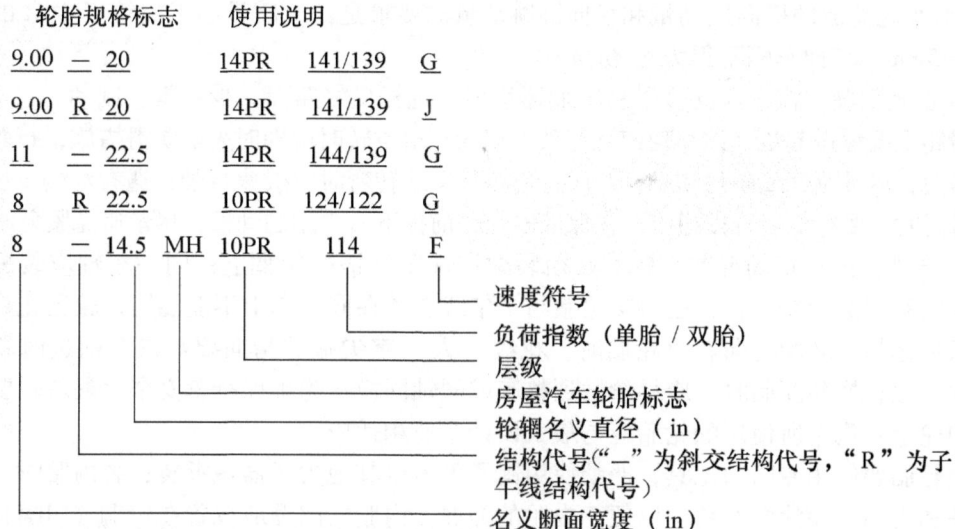

例2：

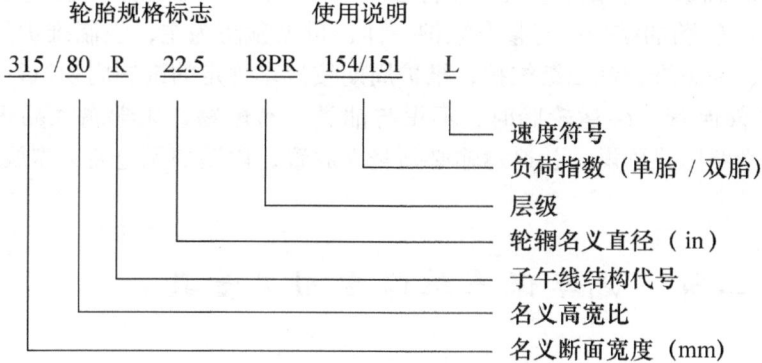

（二）汽车轮胎的更换选用及注意事项

（1）保持轮胎标准气压　轮胎气压是根据轮胎负荷等条件规定的，轮胎气压应符合该轮胎承受负荷时规定的压力。一般可按照汽车使用说明书规定的轮胎气压检查。

（2）防止轮胎超载　轮胎的负荷不应超过轮胎的额定负荷，在汽车使用过程中不得超载。装载要分布均匀，不可重心偏移，要保持货物均匀分布。

（3）掌握车速，控制胎温　要求汽车所使用的轮胎应与最高设计车速相适应。最大设计车速较高的汽车须选用具有高速特性的轮胎。汽车夏季行驶时应增加停歇次数，如果轮胎发热或内压增高，应停车休息，严禁放气降低轮胎气压，也不要用冷水浇泼。

（4）保持汽车技术状况良好

1）前轮前束和外倾角应符合标准。

2）行车制动器调整良好，不拖滞。

3）轮毂轴承的间隙调整适当。

4）轮胎螺母紧固，车轮应平衡。

5）钢板弹簧的挠度应尽量一致，前后轴平行。

6）轮毂油封和液压制动轮缸无漏油现象。

7）对车轮总成的横向摆动量和径向圆跳动量的要求是：总质量小于或等于4.5t的汽车不得大于5mm，其他车辆不得大于8mm。

（5）正确驾驶　汽车应起步平稳，加速均匀，选择良好路面，少用紧急制动。

在滑路上要缓慢起步，以均匀速度行驶，车轮打滑空转时应即时采取防滑措施；行驶中注意选择路面，尽量避开障碍物和难行路段；道路不良或转弯时应减速行驶；遇有沟槽、坑洼或铁轨等障碍时，要以低速缓慢通过；在保证安全的前提下，少用制动器，尽量避免紧急制动。

（6）合理搭配，正确拆装　轮胎必须装配在规定规格的轮辋上；同一车轴应装配相同规格、花纹和层级的轮胎；普通斜交轮胎与子午线轮胎在同一车上不能混用；轮胎花纹应根据道路条件选择，装配有向花纹轮胎时，花纹"人"字尖端的指向要与汽车前进时轮胎的旋转方向一致；换装新胎时，应尽量做到整车或同轴同换；为确保行车安全，翻新轮胎不能装在转向轮上；汽车所使用的轮胎应与最大设计车速相适应。

拆装轮胎要使用专门的工具，严禁使用锤子敲击或其他尖锐器械拆装；装内胎时，应在外胎内壁和内胎表面涂滑石粉，以便于内胎的伸展。内胎气门嘴应放置在轮辋气门嘴孔的中心，双胎并装时，应将内档轮胎的车轮螺栓紧固后，再装外档轮胎。

（7）强制维护，及时翻修　轮胎技术状况应符合GB 7258—2012《机动车运行安全技术条件》的"轮胎要求"。对轮胎的维护应与整车维护一样，贯彻预防为主，强制维护的原则。轮胎维护分为日常维护、一级维护和二级维护，维护周期按汽车规定的维护周期执行。

（8）正确装运，妥善保管　装运轮胎时，不得与油类、易燃物、化学腐蚀品等混装，并用篷布遮盖，以免阳光照射或雨淋。长途运输必须竖立放置，内胎如无包装，需放在外胎内，并适量充气。

第二节　汽车保养维修常用工量具

一、汽车保养维修常用工具及使用方法

在汽车保养维修中经常用到的专用工具有：扳手、螺钉旋具、活塞环拆装钳、气门弹簧拆装架、滑脂枪、千斤顶、工作灯、拉力器等。

（一）扳手

1. 汽车保养维修常用扳手种类

汽车维修过程中，除了常用的呆扳手、梅花扳手、活扳手、套筒扳手、内六角扳手外，还经常使用扭力扳手及专用扳手。常用的扳手如图2-1所示。

（1）扭力扳手　扭力扳手是一种与套筒扳手中的套筒相配合使用，能显示拧紧力矩大小的专用工具。力矩的国际单位是N·m，汽车维修中常用扭力扳手的规格是0~300N·m。

（2）专用扳手　专用扳手是一种用途较为单一的特殊扳手的通称，通常以其用途或结构特点来命

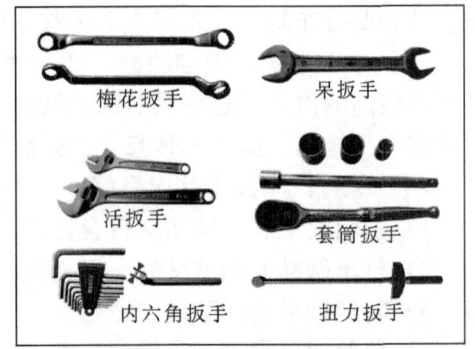

图2-1　部分常用的扳手

名。每一种专用扳手,又可以按照不同规格和尺寸进行分类。在使用专用扳手时,必须选用与零件相适应的扳手,以免扳手滑脱伤手或损坏零件。常用的专用扳手及其用途见表2-2。

表2-2 常用的专用扳手及其用途

扳手名称	主要用途
内六角扳手	扭转内六角螺栓
圆螺母扳手	扭转带槽圆螺母
叉形凸缘及转向螺母套筒扳手	扭转轮毂轴承调整、锁紧螺母
方扳手	扭转方头螺钉,如油底壳、变速器等的放油螺塞
叉形扳手	扭紧圆柱孔定位的螺母,如减振器顶盖等
火花塞套筒扳手	拆装火花塞
气门芯扳手	拆装轮胎气门芯
钩形扳手	扭转带槽圆螺母等
专用套筒扳手	扭转特殊螺栓或螺母,如轮毂轴承螺栓、轮胎螺母
机油滤清器扳手	拆装机油滤清器总成

2. 使用方法及注意事项

(1) 扭力扳手使用方法

1) 使用时,一手按住套筒一端,另一手平稳地拉动扭力扳手的手柄,并观察扭力扳手指针指示的力矩数值。

2) 切忌在过载的情况下使用扭力扳手,以免造成读数失准或扳手损坏,用后应将扭力扳手平稳放置,避免重物撞、压,造成扳杆或扳手指针变形而影响其测量精度,甚至损坏扳手。

(2) 扳手类工具选用及注意事项 所选用的扳手的开口尺寸必须与螺栓或螺母的尺寸相符合,扳手开口过大易滑脱并损伤螺件。

在进口汽车维修中,应注意扳手米制、英制的选择;各类扳手的选用原则是,一般优先选用套筒扳手,其次为梅花扳手,再次为呆扳手,最后选活扳手。

(二) 螺钉旋具

一字螺钉旋具(图2-2)俗称平头起子、平口改锥,用于旋紧或松开头部开一字槽的螺钉。一般工作部分用工具钢制成,并经淬火处理。一字螺钉旋具由木柄、刀体和刃口组成,其规格以刀体部分的长度表示,常用的规格有100mm、150mm、200mm和300mm等几种。使用时,应根据螺钉沟槽的宽度选用相应的规格。

十字螺钉旋具(图2-2)俗称十字头起子、十字改锥,用于旋紧或松开头部带十字槽的螺钉,材料和规格与一字螺钉旋具相同。

(三) 活塞环拆装钳

1. 用途

活塞环拆装钳是一种专门用于拆装活塞环的工具,如图2-3所示,维修发动机时,必须使用活塞环拆装钳拆装活塞环。

2. 使用方法

使用活塞环拆装钳时,将拆装钳上的环卡卡住活塞环开口,握住手把稍稍均匀地用力,使得拆装钳手把慢慢地收缩,环卡将活塞环徐徐地张开,使活塞环能从活塞环槽中取出或装入。使用活塞环拆装钳拆装活塞环时,用力必须均匀,避免用力过猛而导致活塞环折断,同时也能避免伤手事故。

（四）气门弹簧拆装架

1. 用途

气门弹簧拆装架（图2-4）是一种专门用于拆装顶置气门弹簧的工具。

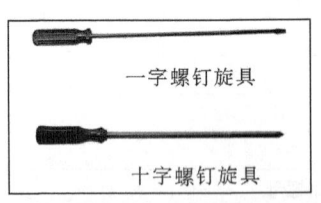

图2-2 常用的螺钉旋具

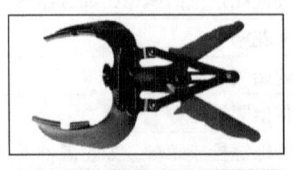

图2-3 活塞环拆装钳

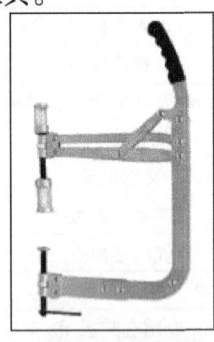

图2-4 气门弹簧拆装架

2. 使用方法

使用时，将拆装架托架抵住气门，压环对正气门弹簧座，然后压下手柄，使得气门弹簧被压缩，这时可取下气门弹簧锁销或锁片，慢慢地松抬手柄，即可取出气门弹簧座、气门弹簧和气门等。

（五）滑脂枪

1. 用途

滑脂枪（图2-5）是一种专门用来加注润滑脂的工具。

2. 使用方法

（1）填装润滑脂

1）拉出拉杆使柱塞后移，拧下滑脂枪压力缸筒前盖。

2）把干净的润滑脂分成团状，徐徐装入缸筒内，且使润滑脂团之间尽量相互贴紧，便于缸筒内空气排出。

3）装回前盖，推回拉杆，柱塞在弹簧作用下前移，使润滑脂处于压缩状态。

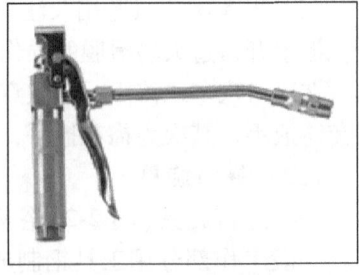

图2-5 滑脂枪

（2）注润滑脂的方法

1）把滑脂枪接头对正被润滑的润滑脂嘴（滑脂嘴），直进直出，不能偏斜，以免影响润滑脂加注和减少润滑脂的浪费。

2）注润滑脂时，如注不进，应立即停止，并查明堵塞的原因，排除后再加注。

（六）千斤顶

1. 用途和种类

千斤顶是一种最常用、最简单的起重工具，按照其工作原理可以分为机械丝杠式、气压式和液压式，按照所能起顶质量可以分为3000kg、5000kg、9000kg等多种规格，目前广泛使用的是液压式千斤顶，如图2-6所示。

图2-6 液压式千斤顶

2. 使用方法

以液压式千斤顶为例介绍其使用方法：

1) 起顶汽车前，应把千斤顶顶面擦拭干净，拧紧液压开关，把千斤顶放置在被顶部位的下部，并使千斤顶与被顶部位间相互垂直，以防千斤顶滑出而造成事故。

2) 旋转顶面螺杆，改变千斤顶顶面与被顶部位的原始距离，使起顶高度符合汽车需要的顶置高度。

3) 用三角形垫木，将汽车着地车轮前后塞住，防止汽车在起顶过程中发生滑溜事故。

4) 用手上下压动千斤顶手柄，使被顶汽车逐渐升到一定高度，在车架下放入搁车凳，禁止用砖头等易碎物支垫汽车。落车时，应先检查车下是否有障碍物，并确保操作人员的安全。

5) 徐徐拧松液压开关，使汽车缓慢平稳地下降，架稳在搁车凳上。

3. 使用注意事项

1) 汽车在起顶或下降过程中，禁止在汽车下面进行作业。

2) 应徐徐拧松液压开关，使汽车缓慢下降，汽车下降速度不能过快，否则，易发生事故。

3) 在松软路面上使用千斤顶起顶汽车时，应在千斤顶底座下加垫一块面积较大且能承受压力的材料（如木板等），防止千斤顶由于汽车重压而下沉。

4) 千斤顶把汽车顶起后，当液压开关处于拧紧状态时，若发生自动下降故障，则应立即查找原因，及时排除故障后方可继续使用。

5) 如发现千斤顶缺油，应及时补充规定油液，不能用其他油液或水代替。

6) 千斤顶不能用火烘热，以防橡胶碗或密封圈损坏。

7) 千斤顶必须垂直放置，以免因油液渗漏而失效。

（七）工作灯

1. 用途

工作灯（图2-7）是一种随车的照明灯具，主要用于维护作业中的局部照明。

2. 使用方法

工作灯使用的电源是汽车的电源，使用时将工作灯插头插入汽车工作灯插座内即可。这时可将工作灯悬于需照明的作业部位或用手持工作灯柄直接照射需照明的作业部位。

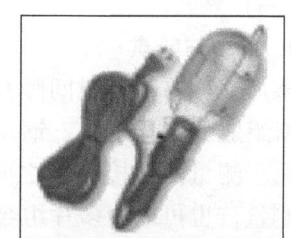

图2-7　工作灯

（八）拉力器

拉力器可以用来完成三种工作：

1) 把物体从轴上拉出。

2) 把物体从孔中拉出。

3) 把轴从物体中拉出。

如图2-8所示为拉力器的使用说明，第一个例子表示把齿轮、轮子或轴承从轴上拉出。第二个例子表示把轴承外圈、保持器、密封件从孔里拉出。第三个例子表示抓住轴并压住外壳，把轴拉出来。显然，拉力器还有许多其他方面的应用。

（九）其他常用工具

1. 钳工锤

钳工锤又称圆顶锤。其锤头一端平面略有弧形，是基本工作面，另一端是球面，用来敲

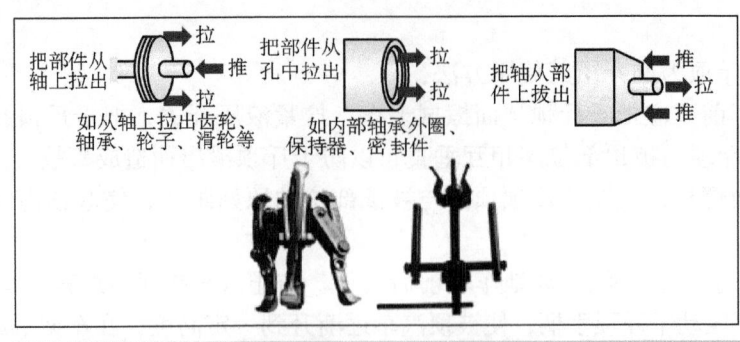

图 2-8 拉力器的使用说明

击凹凸形状的工件。规格以锤头质量来表示，以 0.5~0.75kg 的最为常用。

2. 尖嘴钳

因其头部细长，所以能在较小的空间工作，带刃口的能剪切细小零件，使用时不能用力太大，否则钳口头部会变形或断裂，规格以钳长来表示，常用规格为 160mm。

3. 鲤鱼钳

鲤鱼钳钳头的前部是平口细齿，适用于夹捏一般小零件，中部凹口粗长，用于夹持圆柱形零件，也可以代替扳手旋小螺栓、小螺母，钳口后部的刃口可剪切金属丝，由于一片钳体上有两个互相贯通的孔，又有一个特殊的销子，所以操作时钳口的张开度可很方便地变化，以适应夹持不同大小的零件，是汽车维修作业中使用最多的钳子，规格以钳长来表示，一般有 165mm、200mm 两种。

4. 钢丝钳

用途和鲤鱼钳相似，但其支销相对于两片钳体是固定的，故使用时不如鲤鱼钳灵活，但剪断金属丝的效果比鲤鱼钳要好，规格有 150mm、175mm、200mm 三种。

二、汽车保养维修常用量具及使用方法

（一）塞尺

1. 用途与特点

塞尺又称厚薄规或间隙片，是一种由多片不同厚度的标准钢片所组成的测量工具，钢片上标有其厚度值，如图 2-9 所示。主要用于测量两个接合面之间的间隙值。使用时，可以用一片进行测量，也可以由多片组合在一起进行测量。

2. 使用方法

1）用干净布将塞尺擦拭干净，不能在塞尺沾有油污的情况下进行测量，否则，会直接影响测量结果的准确性。

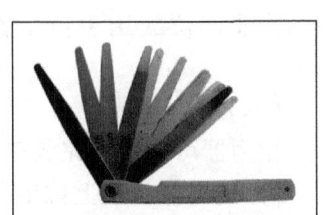

图 2-9 塞尺

2）将塞尺插入被测间隙中来回拉，塞尺感到稍有阻力时，表明该间隙接近塞尺上所标出的数值。如果拉动时阻力过大或过小，则该间隙值小于或大于塞尺上所标出的数值。

3. 使用注意事项

1）不允许在测量过程中剧烈弯折塞尺，或用较大的力硬将塞尺插入被检测间隙，否则将损坏塞尺。

2) 测量后，应将塞尺擦拭干净，并涂上一薄层机油或工业凡士林，然后将塞尺收回夹框内，以防锈蚀、弯曲或变形。

（二）游标卡尺

1. 用途与分类

游标卡尺是一种能直接测量工件直径、宽度、长度或深度的量具，如图 2-10 所示。

游标卡尺按照测量功能可分为游标卡尺和深度游标卡尺，按照游标读数值可分为 0.10mm、0.05mm、0.02mm 等。目前常用的游标卡尺，游标读数值为 0.02mm。

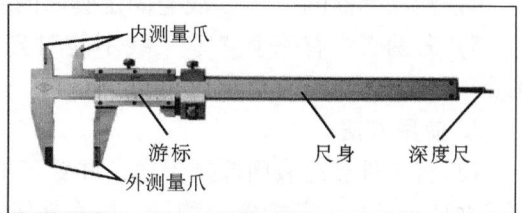

图 2-10　游标卡尺

2. 使用方法

1) 使用前，先将工件被测表面和测量爪接触表面擦干净。

2) 测量工件外径时，将游标向外移动，使内外测量爪间距大于工件外径，然后再慢慢地移动游标，使内外测量爪与工件接触。使用中，切忌硬卡硬拉，以免影响游标卡尺的精度和读数的准确性。

3) 测量工件内径时，将游标向内移动，使内外测量爪间距小于工件内径，然后再缓慢地向外移动游标，使内外测量爪与工件接触。

4) 测量工件的内径和外径时，应使游标卡尺与工件垂直。测外径时，记下最小尺寸；测内径时，记下最大尺寸。

5) 用深度游标卡尺测量工件深度时，将尺框与工件被测表面平整接触，然后缓慢地移动尺身，使其与工件接触。测量时用力不宜过大，以免硬压尺身而影响测量精度和读数的准确性。

6) 用后，应将游标卡尺擦拭干净，并涂一薄层工业凡士林，放入卡尺盒内存放，切忌弯折、重压。

3. 读数方法

1) 读出游标零刻线所指示尺身上左边刻线的毫米整数值。

2) 观察游标上零刻线右边第几条刻线与尺身某一刻线对准，将游标读数值乘以游标上的格数，即为毫米小数值。

3) 将尺身上的整数值和游标上的小数值相加即得被测工件的尺寸。

（三）千分尺

1. 分类与结构

千分尺是一种用于测量加工精度要求较高的精密量具，其测量精度比游标卡尺高，且比较灵敏，其分度值可达到 0.01mm。一般分为外径千分尺、内径千分尺、杠杆千分尺、深度千分尺、壁厚千分尺、公法线千分尺等。本节主要以外径千分尺为例进行介绍。

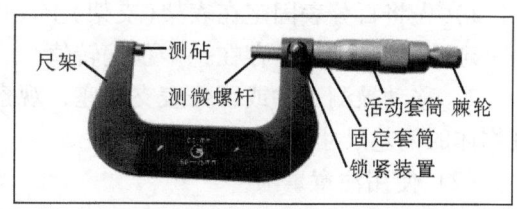

图 2-11　外径千分尺

外径千分尺由尺架、测微螺杆、测力装置和锁紧装置等组成，如图 2-11 所示。按照测量范围可分为 0~25mm、25~50mm、50~75mm、75~100mm 和 100~125mm 等多种不同规格，但每种千分尺的测量范围均为 25mm。

2. 千分尺的误差检查

1) 把千分尺砧端表面擦拭干净。

2) 旋转棘轮，使两个砧端夹住校对量杆，直到棘轮发出"咔咔"声响，这时检视指示值。

3) 活动套筒前端应与固定套筒的"零"线对齐。

4) 活动套筒的"零"线与固定套筒的基线应对齐。

5) 若两者中有一个"零"线不能对齐，则该千分尺有误差，应检查调整后才能用于测量。

3. 使用方法

1) 将工件被测表面擦拭干净，并置于千分尺两砧端之间，使千分尺螺杆轴线与工件中心线垂直或平行。若歪斜着测量，则直接影响测量的准确性。

2) 旋转活动套筒，使砧端与工件测量表面接近，这时改用旋转棘轮，直到棘轮发出"咔咔"声响时为止，这时的指示数值就是所测量到的工件尺寸。

3) 用后，应将千分尺擦拭干净，保持清洁，并涂抹一薄层工业凡士林，然后放入盒内保存。禁止重压、弯曲千分尺，且两砧端不得接触，以免影响千分尺精度。

4. 读数方法

1) 从固定套筒上露出的刻线读出工件的毫米整数和半毫米整数。

2) 从活动套筒上由固定套筒纵向线所对准的刻线读出工件的小数部分（百分之几毫米）。不足一格数（千分之几毫米），可用估算读法确定。

3) 将两次读数相加就是工件的测量尺寸。

（四）百分表

1. 用途与特点

百分表是一种比较性测量仪器，主要用于测量工件的尺寸误差和形位误差以及配合间隙等，其分度值为0.01mm。

2. 读数方法

百分表的表盘刻度一般分为100格，当测头每移动0.01mm时，大指针就偏转1格（表示0.01mm）；当大指针旋转1圈时，小指针偏转1格（表示1mm）。指针的偏转量就是被测零件（工件）的实际偏差或间隙值。

3. 使用方法及注意事项

（1）使用方法

1) 先将百分表固定在表架（支架）上，以测杆端量头抵住被测工件表面，并使测量头产生一定的位移（即指针存在一个预偏转值）。

2) 移动被测工件或百分表支架座，观察百分表表盘上指针的偏转量，该偏转量即是被测物体的偏差尺寸或间隙值。

（2）使用注意事项

1) 测杆轴线应与被测工件表面垂直，否则，会影响测量精度。

2) 百分表用后，应卸除所有的负荷，用干净软布将表面擦拭干净，并在金属表面涂抹一薄层工业凡士林，将百分表水平地放置盒内，严禁重压。

第二章　汽车保养与维护基础知识

（五）内径百分表

1. 用途与构造

内径百分表又称量缸表，是一种借助于百分表为读数机构，配备杠杆传动系统或楔形传动系统的杆部组合而成的量具，如图2-12所示。内径百分表是一种比较性测量仪器，在汽车维修中主要用于测量发动机气缸和轴承座孔的圆度误差、圆柱度误差或零件磨损情况，其分度值为0.01mm。

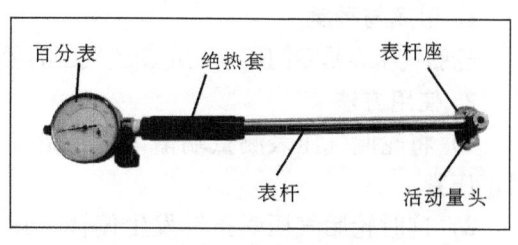

图2-12　内径百分表

内径百分表由百分表、表杆、表杆座、活动测杆（量头）、支撑架和一套长度不等的接杆等组成。

2. 使用方法

1）一只手拿住绝热套，另一只手尽量托住表杆下部，轻轻摆动表杆，使内径百分表测杆与气缸轴线垂直（可通过观察百分表指针摆动情况来判断，当表针指示到最小数值时，即表示测杆已垂直于气缸轴线）。

2）内径百分表读数方法与百分表相同，读出百分表头指示数值。

3）确定工件尺寸

① 如果百分表头的大指针正好指在"0"处，说明被测工件的孔径（缸径）与其校表尺寸相等，若以标准尺寸进行校表，则表示工件尺寸与标准尺寸相同。

② 如果百分表头大指针顺时针方向转离"0"位，则表示工件尺寸小于标准尺寸；反之则表示大于标准尺寸。

③ 通过对不同测量点的测量结果计算出圆度误差、圆柱度误差或工件的磨损情况。

（六）气缸压力表

1. 用途与种类

气缸压力表是一种专门用于检查气缸内气体压力大小的量具，如图2-13所示。其主要组成部件是压力表，按测量范围和用途分为汽油机压力表（0~1.4MPa）和柴油机压力表（0~20MPa）两种，是诊断发动机是否需要大、中修的仪表之一。

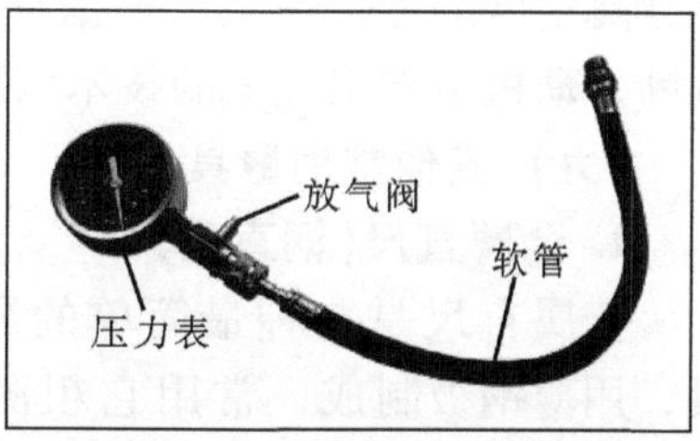

2. 使用方法

1）起动发动机并运转到正常工作温度，旋下汽油机火花塞或柴油机喷油器。

图2-13　气缸压力表

2）汽油发动机必须将节气门和阻风门完全打开，把气缸压力表的锥形橡胶圈压紧在火花塞座孔上。

3）柴油发动机必须采用螺纹接口式气缸压力表，将气缸压力表螺纹接口旋入喷油器座孔内。

4）用起动机带动曲轴旋转3~5s，使发动机转速保持在150~180r/min（汽油机）或500r/min（柴油机），这时气缸压力表所指示的压力值就是该气缸的气缸压力。

5）按下气缸压力表上的放气阀，则压力表指针回零。

6）在实际测量气缸压力时，每个气缸应重复测量2~3次。

（七）轮胎气压表

1. 用途与种类

轮胎气压表是专门用于测定轮胎气压的量具，常用的形式有标杆式和指针式（图2-14）两种。

2. 使用方法

1）将轮胎气压表测量端槽口与轮胎气门嘴对正压紧。

2）这时轮胎气压表指针发生偏转，其指示值即为该轮胎的充气压力；或者轮胎气压表标杆在气压作用下被推出，这时标杆上所显示的数值即为该轮胎的充气压力。

3）测量完毕，应仔细检查轮胎气门芯是否有漏气，若有漏气，应予以排除。

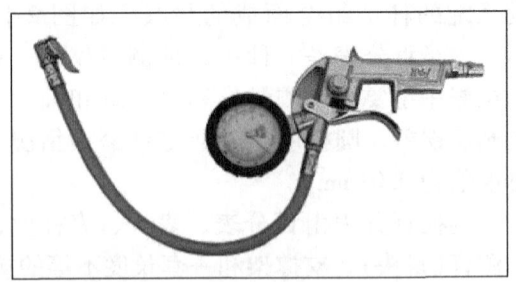

图2-14 指针式轮胎气压表

（八）进气歧管真空表

1. 用途

进气歧管真空表（图2-15）是一种用于测量发动机进气歧管内真空度的工具，也可以检查汽油泵和真空装置的技术状况。

2. 测量范围

真空表刻度盘一般分为100格，测量范围为0~100kPa。

3. 使用方法

1）将发动机运转到正常工作温度，并调整分电器，使发动机保持稳定怠速运转。

2）将真空表用一根橡胶管连接到进气歧管上。

3）观察真空表指针的指示值，并改变发动机的转速，观察真空度的变化情况，根据真空度的数值变化、分析和判断发动机不同工况下的技术状况。

（九）其他常用量具

1. 金属直尺（钢直尺）

金属直尺是一种最简单的测量长度并直接读数的量具，用薄钢板制成，常用它粗测工件长度、宽度和厚度，常见钢直尺的规格有150mm、300mm、500mm、1000mm等。

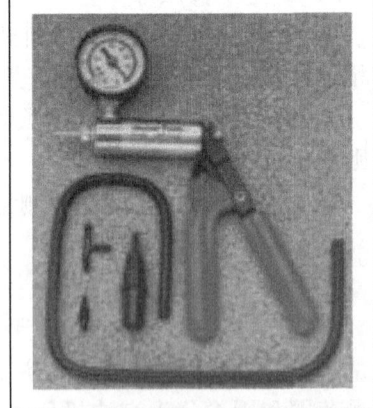

图2-15 进气歧管真空表

2. 卡钳

卡钳分外卡钳和内卡钳，它是一种间接读数量具，不能直接读出尺寸，必须与钢直尺或其他刻线量具配合测量。

3. 燃油压力表

燃油压力表用来检测发动机燃油供给系统的油压，诊断燃油系统故障。

第三章

汽车发动机的保养与维护

第一节 发动机润滑系统的保养与维护

发动机润滑系统主要由油底壳、机油泵、机油集滤器、机油滤清器、安全阀、油管、气缸体润滑油道以及机油压力表和感应塞等组成，如图3-1、图3-2所示。

图3-1 发动机润滑系统油路图

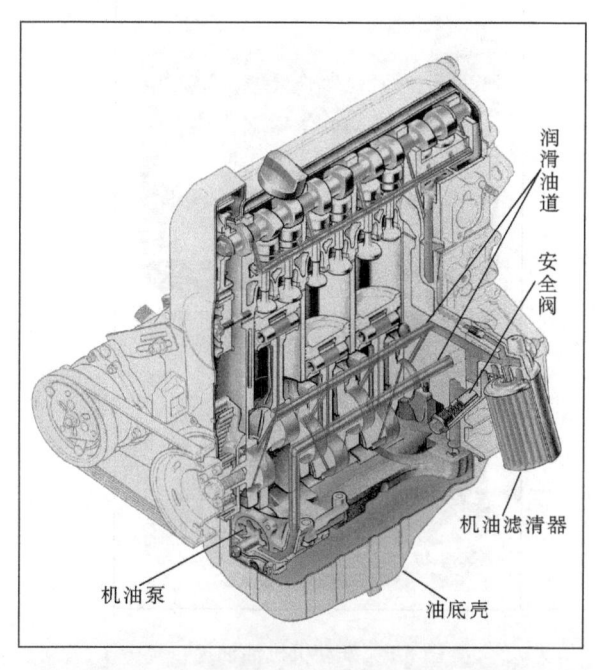

图3-2 发动机润滑系统位置结构图

发动机润滑系统的功能是将机油不断地输送到各运动零件的摩擦表面，以实现以下功用：

1）润滑作用。机油可使运动零件之间构成油膜接触，减小摩擦阻力和动力损失，并减小机件的磨损。

2）清洁作用。循环流动的机油将摩擦脱落的金属细屑带走，使之不致留在零件之间形成磨料而加剧磨损。

3）散热作用。循环流动的机油将摩擦产生的热量带走，使运动机件不致因升温过高而损坏。

4）密封作用。机油在活塞环与气缸壁间构成的油膜，可起到一定的密封作用，减少向油底壳的漏气。

5）防锈作用。工作时各零部件接触表面形成油膜，防止零件生锈。

一、汽油发动机润滑系统的保养与维护

（一）机油油量的检查与补充

1. 机油油面高度的检查

发动机机油对发动机性能有重要的影响，所以每天都应检测发动机机油油量。

1）检查前，应把车辆停放在水平地面上，起动发动机空转5min。

2）停止运转发动机，等待3min后，拔出机油油尺擦干净，重新插入油尺并再次取出，记录油尺上的油面，如图3-3所示。

3）正常油面应在最高位(F)和最低位(L)之间，如图3-4所示。

4）用手捻搓机油尺上的机油，检查其黏度，闻一闻有无汽油味，看一看是否有杂质和水分等。机油品质检查如图3-5所示。

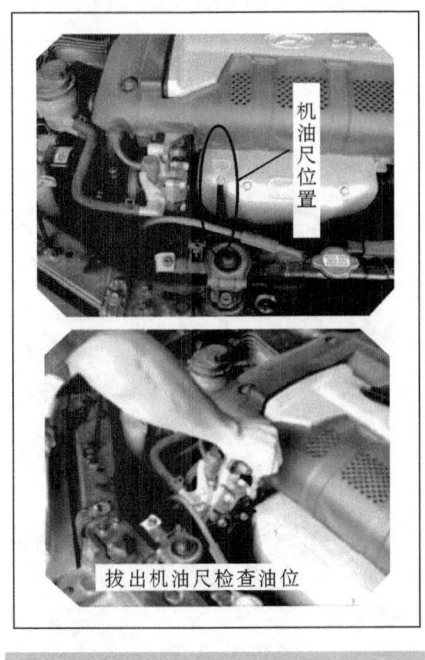

图3-3 发动机机油油尺

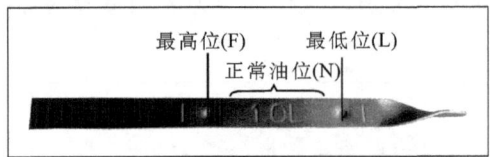

图3-4 发动机机油油面规定高度

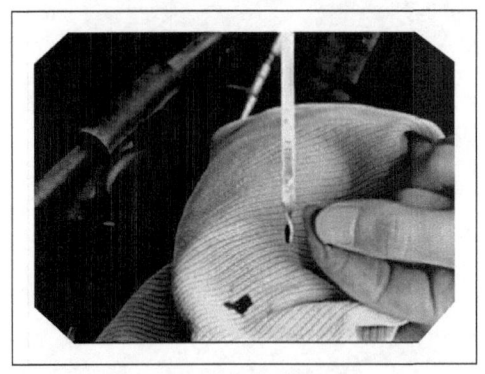

图3-5 机油品质检查

5）油面高度太高时，应及时查明原因并予以排除，其原因可能是冷却液或汽油进入曲轴箱内所致。

2. 机油的补充

如果油面低于L位置，在将油面过低原因排除后可适当补充添加同种性质的发动机机油至正常油面高度，如图3-6所示。

1）将汽车停放在平地上，关闭发动机。如果汽车长时间闲置，可先让其运转几分钟，再停机。

2）按逆时针方向打开加机油口盖。

3）添加优质机油。应及时查看机油的加注量，注意不要过量。

第三章 汽车发动机的保养与维护

4）按顺时针方向旋转并拧紧加机油口盖。

注意：

① 补充机油时应防止杂物进入，不要使油面超过油尺的F线，否则会导致发动机产生故障。检测机油油量时，如果机油油量超过F线或有异常，应及时检查排除。

② 擦机油尺时请使用干净的抹布，以免杂物混入发动机而产生故障。

③ 机油消耗量随行驶里程的增加而增加，特别是在恶劣的环境下驾驶时，应随时检测机油油量，不足时要及时补充。

④ 在机油油量不足的状态下驾驶车辆，将导致发动机损坏。

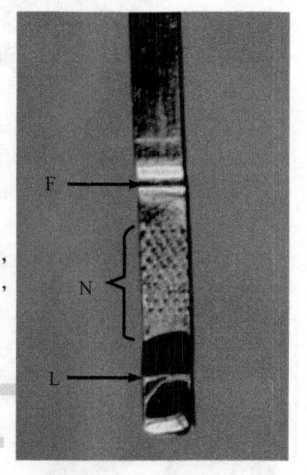

F——不许添加机油
N——可以添加机油，添加后油位可能进入的区域
L——必须添加机油，添加后机油油位进入测量区
如果机油油位在最高标记(F)之上，会有损坏催化转化器的危险，并会因机油量过多，在曲轴运转时，形成阻力作用，在高速作用下一部分机油会通过活塞环与气缸套进入燃烧室，导致烧机油

图3-6 发动机补充机油油量位置

⑤ 机油起润滑与冷却作用，而且能提高发动机性能，延长发动机使用寿命。但润滑气门导管和气门杆、活塞与缸壁的一部分机油会进入燃烧室内燃烧，因而消耗机油。另外，车辆在高速、高负荷及交通堵塞情况下频繁停车和起步时，消耗的机油油量要比正常行驶所消耗的机油油量多。

所以应每天检查机油油量。如果低于L线，应立即补充机油。

（二）发动机润滑系统的排放与清洗

机油更换的时间及里程周期一般为1年或5000~8000km。

1. 发动机机油的排放

1）把车辆停在平整的地面上，起动发动机，进行发动机暖机，如图3-7所示。

2）关闭发动机，拉紧驻车制动器，打开发动机盖及加机油口盖，如图3-8、图3-9所示。

图3-7 发动机暖机

3）抬起车辆后，在放油螺塞下部放置废机油回收桶，按逆时针方向旋转放油螺塞，打开放油口，放出机油，如图3-10、图3-11、图3-12所示。

4）放完机油后，更换放油螺塞密封垫，按顺时针方向拧紧放油螺塞，规定拧紧力矩为15~20N·m，如图3-13所示。

2. 发动机润滑油道的清洗

（1）发动机润滑油道的简单清洗 向排净机油后的发动机注入标准容量60%~70%的新机油，然后以怠速运转2~3min，再将洗涤用机油放尽。

49

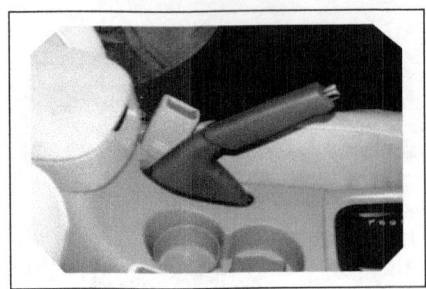

图 3-8　拉紧驻车制动器

图 3-9　打开发动机加机油口盖

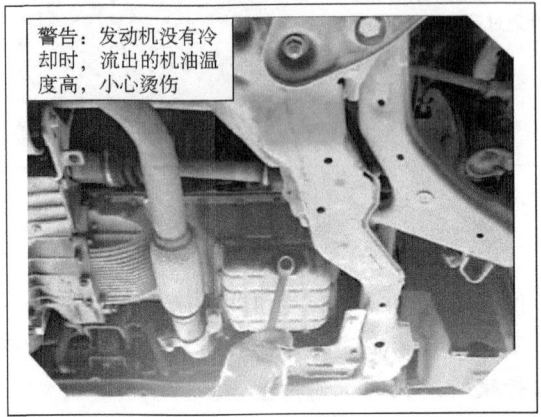

警告：发动机没有冷却时，流出的机油温度高，小心烫伤

图 3-10　旋转放油螺塞

图 3-11　放出机油

警告：机油可通过延长放油时间来放净，不得充入压缩空气、汽油来排油和清洗，这会导致零部件锈蚀和腐蚀。

图 3-12　将机油收集到回收桶

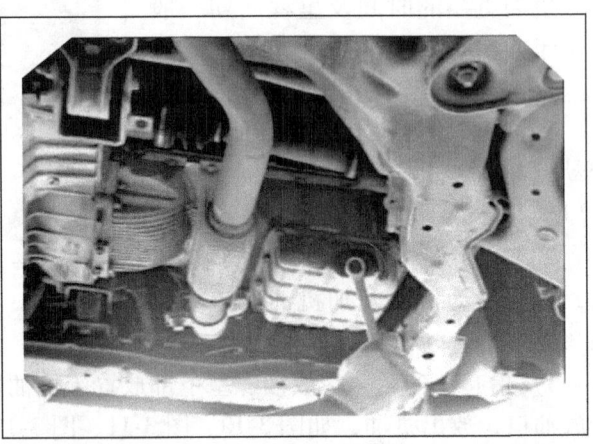

图 3-13　拧紧放油螺塞

（2）发动机润滑系统清洗机清洗　一般发动机内机油滤芯只能过滤大于 $25\mu m$ 的杂质微粒，而发动机内的焦油、油漆、金属屑等小于 $25\mu m$ 的微粒则继续留滞积聚在发动机各机油管路、机油泵和油底壳中。更换机油时不能清除掉这些微粒，从而造成了机油的污染，严重

影响发动机的性能。

在发动机清洁护理时，用发动机润滑系统清洗机(图3-14)可将发动机润滑系统内的油泥、积炭溶解并清理干净，以改善发动机机油品质，恢复发动机的性能，提高发动机的效率，减少有害气体排放，延长发动机的使用寿命。

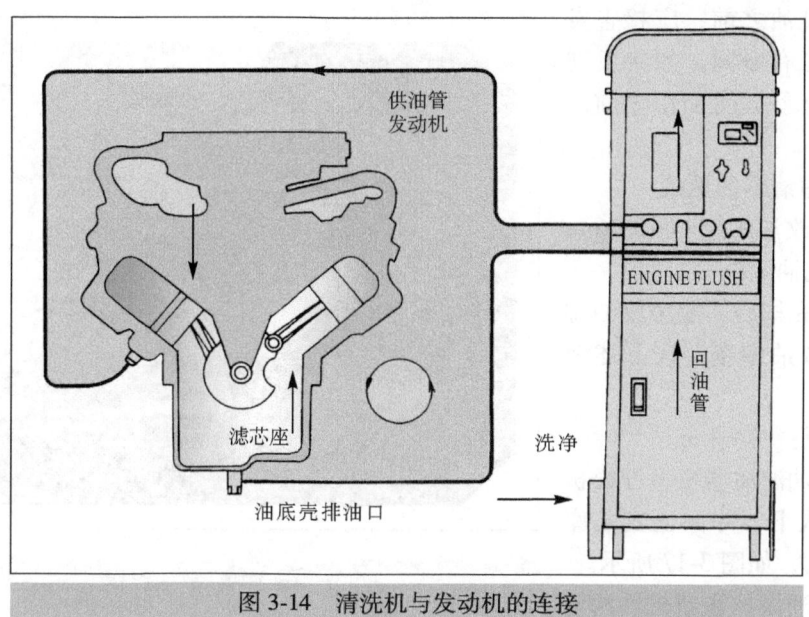

图3-14 清洗机与发动机的连接

发动机润滑系统清洗流程(图3-15)：

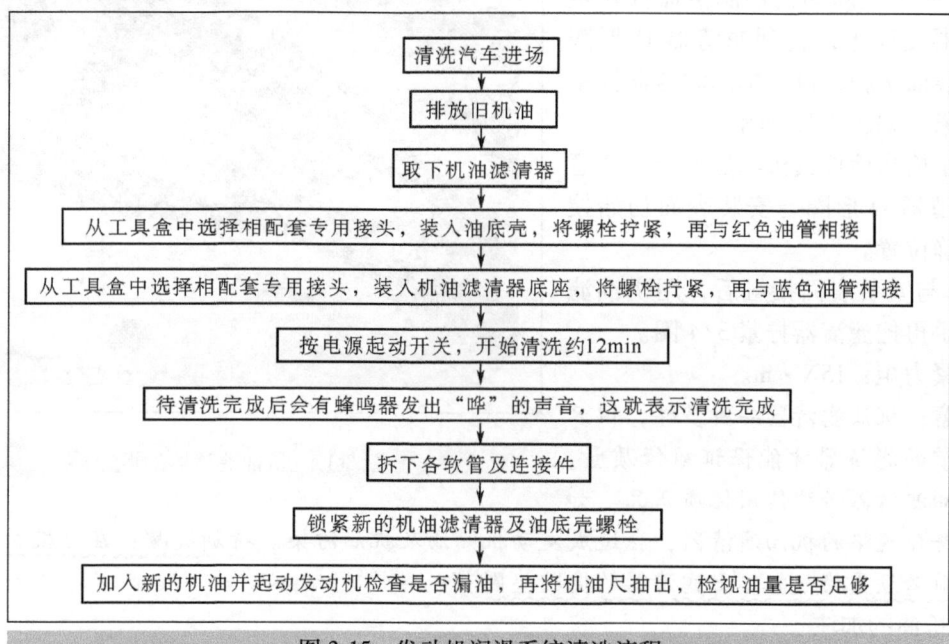

图3-15 发动机润滑系统清洗流程

1) 清洗液以344.7kPa压力打入加机油口。
2) 清洗液流经机油系统清除油泥、杂质微粒。

3）溶解的油泥、杂质微粒流至油底壳，由清洗机抽出清除。

4）用清洗液冲洗掉机油泵及滤网上的金属屑。

（三）机油滤清器的更换与机油的加注

在多尘路段行驶之后，应尽可能更换机油与机油滤清器。更换周期通常为5000~10000km。

在排放机油之前，应检查发动机机油是否有泄漏。如果发现有泄漏，在着手下述工作之前，应更换损坏件。

1. 机油滤清器的更换

1）取下放油螺塞（图3-16），排放发动机机油。

2）排放完毕后，擦净放油螺塞。再装上放油螺塞，按下述要求拧紧。

拧紧力矩：30N·m。

3）用机油滤清器扳手拧松机油滤清器后取下，并保证安装座平面上的清洁，如图3-17所示。

4）将机油涂抹在新机油滤清器的O形圈上。

5）用手把新的机油滤清器拧在机油滤清器支座上，直到滤清器O形圈与安装表面接触，再用机油滤清器扳手将其拧紧，如图3-18所示。

为了恰当地拧紧机油滤清器，注意识别滤清器O形圈与安装表面初始接触的精确位置。

6）与安装表面接触后，用机油滤清器扳手再把滤清器拧紧3/4圈。

拧紧力矩：15N·m。

注意：机油滤清器品种多样，但只有高品质的滤清器才能保证维修质量，所以机油滤清器必须使用优质正品。如

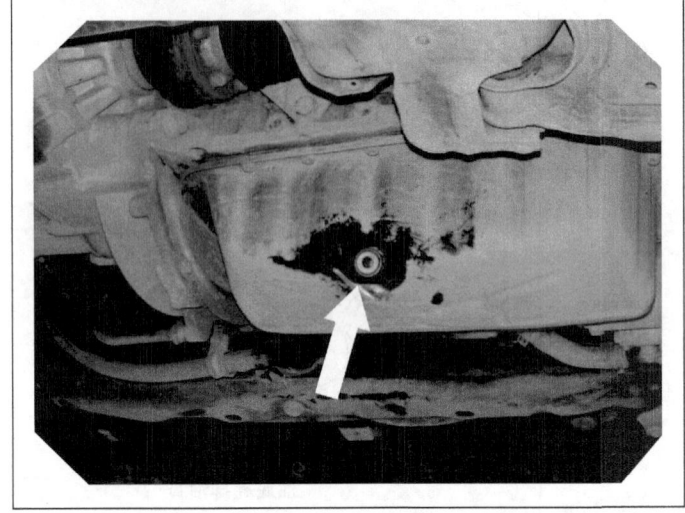

图3-16　放油螺塞

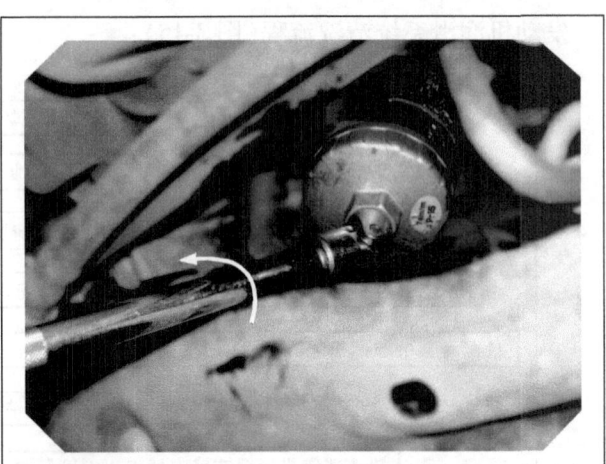

图3-17　机油滤清器的拆卸

使用不符合规格的机油滤清器，会造成发动机漏油及机油污染。特别提醒：在更换新品机油滤清器前必须更换气缸体上滤清器的橡胶垫圈。

2. 机油的加注

1）从发动机加机油口注入车辆制造商规定黏度的高品质汽油发动机专用机油，直至油位达到机油尺上的满油位标记即可停止加注。

提示：加机油口在气缸盖罩顶部。

第三章 汽车发动机的保养与维护

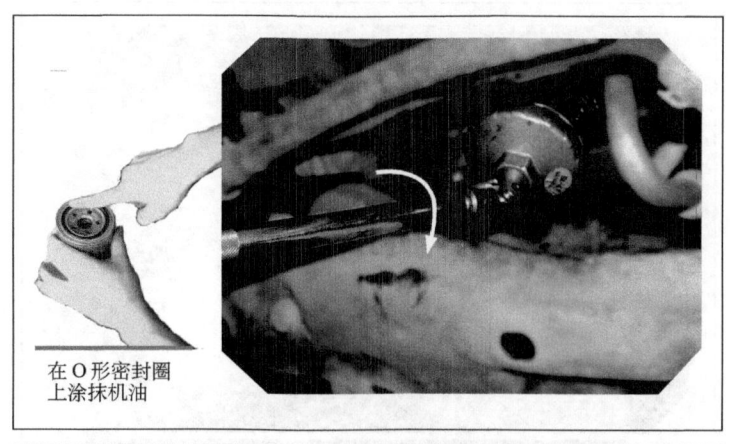

图 3-18 机油滤清器的安装

2）盖上发动机加机油口盖，使发动机怠速空转 5min 后停止运转。隔 3min 后拔出机油尺检查机油油位是否处在正常油位位置。过程如图 3-19、图 3-20、图 3-21 所示。

注意：机油不足时再注油，油位超过满油位标记时需抽出过量机油。

3）最后还需检查发动机油底壳放油螺塞、机油滤清器密封接口处是否有泄漏现象，如有可适当拧紧再运转发动机检查。拧紧后若泄漏还存在，则应查明原因，并更换新件重新装配。

机油的更换必须根据更换周期来进行，更换时建议使用 SE、SF、SG、SH 或 SJ 级发动机油。

按图 3-22 所示选择恰当的机油黏度。

图 3-19 机油的加注

二、柴油发动机润滑系统的保养与维护

柴油发动机（图 3-23）的润滑方式为压力润滑，机油用机油泵加压后，经散热器和机油滤清器，输送到各摩擦部位进行润滑。

机油更换周期为 8000~12000km，或 100~200h（工作时间）。每行驶 100km 应检测机油油量，如果发现机油油量不足，应及时补充，以免损伤曲轴和凸轮轴等承载零部件。

（一）柴油发动机润滑系统维护注意事项

1）油底壳内的油面必须保持在规定的高度范围。如果机油不足，要按标准加足。

2）如发现机油油面升高，很可能是柴油、冷却液混入，应及时查明原因并予以排除。

3）更换机油时，应趁热车放出油底壳和粗、细滤清器中的废机油，然后再加新机油。

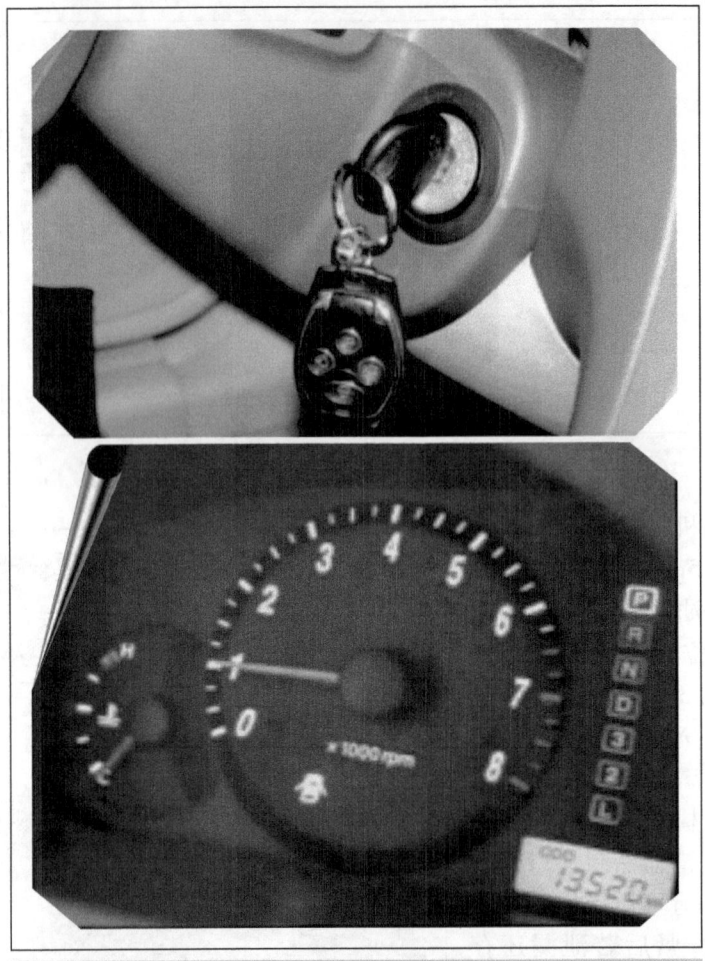

图 3-20　使发动机怠速运转

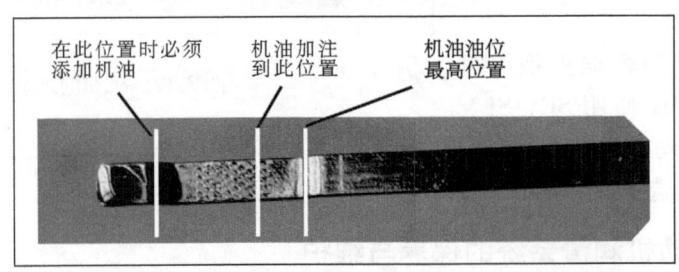

图 3-21　机油油位的检查

4）清洗润滑油道的方法是：待废油放净后，向发动机油底壳内加注新机油或经过滤的优质柴油，其量相当于油底壳标准容量的 60%~70%，然后使发动机怠速运转 2~3min（或者拆下全部喷油器，用手摇柄转动曲轴 3~5min），再将洗涤油放出。按季节要求加入规定牌号的新机油。

5）运行中，机油压力应符合规定，正常运行时机油压力一般为 0.29~0.39MPa（约 3~4kgf/cm^2）。机油压力可通过在限压阀螺塞中心和边缘增加垫片的办法来加以调整。但必须在保修厂进行，并注意使机油压力保持在规定值。

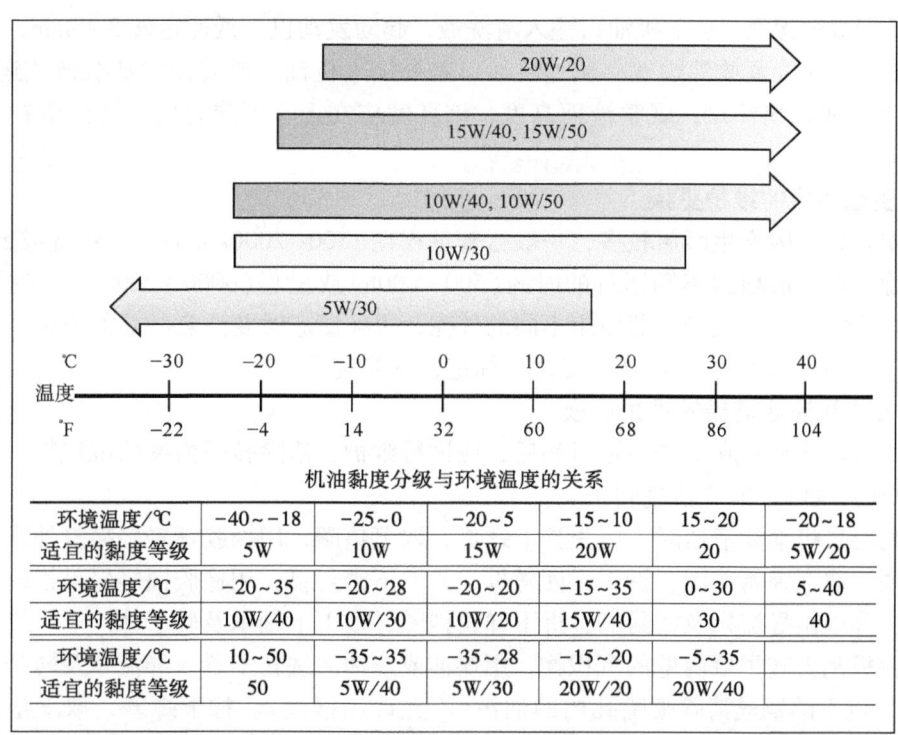

机油黏度分级与环境温度的关系						
环境温度/℃	-40~-18	-25~0	-20~5	-15~10	15~20	-20~18
适宜的黏度等级	5W	10W	15W	20W	20	5W/20
环境温度/℃	-20~35	-20~28	-20~20	-15~35	0~30	5~40
适宜的黏度等级	10W/40	10W/30	10W/20	15W/40	30	40
环境温度/℃	10~50	-35~35	-35~28	-15~20	-5~35	
适宜的黏度等级	50	5W/40	5W/30	20W/20	20W/40	

图 3-22 机油黏度分级与环境温度的关系

（二）机油的检查与检测

将车辆停在平坦地面上，在发动机处于工作温度时，关闭发动机后等待数分钟，让机油汇集到发动机油底壳。

把机油尺拔出，擦拭干净，再次插到底，再拔出机油尺，检查油位是否在机油尺的上限和下限之间。

由于柴油机与汽油机的机油检测与更换步骤相似，故可参考汽油机机油的检测与更换步骤。

注意：发动机还没熄火时，不能进行此类作业。

（三）机油滤清器的更换

更换机油滤清器的同时更换发动机机油。

从油底壳上旋下放油螺塞，放出发动机机油，然后用专业工具拆下机油滤清器。在安装新机油滤清器时，应先在密封圈上涂上机油，再用手将机油滤清器拧紧，直至滤清器与底座上的密封垫相接触，然后再用专用工具将机油滤清器旋紧 3/4 圈（相当于拧紧力矩 55N·m）。

图 3-23 柴油发动机

首先旋紧放油螺塞，从加机油口注入清洗液，起动发动机，低速运转3~5min，然后停车放出清洗液。再次旋紧放油螺塞，从加机油口盖处加入机油。最后让发动机低速运转5min，停机2min后，抽出机油尺，观察液面高度，该高度应在上、下限之间，否则应补充或抽放机油。

1. 纸质滤清器的维护更换

新车走合期，因产生磨屑较多，一般行驶里程在1500~2000km时，应清洗或更换滤芯。

纸质滤清器一般根据车辆运行的时间（500~600h）或里程（6000~20000km）进行定期更换。由于全流式和旁流式滤清器使用不同的外壳，更换滤芯时要注意滤芯的长短，要分清外壳上和滤芯上的"全流式"或"旁流式"标记，不能装错。

2. 离心式机油滤清器的维护更换

离心式机油滤清器在运转一定时间后，应进行维护，清除转子内壁的沉积物，通常行驶里程在1500~2000km时应清洗转子。

清洗离心式机油滤清器时，应先拧下螺母，取下垫圈，用橡胶锤轻轻敲打外罩，取下外罩及密封圈，取下弹簧挡圈，拆下紧固螺母，并取下密封垫，用橡胶锤轻轻敲松转子罩，取下转子罩，并取出导流罩及密封圈，拆下弹簧挡圈，取下上轴承及转子体。

用塑料板刮去转子罩内壁的沉积物，用煤油或柴油清洗转子罩、导流罩及转子体，用直径1.8mm，以下的铜丝清除喷嘴孔内的油污（不允许用钢丝）。拧下螺塞，取下垫圈、柱塞阀，清洗进油道及转子轴中的油道，一般不需将转子拆下。

清洗完油道后，按装配关系装复，并用150~200kPa的压缩空气进行开启压力测定，用增减调整垫片的方法可以调节开启压力。

装配转子总成时，必须注意转子罩与转子体的记号要对齐，否则会影响转子运转的平衡性。转子总成装于转子轴上后，套上密封垫，拧上紧固螺母。此时，转子总成轴向间隙应为0.4~0.8mm，并转动灵活。装外罩时，必须保持密封圈的正确位置，最后拧紧螺母。

转子装配完毕后应进行运转试验，当进油压力为294kPa时，转子转速应不低于550r/min，此时的驱动流量不大于8L/min，限压阀开启压力为147~195kPa。当发动机熄火后，应能听到转子连续旋转2~3min的旋转声。如果听不到旋转声，应及时检查。

第二节　发动机冷却系统的保养与维护

一、发动机冷却液的排放与加注

车主应每天检查冷却液，在发动机处于冷态时检查膨胀水箱中的冷却液液位，检查冷却液液位是否在"min"和"max"之间，如图3-24所示。

当冷却液液位过低时，根据混合比补足缺少的冷却液，推荐混合比见表3-1。

表3-1　冷却液推荐混合比

防冻温度至	冷却液添加剂	水	防冻温度至	冷却液添加剂	水
-25℃	约40%	约60%	-40℃	约60%	约40%
-35℃	约50%	约50%			

第三章 汽车发动机的保养与维护

注意：冷却液添加剂 G12 Plus 可以防止结冰、腐蚀、结垢，此外可提高冷却液沸点。因此冷却系统务必全年加注冷却液。

在热带国家，冷却液的沸点升高有助于发动机高负荷运转时的运行安全。

即使在暖和的季节或暖和的国家也不允许添加水来改变冷却液的成分。冷却液中添加剂所占的体积分数至少达到 40%。

当发动机和散热器发烫时，不能卸下散热器盖，以免发生烫伤危险。如果马上卸下散热器盖，水蒸气和热水将在压力作用下喷出。

发动机冷却液的排放与加注方法如下：

1）将车停在平地上，将冷却液放在容器内。

图 3-24 检查冷却液液位

2）拧下散热器盖。如发动机温度过高则不要急于将散热器盖打开，以防热水烫伤。检查冷却液质量。

3）将散热器放水开关（图3-25）拧松。如使用四季通用的冷却液，一般可使用两年无须更换。如采用乙二醇和水配成的冷却液，因为仅能在冬季使用，故冬季过后，即应完全放净，并将整个冷却系统冲洗干净。

4）将放水开关关好，向冷却系统内注满四季通用的冷却液，并按标准加至膨胀水箱"FULL"的标记处（图 3-26），约占膨胀水箱容积的 2/3。不可加满冷却液，必须留有水蒸气膨胀的余地。

5）在加冷却液快满的时候，可将发动机起动 2～3min，使冷却液循环，冷却液循环时会把冷却系统内的空气排出，并使加冷却液口冷却液液面降低，这时应按标准补足冷却液。

当发动机很热时，冷却液的液面会大大升高。

检查冷却液的液面，应在发动机冷却的情况下进行。必要时应补充冷却液。补充冷却液时，应将冷却液慢慢地灌入散热器。

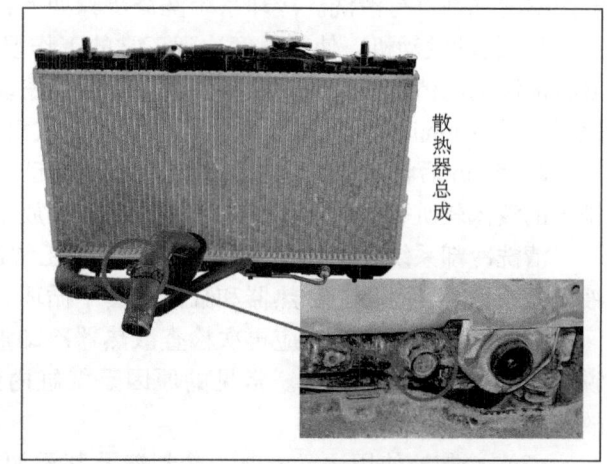

图 3-25 散热器放水开关位置图

如果液面很低，而发动机温度很高时，不要补充冷却液，应等到发动机冷却后再进行。

二、冷却系统的清洗

冷却系统经过长时间的使用，加用硬水或质量不高的冷却液，会在冷却系统（散热器、缸体的水套)中产生大量的水垢、铁锈和泥沙,使冷却效率降低。因此,使用普通水的冷却系统,每六个月应清洗一次。其他使用冷却液的冷却系统的发动机,应在更换冷却液或大修发动机时,彻底清洗一次冷却系统。

1. 检查冷却液

在清洗冷却系统时,如果发动机是热的状态,不要直接打开散热器盖,以防热水喷出烫伤。须等到发动机冷却后,再用抹布裹着打开散热器盖,如果散热器内还有残余压力,打开时会听到排气的声音,应注意防护。

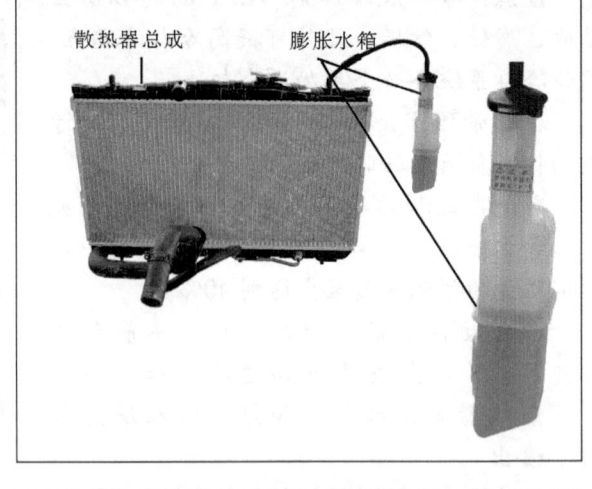

图3-26 冷却液添加标记

如果冷却液不足,应补充冷却液到溢出为止,尽量避免加硬水(添加硬水会产生水垢)。如果冷却液变得污浊或充满水垢,应将冷却液全部放掉,并清洗冷却系统。

2. 清洗冷却系统

(1) 简单清洗 洗涤时,应放净旧冷却液,将发动机冷却系统加满清洁水(自来水),起动发动机运转5min后放出。放出的水若比较污浊,应重复上述步骤直至水清为止。

(2) 彻底清洗 当发动机散热性能不好、发动机冷却系统水垢过多时,可使用专用的散热器清洗剂进行清洗。冷却系统洗涤步骤如下:

1) 起动发动机,使其温度达到正常的工作温度后,停止发动机转动并放净冷却液,将混有清洗剂的清洗液加入到冷却系统中。起动发动机,使发动机温度达到正常工作温度并怠速运转20~30min,然后使发动机停止转动,放出清洗液。

2) 5min后将发动机内注满清洁的水,再起动发动机使其运转10min后放出即可。如果排出的液体较脏,应继续用清水反复清洗直到放出清水为止。

清洗冷却系统时,如果发动机温度低于正常温度(85℃),则节温器阀不能打开,清洗液只做小循环,且不在散热器和缸体水套中循环。所以,必须保持在正常温度。

在清洗冷却系统后,应再次检查散热器冷却液的情况。如果发现散热器口有气泡出现,说明冷却系统内混有空气。常见的原因是气缸内的气体进入了冷却系统,应到维修厂排除故障。

(3) 冷却液使用注意事项 冷却液及其添加剂均为有毒物质,切勿接触,需将其置于安全场所;冷却液配制的体积分数为40%~60%;放出的冷却液不宜再使用,应严格按有关法规处理废弃的冷却液;凡更换缸盖、缸垫、散热器时,必须更换冷却液;发动机热态时,冷却系统内仍处于高温高压状态,因此,此时切勿打开散热器盖以防烫伤;发现冷却液大量损耗,则必须待发动机处于冷态时,方可添加冷却液,以免损坏发动机;紧急情况下,若全部加入纯水,在低温地区则须尽快按规定添加冷却液添加剂,使冷却液混合比恢复正常状态,以防止结冰造成零件损坏;冬季来临前应检查一下冷却液混合比,并按规定调配,保证冷却液具有足够的防冻能力。

三、发动机冷却系统的泄漏检测

当冷却液量不足时,发动机异常升温。所以在发动机冷却液量减少时,应按如下方法检查渗漏情况及渗漏部位。

1) 起动发动机暖机至冷却液温度达到正常温度为止。
2) 打开膨胀水箱盖,加冷却液至溢出加水口为止,如图 3-27 所示。

注意:

① 因为散热器内温度很高,必须缓慢地打开散热器盖,以防热水喷溅而受伤。
② 应擦干要检查部位的水迹。
③ 在卸下试验器时不得沾湿。
④ 在安装试验器或进行试验时,要格外小心,避免损伤散热器口。

3) 安装压力计,冷却系统加压检漏如图 3-28 所示。
4) 用手动泵加压至 $1.4 \times 10^5 Pa$,此时如果冷却系统无渗漏,压力计指针将无变化;如果系统存在渗漏,则压力计的压力指示值将下降。也就是说各冷却装置的导管、散热器、水泵、气缸垫等处可能存在渗漏,应及时修理或必要时换成新件。

图 3-27 冷却系统注满冷却液

图 3-28 冷却系统加压检漏

第三节　发动机进、排气系统的保养与维护

一、进气系统的保养与维护

(一) 空气滤清器的保养与维护

现代汽车多采用纸质空气滤清器（图3-29）。纸质滤芯滤清效率高，灰尘的透过率仅有0.1%~0.4%。使用纸质空气滤清器能减轻气缸和活塞的磨损，延长发动机使用寿命。空气滤清器在使用4000~8000km时应进行除尘，通常在使用10000~25000km时应更换滤芯和密封圈。滤清器在维护时应注意以下几点。

1. 定期清洁和更换滤芯

在使用中应按汽车维护规定经常清洁空气滤清器集尘室和滤芯，以免滤芯上粘附灰尘过多而增大进气阻力，降低发动机功率，增加耗油量。按厂家规定的更换周期更换滤芯，如滤芯破损应及时更换，一般5000km应清洁一次滤芯；20000km应更换滤芯。

2. 正确安装

检查维护时，滤芯上的密封垫必须确实安装在原位，以防止空气不经滤清器进入气缸。橡胶密封垫圈易脱落、老化变形，空气易从密封垫缝隙流过，把大量灰尘带进气缸，如密封垫老化变形、断裂，应更换新品。纸滤芯抗压能力低，不能装得过紧，否则易把纸滤芯压坏，影响滤清效果。空气滤清器的正确安装如图3-30所示。

3. 滤芯的选择

一般可从外包装和外观上识别优质滤芯（图3-31）与劣质滤芯，也可在安装后检验。如装上新滤芯后，汽车排放的一氧化碳超标，不装滤芯时排放的一氧化碳达标，表

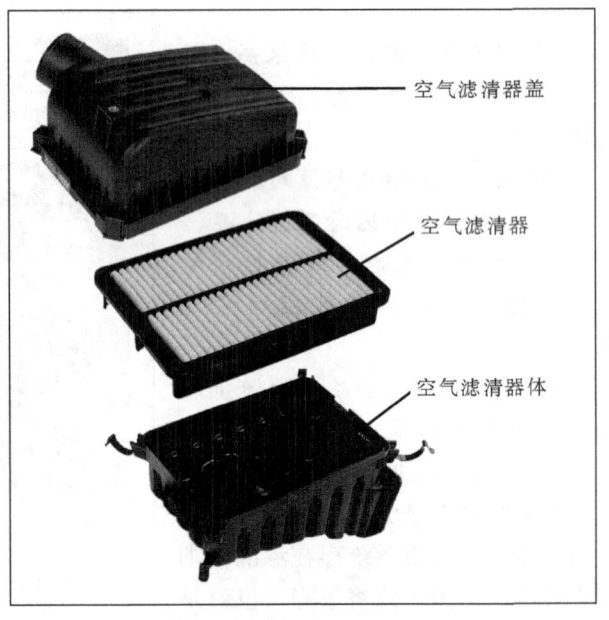

图3-29　空气滤清器总成分解图

图3-30　空气滤清器的正确安装

示该滤芯透气性差,是不合格的滤芯。

4. 纸质滤芯的特点及清洁方法

纸质滤芯采用微孔滤纸,表面经过树脂处理,在发动机工作时,滤芯周围会粘附着一层灰尘,清洁时不能用水或油,以防止油水浸染滤芯。常用的清洁方法有两种:一是轻拍法,即将滤芯从壳中取出,轻轻拍打纸滤芯端面,使灰尘脱落。但不得敲打滤芯外表面,防止损坏滤纸,降低滤清效果。二是吹洗法(图3-32),即用压缩空气从滤芯内部向外吹,将灰尘吹净。但压缩空气压力应为294~600kPa,以防损坏滤芯。

图3-31 优质滤芯

5. 空气滤清器的更换方法

1)拧下空气滤清器盖上部的固定螺栓。

2)拆下滤清器盖夹子。

3)用抹布擦干净空气滤清器盖内部。

4)更换空气滤清器。

5)安装时按拆卸的相反顺序进行。

注意:

1)更换空气滤清器时,应选择纯正品,使用不符合规格的空气滤清器,会使发动机内部及传感器发生故障。

2)即使发动机内部吸入少量的灰尘,也会磨损发动机并缩短它

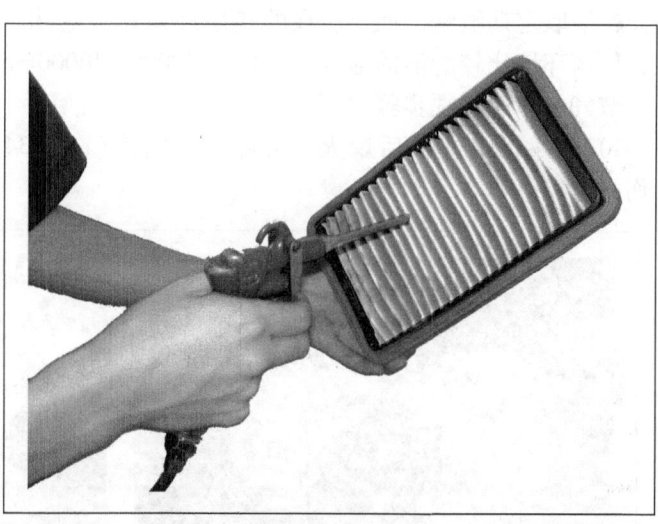

图3-32 空气滤清器的吹洗

的寿命。因此,应随时检查并根据滤清器的状态更换。

3)检查并确认滤清器和滤清器罩垫的损坏程度,盖好空气滤清器盖,防止灰尘进入。

4)拆卸空气滤清器后驾驶车辆,发动机可能会着火。

5)检查及维修空气滤清器时,要避免空气滤清器受到冲击或进入灰尘及异物。

6)分离空气滤清器时,防止灰尘或杂物进到吸气口。

(二)节气门体的保养与维护

汽车每行驶3万~4万km应清洗一次节气门或怠速稳定阀。

电喷汽油发动机使用一定的里程后在节气门(图3-33)或怠速稳定阀处的表面会积累很

多油泥，出现怠速不稳，特别是在打开空调、前照灯时更加明显，严重的时候行驶过程中可能会出现熄火的现象。主要原因是发动机的曲轴箱内的废气（含有汽油蒸气）都要经过节气门或怠速稳定阀后才能进入进气歧管，然后进入气缸被燃烧掉；同时，经过空气滤清器后，空气中仍然含有少量的细微颗粒物（以尘土为主），这部分颗粒物在经过节气门或怠速稳定阀时，极易和从曲轴箱进来的废气中的汽油蒸气结合，附着在节气门或怠速稳定阀的表面，随着发动机工作时间的加长，积累的脏物越来越多，到一定的程度时就会直接影响怠速，导致怠速不稳，同时也会增加油耗。

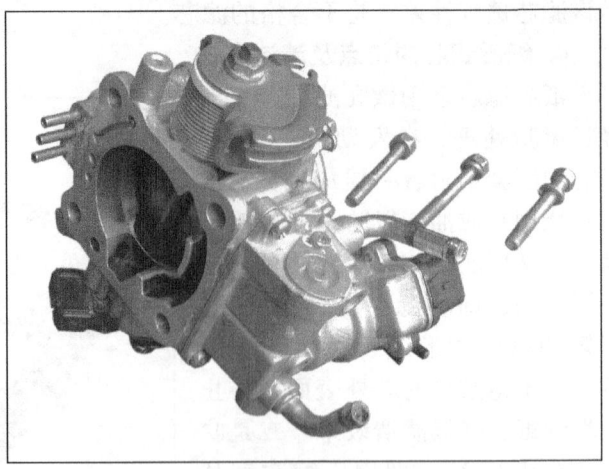

图 3-33　节气门体总成

除了出现怠速不稳时需要清洗节气门或怠速稳定阀外，未出现故障前也可以同正常维护一样，采取定期清洗，如果所在的使用环境比较恶劣，尘土较多，建议每 20000km 清洗一次；使用环境比较清洁的地区，可以每 30000~40000km 清洗一次。

节气门体的清洗步骤如下：

1）将发动机暖机后熄火。拆卸节气门体（图 3-34、图 3-35），检查节气门体表面有无损伤。

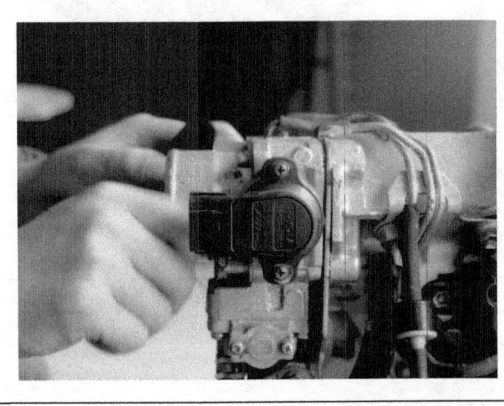 

图 3-34　拆卸节气门体（1）

2）堵住节气门体旁通道的进气侧，不要让清洗剂进入旁通道内。

3）把节气门体浸泡在清洗剂内 5min。

4）起动发动机使发动机怠速状态下运转 1min。

5）拆卸空气旁通道口。

6）安装空气管。

7）拆开蓄电池负极搭铁线 10s 后连接。

8）调整怠速调整螺钉。

二、排气系统的保养与维护

（一）曲轴箱通风装置的保养与维护

要定期检查曲轴箱通风装置的连接软管是否老化或产生裂纹，如有，应在紧固连接处更换软管。在曲轴箱通风的管路上装有单向阀，也就是通常说的 PCV 阀。它在更新曲轴箱内气体和降低机油消耗量方面有重要作用。

二级维护时要使用煤油彻底清洗 PCV 阀及油气分离器或更换滤芯，确保发动机通风顺畅，工作正常。

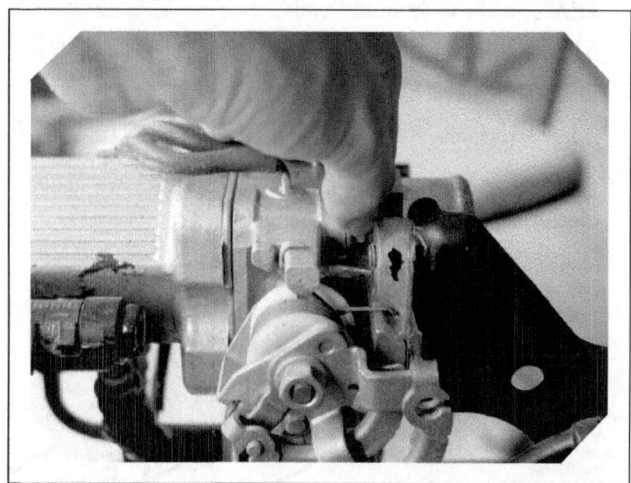

图 3-35　拆卸节气门体(2)

1. 强制式曲轴箱通风系统检查

1）从强制式曲轴箱通风阀（图 3-36）上拆下通气软管。发动机 PCV 阀的位置如图 3-37 所示。

2）从摇臂盖上拆下曲轴箱通风阀。

3）重新将曲轴箱通风阀与拆下的通气软管连接。

4）起动发动机，怠速运转。

5）将手指压在曲轴箱通风阀开口，感觉并确认进气歧管是否达到真空度（手指是否受到吸引作用）。

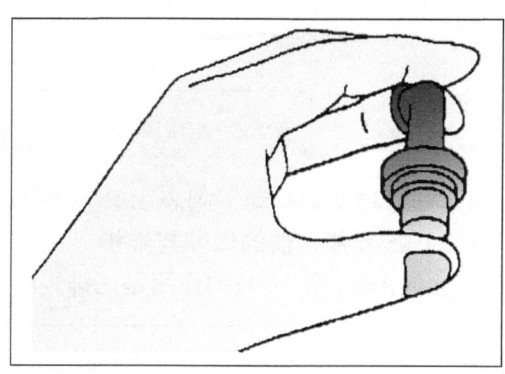

图 3-36　强制式曲轴箱通风阀

图 3-37　发动机 PCV 阀位置图

注意：此时曲轴箱通风阀的柱塞会前后移动。

6) 如果未感觉到真空度，则清洁或更换曲轴箱通风阀。

2. 强制式曲轴箱通风阀的检查

1) 如图 3-38 所示，从摇臂盖安装侧的位置插入细棒到 PCV 阀，前后移动细棒以检查柱塞的移动状况。

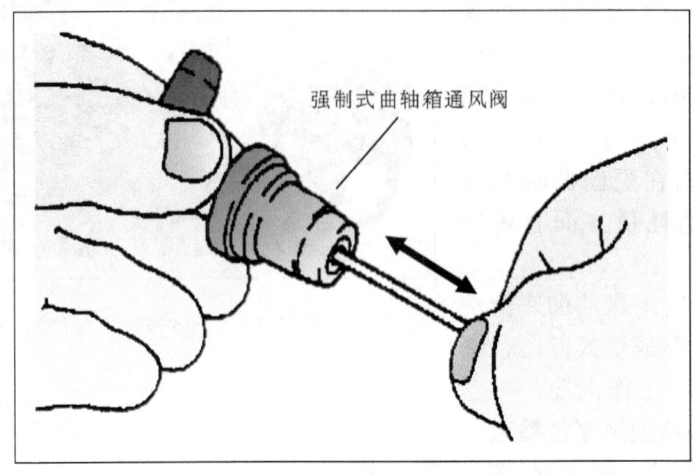

图 3-38　强制式曲轴箱通风阀

2) 如果柱塞未移动，则表示 PCV 阀有阻塞，需清洁或更换 PCV 阀。

（二）三元催化器的保养与维护

三元催化器（图 3-39）的作用是把排气中对大气有害的 CO、HC、NO_x 等废气转化为对大

图 3-39　三元催化器

气无害的 CO_2、水、氮气等物质，从而达到排放法规的要求。带三元催化器的车型必须注意以下事项，否则可能导致催化器损坏，引起环境污染，甚至导致排气管堵塞而无法起动。

1）如果使用有铅汽油，会使三元催化器失效。

2）使发动机始终保持最佳理论空燃比状态。若发动机因燃料装置、点火装置、电器装置等原因使发动机混合气过浓或过稀，则会导致三元催化器过热甚至熔结堵塞。

三元催化器堵塞（图3-40）是很普遍的问题，特别是道路拥堵、燃油品质较差的地区。三元催化器堵塞不仅会造成车辆油耗增加、动力下降、尾气超标，更严重的是能让排气管烧红，造成车辆自燃。

图3-40　三元催化器堵塞

长期以来，三元催化器堵塞一直没有有效的预防手段和治理办法，堵塞的三元催化器只能更换掉，这样既浪费资源，又增加用户的负担。一些修理厂甚至不负责任地将三元催化器内的催化剂载体除掉，对环境造成严重的污染。

三元催化器堵塞的内在因素有：

1）三元催化器载体上的贵金属催化剂对硫、磷、一氧化碳、未完全燃烧物、铅、锰等分子有强烈吸附作用，很容易形成成分复杂的化学络合物。

2）贵金属催化剂强烈的氧化催化作用，使吸附的不完全燃烧物更容易氧化、缩聚、聚合形成胶质积炭，造成三元催化器堵塞。

三元催化器堵塞的外在因素有：

1）燃油。含硫量高的燃油容易形成化学反应造成堵塞，使用含铅或含锰抗爆剂、油质差、胶质多的汽油容易堵塞三元催化器。我国已严禁使用有铅汽油，但有些地区仍在违法使用含铅抗爆剂。发达国家已禁止使用含锰抗爆剂的汽油，但我国部分地区仍在使用。乙醇汽油对进气系统、燃烧系统的胶质、积炭有冲洗作用，冲洗下来的胶质、积炭很容易堵塞三元催化器。

2）机油。长期使用含硫、磷抗氧化剂的机油容易造成三元催化器堵塞。

3）道路。汽车在加速、减速状况下产生不完全燃烧物最多，长期在拥堵道路上行驶容易造成三元催化器堵塞。

4）喷油器、进气道免拆清洗养护。清洗过程中冲洗下来大量的胶质、积炭造成三元催化器堵塞，这也是车辆进行喷油器、进气道免拆清洗养护后油耗增加的原因。

5）带涡轮增压器的车辆容易发生三元催化器堵塞，这主要是由于驾驶人不正确操作造成的。

三元催化器堵塞是逐步形成的，一般分为三个阶段。

第一阶段为轻微堵塞阶段。此阶段化学反应产物吸附在催化剂表面上，表现为催化功能降低、尾气排放超标。

第二阶段为中度堵塞阶段。此阶段化学反应产物已在催化剂表面积累到一定程度，因此，此阶段排气背压升高、油耗增加、动力下降。

第三阶段为严重堵塞阶段。由于此阶段堵塞严重，三元催化器工作温度升高，在三元催化器前端形成高温熔结堵塞。高温熔结堵塞又分两种：一种为金属熔结堵塞，另一种为积炭烧结焦堵塞。它是由燃油中使用含铅、含锰抗爆剂造成的，此阶段表现为动力严重下降、频繁熄火，严重时排气管烧红，甚至引发车辆自燃。

如果催化器中毒或内部堵塞，需清洗或更换新件，安装完毕还需起动检查排气系统管路是否存在泄漏（特别注意检查三元催化器进气口处是否泄漏）。

过去由于没有预防三元催化器失效和重新恢复三元催化器的养护产品和方法，修理厂对于三元催化器只能任由其中毒失效，而失效的三元催化器也只能采取更换的办法，这就增加了客户负担。

"催化剂常规清洗养护"能将喷油器积炭、进气系统沉积物、催化剂表面化学络合物同时清除掉。养护后能重新激活催化剂催化功能，大幅降低汽车尾气排放，恢复汽车原有动力，对于预防催化剂失效和重新恢复催化剂活性提供了有效方法。三元催化器清洗后的状态如图3-41所示。

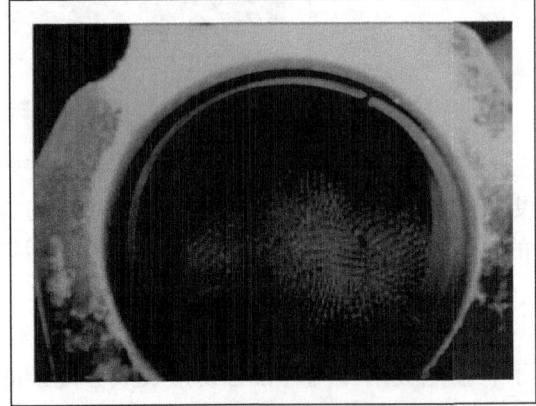

图3-41　三元催化器清洗后的状态

（三）排气管的保养与维护

车主应定期清除排气管（图3-42）内部的积炭和胶质。清除方法为先用钢丝刷或钝口刮刀刮除，再用压缩空气吹干净。

排气管如有裂纹、缺口应焊修。检查排气管与气缸盖接合表面的变形情况，平面度误差不得超过0.10mm，否则应予修磨。

排气管拆装与检修要点如下：

1）拆卸排气歧管防护罩（图3-43）。当排放系统还热的时候不能与之接触，以免烫伤。排放系统的任何维护工作都要在其冷却后进行。

2）拆卸排气歧管（图3-44）。

3）拆卸排气歧管衬垫（图3-44）。

4）检查排气歧管有无裂纹和损伤。用钢直尺和千分尺测量接触面平面度。平面度公差规定值为小于或等于0.15mm；极限值为0.30mm。

5）安装衬垫和排气歧管，拧紧螺栓力矩为25~30N·m。

6）安装防护罩。

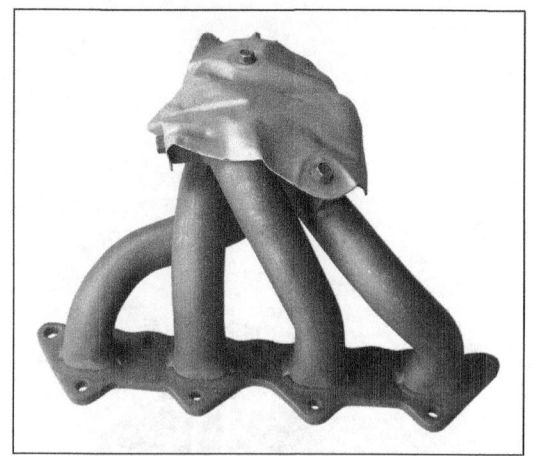

图 3-42　排气管总成

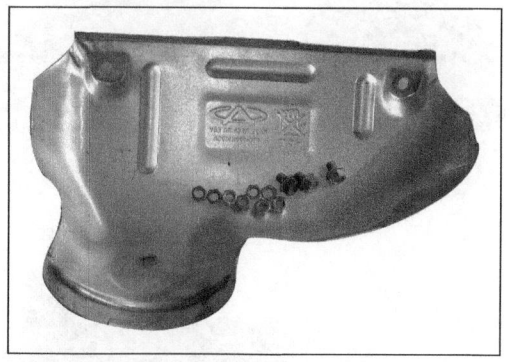

图 3-43　排气歧管防护罩

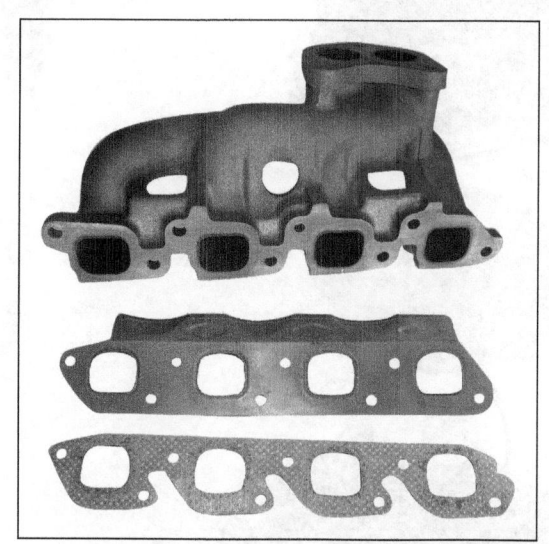

图 3-44　排气歧管及衬垫

第四节　发动机点火系统的保养与维护

一、分电器、高压线、点火线圈、火花塞的保养

1. 分电器的保养与维护

分电器盖、分火头应保持清洁干燥，否则可用汽油将其表面污物清除干净，待汽油挥发后即可装复使用。如果发现其高压接触面堆积大量氧化物，可用细砂纸将其打磨清除，当发现其外壳有龟裂现象时必须更换新件。分电器各部件如图 3-45 所示。

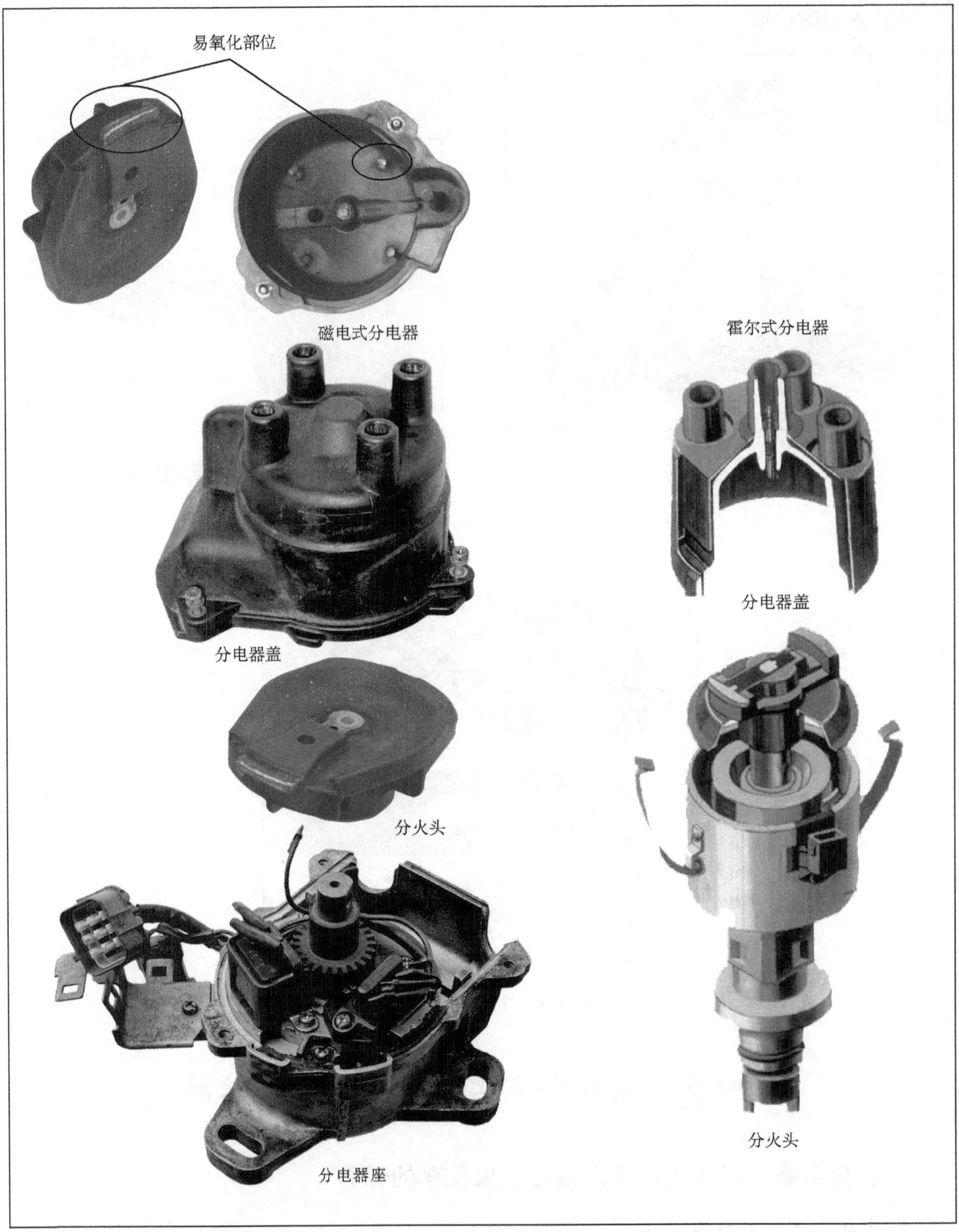

图 3-45　分电器各部件示意图

2. 高压线的保养与维护

从火花塞上脱开高压线时应捏住橡胶护套，小心地从火花塞上拆下高压线，注意不要抽拉或折弯高压线，以避免损坏内部的导线。

目视检查高压线表面有无龟裂、破损，如有则需更换所有高压线。

用绝缘电阻表（欧姆表）测量高压线电阻（图3-46）。

参考电阻值的范围应符合如下规定（以6缸为例）：

1缸高压线：6.6kΩ；
2缸高压线：11.4kΩ；
3缸高压线：8.6kΩ；
4缸高压线：11.2kΩ；
5缸高压线：10.8kΩ；
6缸高压线：11.8kΩ；
点火线圈至分电器高压线：6.7kΩ。

如果电阻大于最大值，则更换所有高压线。

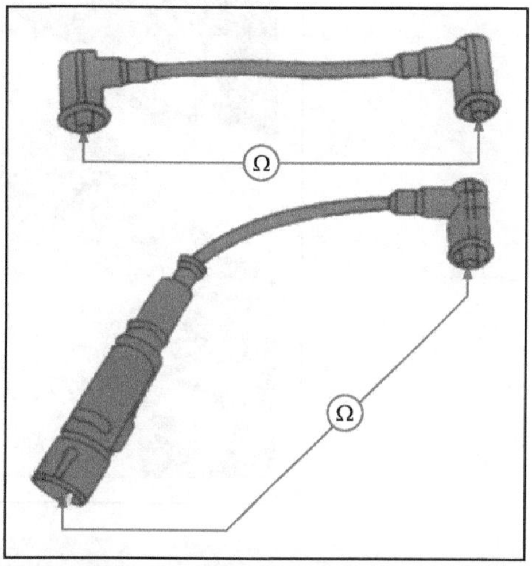

3. 点火线圈的检测与维护

用绝缘电阻表测量点火线圈（图3-47）的初级及次级线圈电阻（图3-48），如测量结果不符合标准值，则应更换点火线圈。

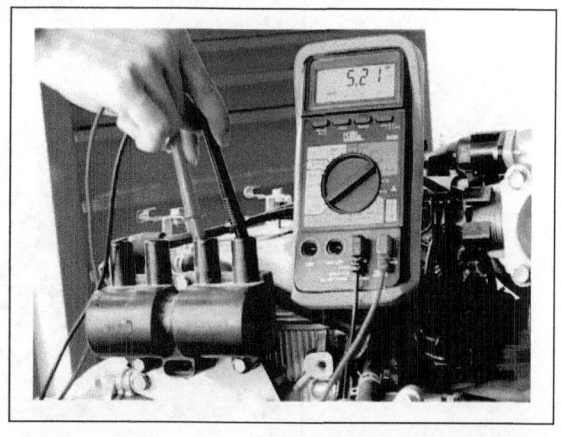

图3-46 用绝缘电阻表测量高压线电阻

工作参数：
初级线圈电阻：(0.5±0.05)Ω，(23±5)℃时
次级线圈电阻：(100±30)Ω，(23±5)℃时
工作温度：-40~125℃

图3-47 同时点火式点火线圈

图3-48 同时点火式点火线圈次级线圈电阻的测量

4. 火花塞的更换

1) 除去火花塞周围气缸盖上的灰尘，如图3-49所示。
2) 断开火花塞上的高压线。注意只能用力拉火花塞盖，如图3-50所示。
3) 使用专用工具，拧松火花塞并取出火花塞，如图3-51所示。
4) 电极间隙应使用火花塞专用塞尺进行测量和调整，如图3-52所示。对于标准间隙，桑塔纳轿车AFE型发动机为0.7~0.9mm，AJR型电喷发动机为0.9~1.1mm；切诺基吉普车为0.84~0.97mm。其他车辆可参照原厂维修手册的规定进行调整。若间隙过大或过小应调整，火花塞电极烧蚀严重应进入下一步。
5) 安装新火花塞，如图3-53所示。

图 3-49　除去灰尘

图 3-50　拔下高压线

注意：确保使用规定热值和尺寸的新火花塞。

6）接上火花塞高压线，接线时注意不能推高压线，只能推保护罩（图 3-54）。

二、电子控制点火正时的维护

发动机电子控制点火系统点火提前角的控制情况及点火正时的调整与传统点火系统差别很大。它的点火提前角受 ECU 控制，ECU 能根据爆燃传感器信号、氧传感器信号、冷却液温度传感器信号及空调、鼓风机等信号做出自动调整，因此检查电子控制点火系统点火正时，需要给电控单元施加一个信号（如雷克萨斯 400 需要短接检查连接器端子 TE1 和 E1），且应在前照灯、鼓风机风扇、后窗除雾器和空调都不工作的无负荷条件下检查，装有

第三章　汽车发动机的保养与维护

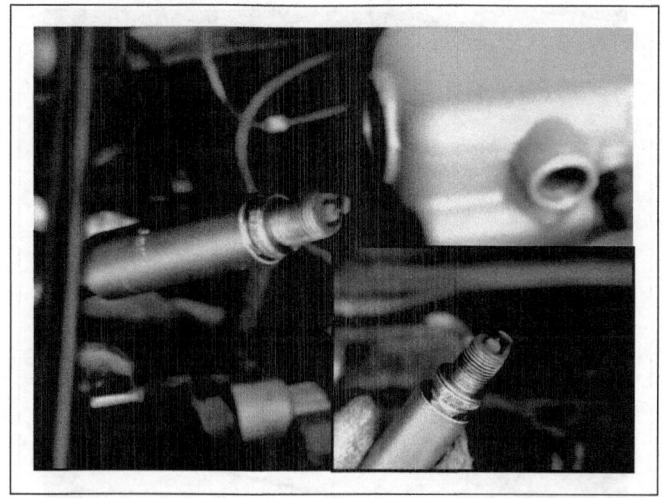

图 3-51　取下火花塞

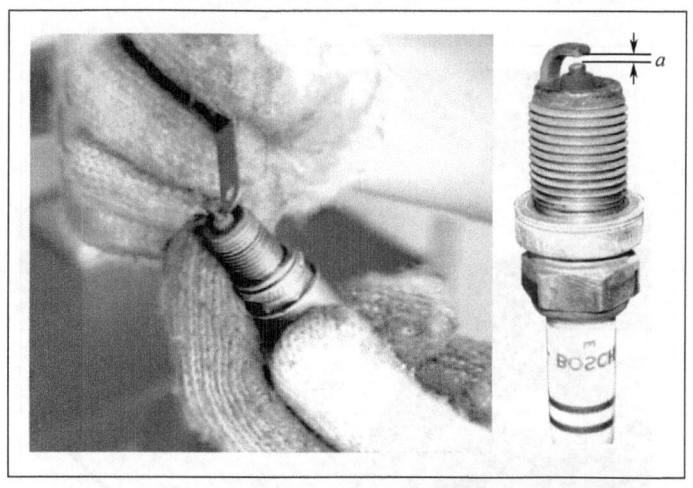

图 3-52　火花塞间隙检查

自动变速器的汽车还应使自动变速器处于 P 位或 N 位。这样电控单元才能把点火提前角控制在基本点火提前角范围内。电子控制点火系统点火正时分为可调整与不可调整两种形式，且不同发动机点火正时不同，因此检查电子控制点火系统点火正时一定要参照相应的维修手册进行。下面以丰田汽车常用的 IUZ-FE 型发动机和 ZTZ 发动机为例来说明这两种情况。

（一）点火正时的检查

1）起动发动机并暖机至正常工作温度。

2）使发动机转速保持在怠速转速即 (650 ± 50) r/min。

3）用诊断线（SST）跨接检查连接器（DLC1）的端子 TE1 和 E1（给电控单元一个触发信号），如图 3-55 所示。

71

图 3-53　安装火花塞

图 3-54　安装高压线

4）将正时灯接到 6 号高压线上。用正时灯检查点火提前角，急速时应为上止点前 8°~12°，如图 3-56 所示。

（二）点火正时的调整

IUZ-FE 型发动机的点火正时不可调整。如果点火正时不正确，说明其他部件有故障，应检查分电器、点火器、冷却液温度传感器、曲轴位置传感器、凸轮轴位置传感器和 ECU 等部件。

ZTZ 型发动机点火正时是可调的，检查与调整步骤如下：

1）如图 3-57 所示，将转速表测试笔连接到 DLC1 的端子 IG 上。

第三章 汽车发动机的保养与维护

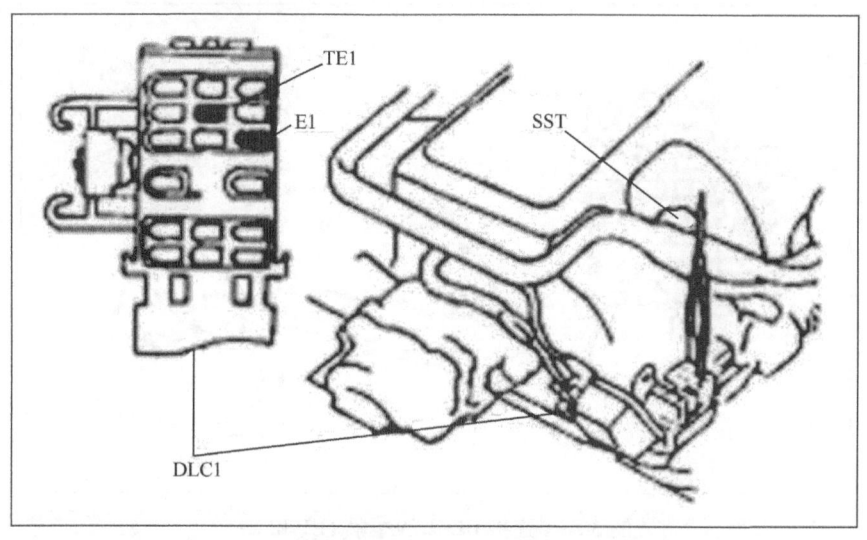

图 3-55 用 SST 跨接 DLC1 的端子 TE1 和 E1

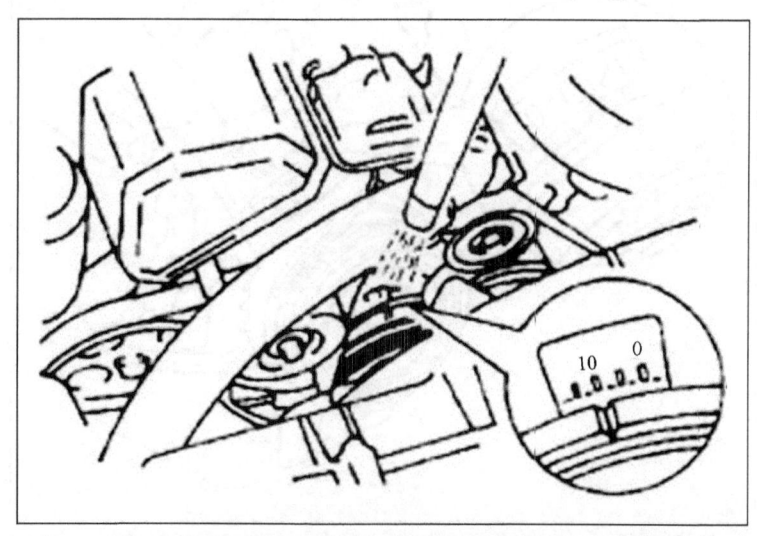

图 3-56 用正时灯检查点火提前角

注意：不允许转速表测试笔接地，否则将损坏点火器或线圈，有些转速表与这种点火系统不匹配，建议在使用之前要确认所用转速表的匹配性。

2) 让发动机先以转速 1300r/min 运转 5min，使发动机温度达到正常工作温度，再降到急速转速(750±50)r/min。

3) 用 SST 连接 DLC1 的端子 TE1 和 E1。

4) 使用正时灯，检查正时带上的正时标记是否与曲轴传动带轮上的标记对齐。ZTZ 发动机的点火提前角为 5°，如图 3-58 所示，如果点火提前角与规定值不相符，则松开分电器固定螺钉，转动分电器体将点火提前角调到规定值。

73

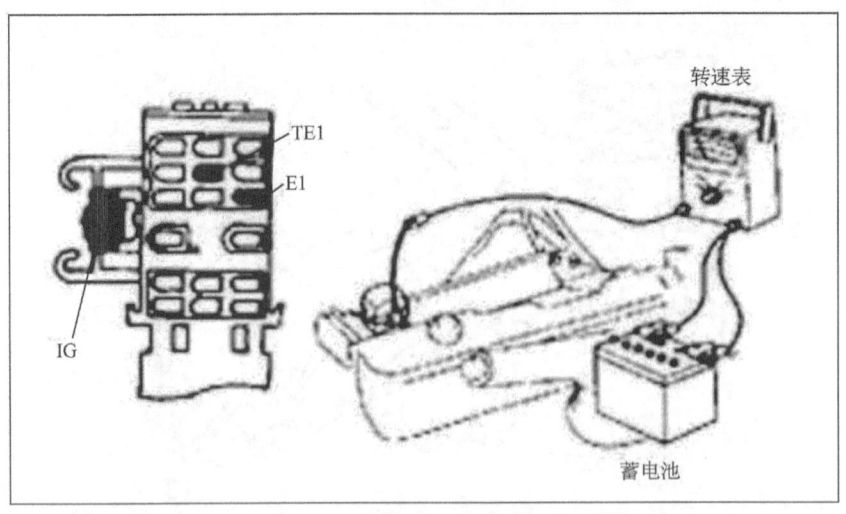

图 3-57 连接 DLC1 的端子 TE1 和 E1

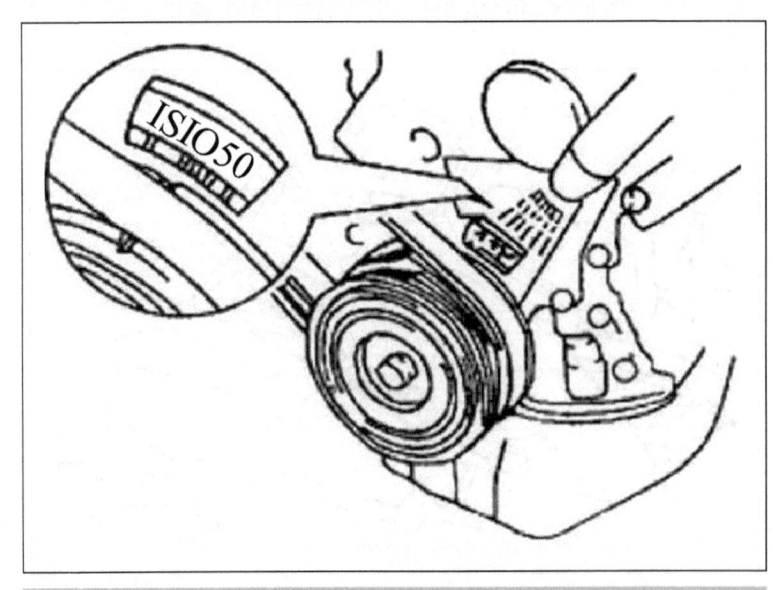

图 3-58 用正时灯检查点火正时

第五节 发动机燃油喷射系统的保养与维护

一、汽油喷射系统的保养与维护

（一）燃油系统的清洁及燃油泵的更换

更换燃油泵后，让其在整个使用寿命内能够正常工作的关键是保持燃油系统的清洁。许多实际的维修案例表明，导致燃油泵过早发生故障的主要原因是燃油系统中出现了像尘土、铁锈或水垢之类的污染物。要使新的燃油泵能够正常工作足够长的时间，就必须彻底清洁汽车燃油系统（图 3-59）的所有部件。

第三章 汽车发动机的保养与维护

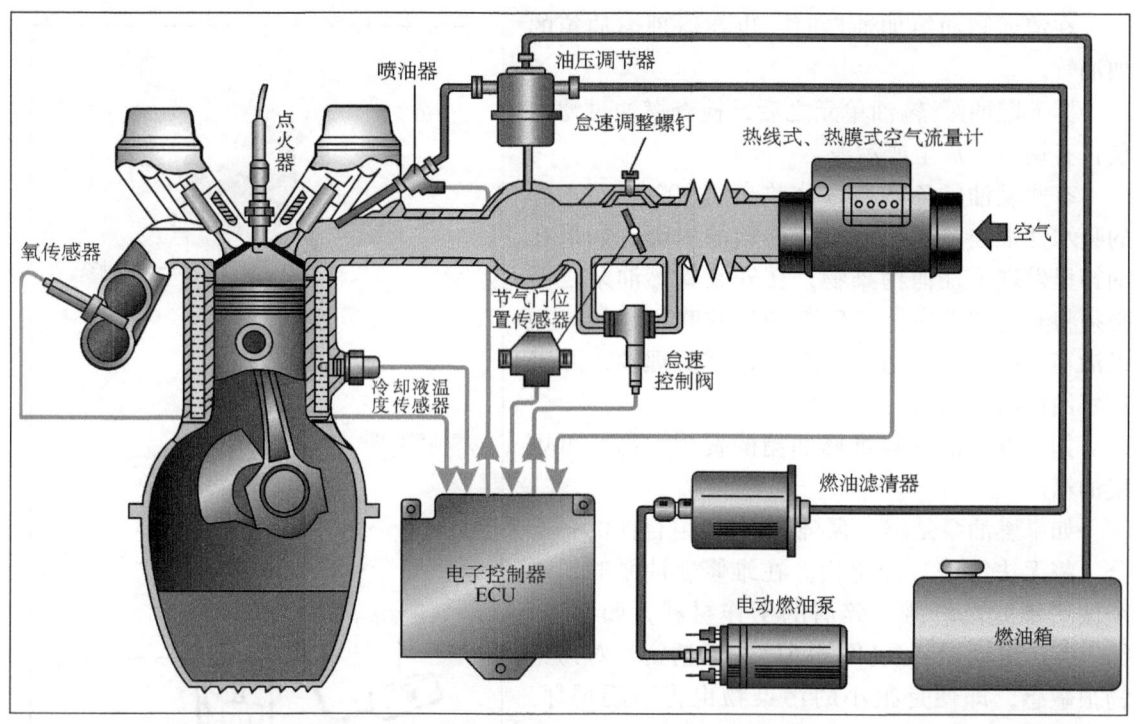

图 3-59 汽车燃油喷射系统图

检查和清洁燃油系统时,首先必须保证安全。开始工作之前,先让汽车冷却下来,打开燃油系统之前要先释放燃油压力,步骤如下:

1)起动发动机,维持怠速运转。

2)在发动机运转时,拔下油泵继电器或燃油泵线束插接器、油泵保险等使发动机自行熄火。

3)再使发动机起动2~3次,即可完全释放燃油供给系统压力。

清理燃油系统的污染物时,要在汽车附近准备好灭火器,工作场地附近严禁吸烟,严禁使用明火,维修场地通风必须良好。所以如果发现有燃油溢出,应立即将溢出的燃油清理掉,并妥当处置吸入了燃油的抹布和棉纱。

清理燃油系统的污染物时要使用具有防护罩的荧光吊灯,而不能使用白炽灯。为使荧光吊灯的工作电流不超过其额定电流,荧光吊灯的电路应具有最大熔断电流为20A的熔丝。

首先清除燃油箱顶部所有积聚的灰尘和污垢,特别要注意清除掉燃油箱加油口盖(图3-60)顶部区域的尘土。可以利用低压压缩空气来进行上述清理工作。

拆下连接燃油泵总成与燃油箱的燃油软管之后,用盖盖住进油管以避免将灰尘吹入燃油箱。

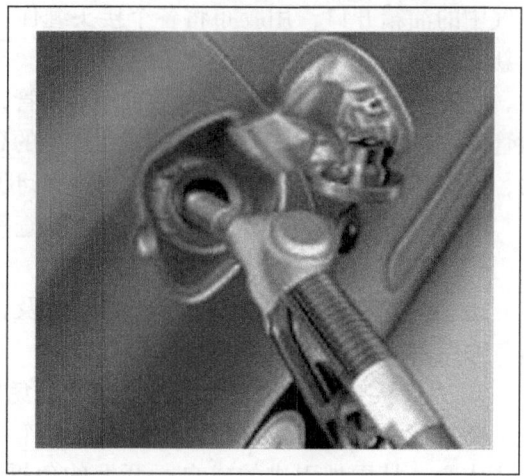

图 3-60 燃油箱加油口盖

在清理燃油箱加油口时,也要清理燃油箱的加油管。

拆下燃油泵/输油单元之后,检查燃油过滤网是否有锈污、灰尘或污泥。

有些燃油的乙醇质量分数高达10%,而乙醇的吸水性很强。仔细地检查油箱的内部,如果在油箱里发现了任何污染物,在安装新燃油泵之前必须将其清理干净,然后再冲洗并吹干油箱。如果油箱的内部生了锈,就必须把锈清理掉,并密封好油箱的内表面。

如果以上清理与维修油箱的费用太高,可更换油箱。

如果燃油泵是燃油泵/输油单元组合体的一部分,将无法维修只能更换。在维修燃油泵时,必须使用不脱落纤维、碎屑的工作材料,如毛巾、抹布等。电动燃油泵(图3-61)非常精密,对污染物很敏感,即便是很小的污染物也将引起损坏。维修时,要确保手保持干净,在拆卸燃油泵期间手上不要沾上任何污染物。

注意:新燃油泵安装前要放置于它的原包装箱内。在将燃油泵安装到托架上时,要确保在燃油泵的进油口和出油口的接头上有密封盖。即使

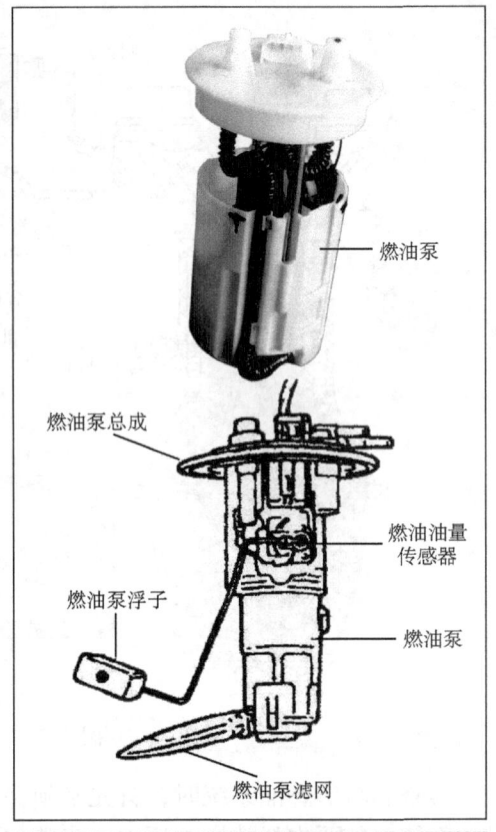

图3-61 电动燃油泵

旧的燃油滤网看起来没有什么质量问题也要将其更换掉。安装时要确保止动夹安装在燃油泵进油口处,这样可以防止被污染的燃油绕过滤网而进入燃油泵。

拆下锁环后,必须更换油箱密封垫。将油箱重新安装在汽车上时,要防止油箱的加油管口、进油口和出油口碰到脏东西。重新连接管路或软管之前,要用干净毛巾塞住任何暴露于空气中的油箱开口,用胶布将各个接头缠住。重新安装油箱时,注意不要让灰尘、碎屑污染了新更换的燃油泵。

在安装燃油泵期间,如需要更换燃油软管,不要在高压燃油喷射系统里使用标准的低压燃油软管,而要使用标有SAE R-7或更高级标号的高压燃油软管。如果燃油泵电路设置了油压安全开关,还要检查该开关是否正常,如果开关有问题,将其更换。燃油管的安装如图3-62所示。

最后,整车维修完成后,一定要再检查一遍燃油系统是否存在泄漏。

(二) 燃油油路的清洗

近年来随着多点燃油喷射发动机的普及,在中、高档乘用车上对电喷发动机燃油系统和进气系统的免拆清洗正日益增多。

1. 为何要对燃油系统和进气系统进行免拆清洗

免拆清洗属于养护范畴,随着我国汽车维修市场逐步与国际接轨,养护代替修理的理念深入人心,从国外引进的或自行开发的免拆清洗的设备或技术也已大批进入了汽车维修市场,使得广大汽车维修企业具备了免拆清洗的能力。

第三章 汽车发动机的保养与维护

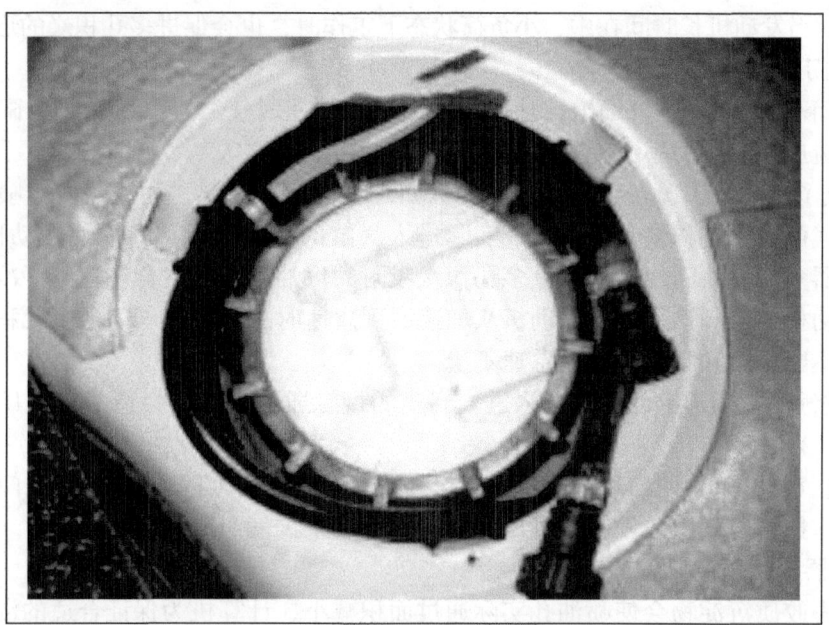

图 3-62 燃油管的安装

免拆清洗主要是清洗进气门头颈部形成的积炭,此外还清洗喷油器(图 3-63)中和进气歧管壁处的胶质沉积物,以及活塞、活塞环槽及排气门处的积炭。其中进气门处的积炭和喷油器中的胶质沉积物对发动机性能影响最大,会使发动机冷车起动困难、加速不良、怠速不稳。使用免拆清洗技术,可以迅速、可靠、无损地改善或恢复发动机的工作性能。

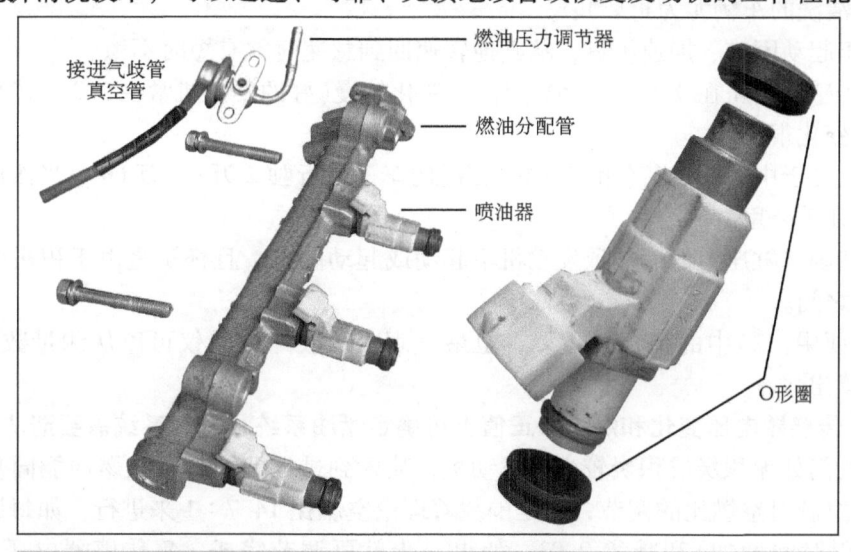

图 3-63 喷油器及喷油器总成

2. 进气门头颈部形成积炭的原因

由于喷油器正对着进气门头颈部喷射,汽油中的胶质物和其他不挥发物易于在此沉积,而进气门头颈部高达 300℃ 左右的高温环境又促进了沉积物和积炭的多孔化,而多孔状的积炭又容易吸附汽油形成更多的积炭。当汽油品质不佳或不含电喷发动机汽油清洗剂时,这种多孔积

77

炭形成更快；当发动机长时间在中、小负荷状态下工作时，也会促进多孔积炭的形成。

3. 进气门头颈部积炭的危害

1）由于积炭减小了进气通道，从而导致高速和加速时气缸进气量减少，降低了发动机充气系数，造成发动机功率下降、汽车加速不良。

2）降低了发动机工况转换的灵敏度。例如，冷机起动困难，往往是由于喷油器所喷出的燃油被进气门上多孔积炭吸收，造成实际进入气缸的混合气过稀，而使发动机难以起动。只有在喷油器多次喷油而使进气门上多孔积炭吸附的汽油饱和、混合气达到了冷起动要求的浓度时，发动机方可起动。而当发动机从加速回到怠速时，由于进气门上多孔积炭所吸附的汽油蒸气会不断释放和吸收，造成怠速不稳。

3）当进气门头颈部上的积炭落入进气门座的接触通道上时，会造成气缸压力不足而难以起动。

4）当进气门杆上也附有积炭时，有时会使气门杆与导管间发卡，造成气门不能及时关闭，导致活塞撞击进气门使发动机发出异响，甚至导致进气门和活塞的损坏。

4. 喷油器中胶质沉淀物的危害

喷油器中胶质沉淀物会使喷油孔实际通过面积减小，计算机为保证合适的混合比，只有延长喷射时间，使空燃比调节（燃油修正）值变大。如果未加速时空燃比调节值（加浓值）过大，在加速时加浓效果就会变差，导致加速不良。

5. 发动机燃油系统和进气系统进行免拆清洗的周期

注意：有些发动机燃油系统和进气系统进行免拆清洗后效果很好，有些却效果不明显。

确定发动机燃油系统和进气系统是否要进行免拆清洗的主要根据如下（对于初次清洗或修理厂要求清洗的车辆尤为重要）：

1）冷车起动困难、加速不良，从其他转速回到怠速时常有短时不稳。

2）氧传感器电压在 0.10~0.95V 间，且变化较慢（好的发动机常在 0.3~0.7V 间变化），燃油修正值变化很慢。

3）经常处于中、低负荷（市区行驶）工况的车，已行驶 2 万~4 万 km；当然用了劣质汽油的车可能几千公里就需清洗了。

4）突然因气缸压力低而导致发动机不起动或起动困难，且怀疑是由于积炭落在进气门与气门座圈之间。

以上各项中，2）中的指标最重要，也最直观，用故障诊断仪可以从测量数据块（保持帧）中迅速读出。

6. 从氧传感器电压变化和燃油修正值上可确定燃油系统和进气系统需要清洗的原因

1）进气门处无积炭或积炭较少的发动机，喷射到进气门处的雾状燃油能同步进入燃烧室。发动机电脑对空燃比的调节，总是围绕着理论空燃比 14.7∶1 来进行，如每调一步为加浓 0.03（喷射时间增加）和减稀 0.03，如果一步就可调节完成，氧传感器电压就在 0.3~0.7V 间变动，而且变化频率较快。如果要调三步、四步后才能使空燃比由大于 14.7∶1 变为小于 14.7∶1。那么氧传感器电压就在 0.10~0.95V 间变动，而且变化频率较慢。这是因为进气门处积炭较多时，由于积炭有吸附加浓的燃油或释放出过多燃油的特性，空燃比调节就变慢了，要分三、四步才能完成。也就是说，由于喷油器喷出的汽油先喷到了积炭上，积炭吸附后再释放出，需要时间，也就导致加速不良和冷起动困难。

2）如果喷油器针阀出油口处有积炭，造成部分堵塞，导致实际喷油量减少，那么发动机电脑就会延长喷射时间，从测量数据块中读到的空燃比调节值就会增加，如 19%。虽然这一调节值为正（增加喷油时间），但混合气的空燃比仍等于 14.7∶1。发动机电脑在出厂标定时：加速时为开环控制，提供空燃比为 12.0∶1 的浓混合气。如果在匀速运转时，空燃比调节值已达 19%，那么在加速时，喷油时间就延长得较少，实际进入气缸的混合气仍是空燃比等于 14.7∶1 的理论混合气，而不是加浓的混合气，所以加速不良。

7. 免拆清洗的方式有哪些

目前市场上免拆清洗装置（图 3-64）及清洗液种类很多，几种名牌清洗液效果都较好，而且对氧传感器等部件都无损坏。就清洗方式而言，一般有以下三种：

1）加入燃油箱中用作发动机燃油喷射系统清洗剂。
2）加入燃油箱中用作燃油清洗添加剂。
3）在发动机运转时，由真空软管吸入进气歧管中，用作节气门/进气门清洗剂，如图 3-65 所示。

图 3-64　免拆清洗装置

图 3-65　清洗剂直接送入进气歧管

（三）燃油滤清器、油箱盖的养护

1. 燃油滤清器的养护

对于不同的车辆，其燃油滤清器的更换周期是不同的，这主要取决于燃油滤清器的类型。如果是外置型燃油滤清器，一般建议每行驶 48000～96000km 更换一次燃油滤清器；如果是内置型燃油滤清器，那么一般可将其看作是终生免维护零件。

更换燃油滤清器（图 3-66）或者对燃油系统进行养护时，严禁吸烟和使用明火。如果在养护操作过程中需要使用照明灯，则一定要确保所使用的照明灯是符合职业安全标准的。

同时，还应该注意，更换燃油滤清器必须在发动机冷机状态下进行，因为发动机热机时从排气管排出的高温废气也能够把燃油点燃。在更换燃油滤清器之前，应该按照汽车制造商指定的操作规程释放燃油系统中的压力。释放燃油压力通常采用的办法是：断开燃油泵熔丝或燃油泵继电器，并转动发动机。这样可释放大部分燃油压力。

在对外置型燃油滤清器进行养护时，应该检查与燃油滤清器相连接的油管和油路（图

3-67），看看这些油管和油路的外表面是否有损伤。如果有必要的话，更换所有损坏的部件。现在许多新型的燃油滤清器，本身附带有两条橡胶软管，橡胶软管从燃油滤清器的两侧引出，正是通过橡胶软管使燃油滤清器和汽车上的油路连在一起。如果新买的燃油滤清器附带有这种橡胶软管，则更换燃油滤清器时就应该舍弃原来的橡胶软管，而使用新的橡胶软管。因为橡胶管是不断老化的，旧橡胶管可能会发生泄漏。

图 3-66　燃油滤清器

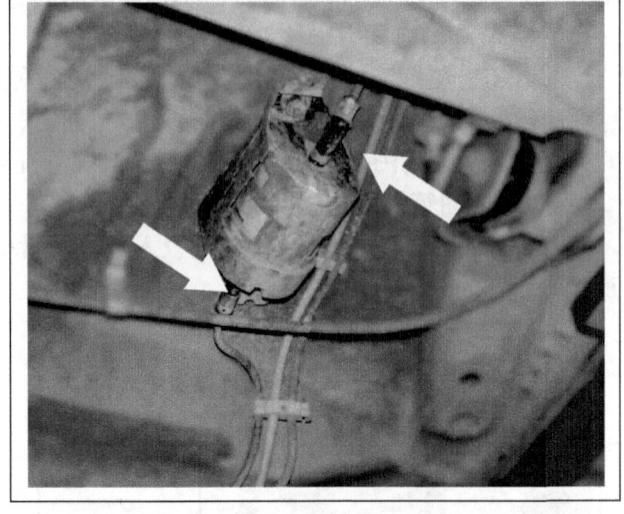

图 3-67　燃油管接头检查

更换燃油滤清器的正确方法是：

首先，放松油路和燃油滤清器的结合处的夹紧装置，然后，将燃油滤清器从油路中拆下来，紧接着用塞子塞住油路（防止燃油溢出）。大部分安装在油路中的燃油滤清器都标有两个箭头，一个是燃油流入箭头，另一个是燃油流出箭头，用箭头来表明燃油经过燃油滤清器时的流向（图 3-68）。所以当安装燃油滤清器时，一定要使箭头的方向指向发动机，即油液是流向发动机的。另外，还应注意，在油路中所使用的夹紧装置是专门设计的，在橡胶软管和燃油滤清器结合处把这两个部件紧紧地夹住，以达到密封的效果。与普通的夹紧装置相比，这种夹紧装置不会切入橡胶软管，因此也不会对橡胶软管造成伤害，同时这种夹紧装置还能承受很高的油压。相比之下，普通的蜗杆式夹紧装置更容易损坏

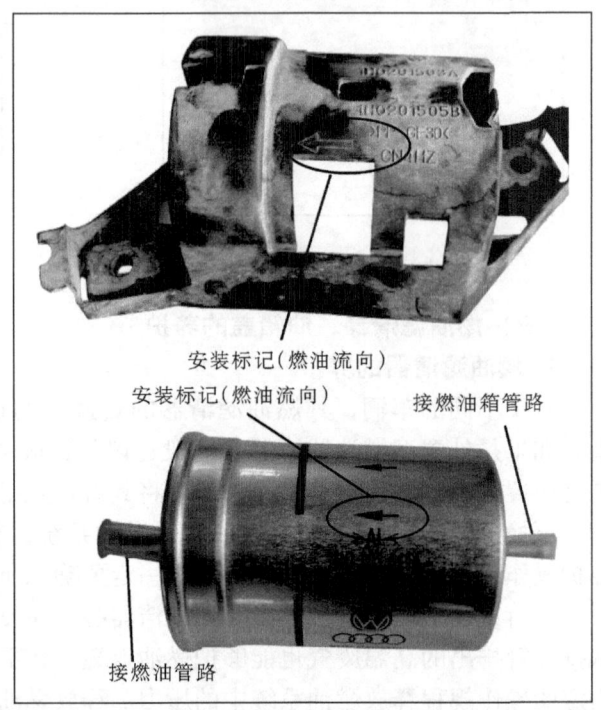

图 3-68　燃油滤清器安装更换示意图

第三章 汽车发动机的保养与维护

橡胶软管造成燃油泄漏。最后，还应确保橡胶软管夹紧装置安装在正确的位置和按照指定的规格夹紧结合处。

注意：许多进口的燃油滤清器有一种琵琶形的结合部件，通过这种结合部件把燃油滤清器和发动机油路连接起来。在使用这种琵琶形结合部件时，应注意它们的密封垫片是不允许重复使用的，因此对于带有琵琶形结合部件的燃油滤清器来说，每次养护时都必须更换密封垫片，以防止燃油泄漏。另外，使用这种琵琶形结合部件时还应注意，在安装过程中一定不能使联接螺纹出现错扣的情况，也不要在该结合部件上施加过大的夹紧力。在这些琵琶形结合部件上不要使用 RTV 或者其他类型的密封圈。在安装该结合部件时，应使用呆扳手以确保合适的夹紧力。

产品开发工程师推出的另一种比较受欢迎的、用于连接燃油滤清器和发动机油路的结合部件是 O 形密封圈。这种采用 O 形密封圈的结合部件之所以受欢迎，主要是因为它能够提供良好的密封。但是，这种结合部件容易受到损坏，而且一旦受到损坏，就会发生泄漏，这时就必须更换密封圈。在更换这种 O 形密封圈时，一定要确保新的密封圈是专门为燃油系统而设计制造的，如果使用了其他类型的 O 形圈，则会出现扭曲和撕裂的情况。

如果汽车使用的是无须维护的燃油系统，以及只使用了一个内置于油箱的燃油滤清器，那么在汽车定期预防性养护过程中，就不能把油泵、滤清器以及燃油输出装置等全都更换掉，即使汽车定期预防性养护的间隔比较长，也不可能那样做，因为那样做的成本很高。但是，如果有迹象表明发动机的工作性能异常，或者燃油系统的燃油压力处于临界值，那么检查甚至更换置于油箱内部的燃油滤清器就非常必要了。

完成对燃油滤清器的养护工作后，要把所有的零部件装配起来，重新装上燃油泵熔丝，然后，在点火系统不工作的情况下，使发动机转动若干圈，直到燃油系统中建立起正常的燃油压力时为止。此时，应检查燃油滤清器和油路是否存在泄漏情况。如果检查结果表明一切正常，起动发动机运转几分钟，然后，重新检查一遍，以确保没有泄漏情况发生。

2. 油箱盖的养护

油箱盖是汽车上燃油蒸发排放系统中非常重要的组成部分。在 1996 年以及此后出现的与 OBD Ⅱ（第二代车载诊断系统）相兼容的汽车上，如果油箱盖存在缺陷，如松动或油箱盖丢失，都会引起故障指示灯（MIL）闪亮报警，同时还会在汽车电子控制模块中储存燃油蒸发排放系统的初始故障码（DTC）。

汽车燃油系统中出现的大部分问题都是由于燃油滤清器和油路结合不当或者油箱盖出现缺陷引起的。有时当拧紧油箱盖时，会明显地感到很费力，这可能是由螺纹错扣引起的，在过去的一段时间里，这种故障现象在燃油系统养护操作中曾经重复地出现过。在很多情况下，油箱盖还会发出类似棘轮机构发出的"咔嗒、咔嗒"声，这种声音说明油箱盖安装得很紧并且正在起着密封的作用。当然，如果把油箱盖拧松，"嗖嗖"的排气声就会消失。对于油箱盖出现的问题，只要对油箱盖上的螺纹进行仔细的检查，就会发现问题的症结所在。更换油箱盖是解决各种故障问题的最好办法。

大多数汽车制造商都建议车辆每行驶 48000km 就要检查一次油箱盖。检查油箱盖时，还要特别地检查一下燃油注入口颈部两处的螺纹是否有损伤或螺纹错扣，并确保密封垫片或者密封圈处于正确的位置。另外，还应该注意的是油箱盖的使用是否满足汽车制造商要求的使用规范。如今市场上有专用的测试仪器，可以用来检测油箱盖是否能够保持正常的油箱压力，也可以检查是否能够满足燃油蒸发排放的要求。

二、柴油喷射系统的保养与维护

（一）一般检查与调整

1. 加速踏板拉索的检查与调整

1）起动发动后暖机至怠速状态稳定为止。

2）确认怠速转速是否符合规定值。

3）关掉发动机。

4）检查加速踏板拉索有无折弯现象。

5）检查内侧拉索活动间隙。

6）如发现拉索过松或过紧时，应按如下要领调整（图3-69）：

① 拧松调整螺母，将节气门操纵臂转到最小转速位置。

② 拧紧调整螺母至节气门操纵臂即将移动为止，然后使调整螺母反转一圈，再用锁紧螺母固定之，此时加速操纵拉索的松紧度将达到标准值：1～2mm。

③ 调整加速踏板的挡块，使其在节气门操纵臂处于全关位置时，刚好碰到踏板臂上。

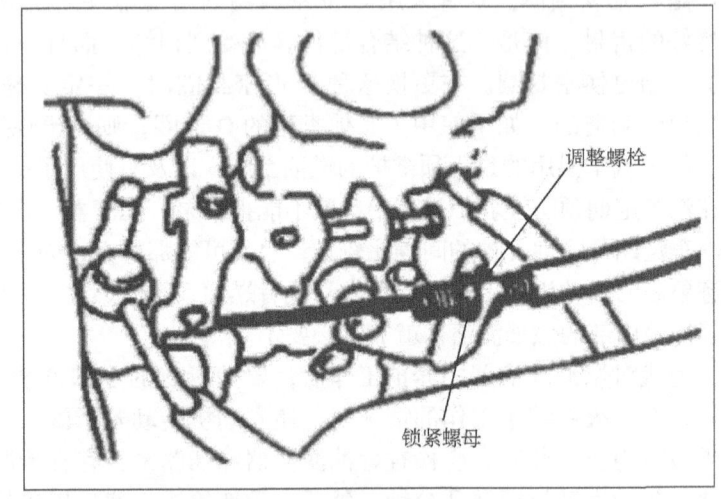

图3-69　加速踏板拉索的调整

④ 调整后检查确认在操作加速踏板时，节气门操纵臂是否从全开位置顺利地转到全关位置。

2. 燃油滤清器的检查时机和检查方法

（1）检查时机

1）在保养时放尽燃油箱内的燃油之后补加燃油时。

2）更换燃油滤清器时。

3）脱去供燃油的主软管时。

（2）检查方法（图3-70）

1）松开燃油滤清器上的放气螺塞。

2）用干净布盖住放气螺塞四周，在反复放气之后，拧紧螺塞。

3）反复按压手动泵直到手感沉重为止。

3. 燃油滤清器的放水

为了分离出混合燃油中的水分和杂质，选择在流速较小的滤清器入口处油路上设置油水分离装置，利用沉淀分离原理，分离出油中的水分和杂质。

第三章 汽车发动机的保养与维护

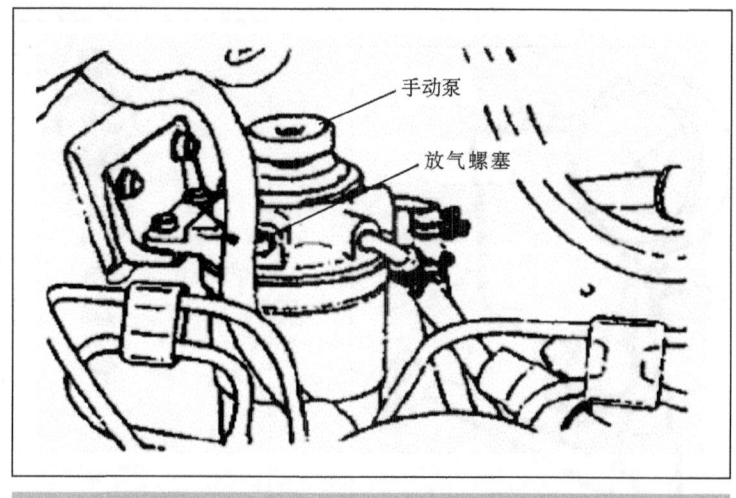

图 3-70 燃油滤清器的检查

燃油滤清器用来滤除燃油中的灰尘等异物,其过滤精度可达 5μm 以下；根据发动机的使用要求,定期进行清洗或更换。

当燃油滤清器警告灯亮时,说明滤清器内有水,应按如下要领放水(图 3-71):

1) 松开放水螺塞。
2) 操作手动泵放净内部积水之后,用手拧紧放水螺塞。

(二) 喷油器的检查与调整

1. 喷射开始压力的检查与调整

1) 将喷油器壳体安装在试验器上,如图 3-72 所示。

2) 以每秒 1 次的速度摇动试验器的手柄。

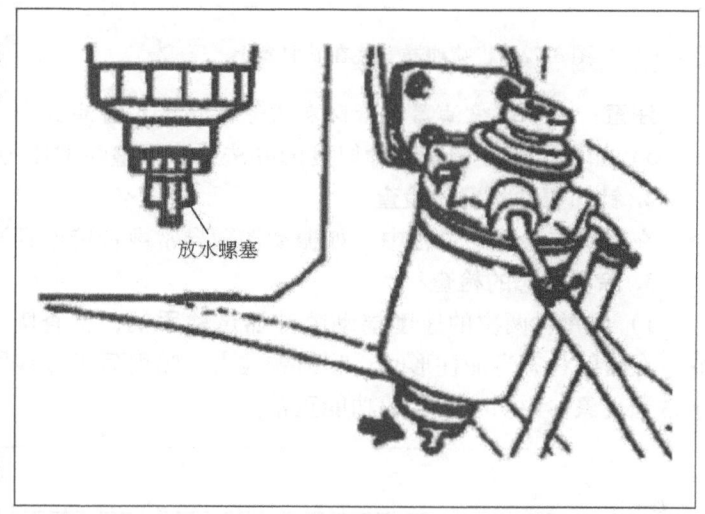

图 3-71 燃油滤清器的放水

3) 随着手柄的摇动,压力计指针缓慢上升,当喷油器开始喷射时指针抖动。在试验中注意确认压力计指针开始抖动时的压力是否符合标准值,见表 3-2。

表 3-2 压力标准值

标准压力	开启压力：11.76MPa
	调节压力：12.25~13.23MPa
	最低压力：10.98MPa 以上

4) 如果喷射压力不符合规定值,应分解喷油器(图 3-73),以更换调整垫片厚度的办法调整喷射压力,使之符合规定值。调整垫的厚度每变化 0.1mm,喷射压力将改变 0.98MPa。

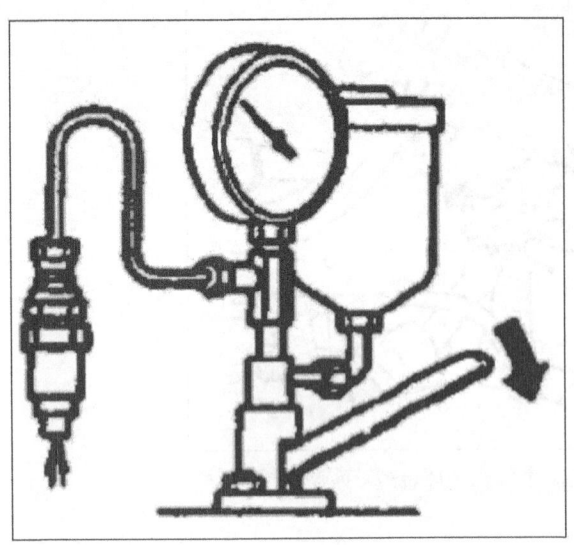

图 3-72 将喷油器安装在试验器上

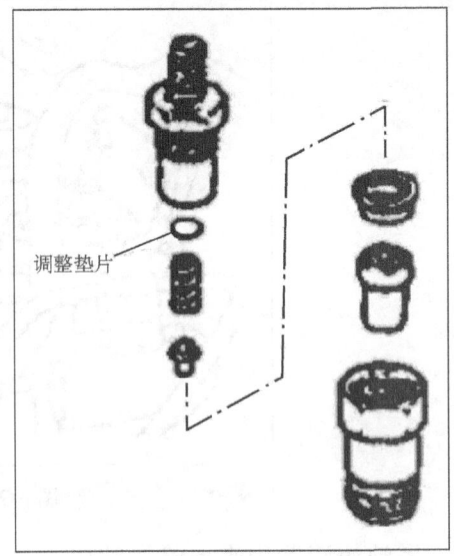

图 3-73 喷油器的分解

注意：在分解喷油器时谨防灰尘等杂物进入喷油器内。

5）如果以改变调整垫片厚度的办法无法调整喷射压力时，应更换整个喷油器。

2. 针阀振动状况的检查

在摇动试验器的过程中，如振动伴随异常声音传递到试验器手柄上，说明其工作正常。

3. 除雾状态的检查

1）以每秒两次的速度摇动喷油器试验手柄，检查喷雾状态是否如图 3-74 所示那样良好。在喷射状态为油柱形时，喷射颗粒大，喷射后可能残留油液于喷油口处，这在检查中属于常遇现象，说明喷油器的功能正常。

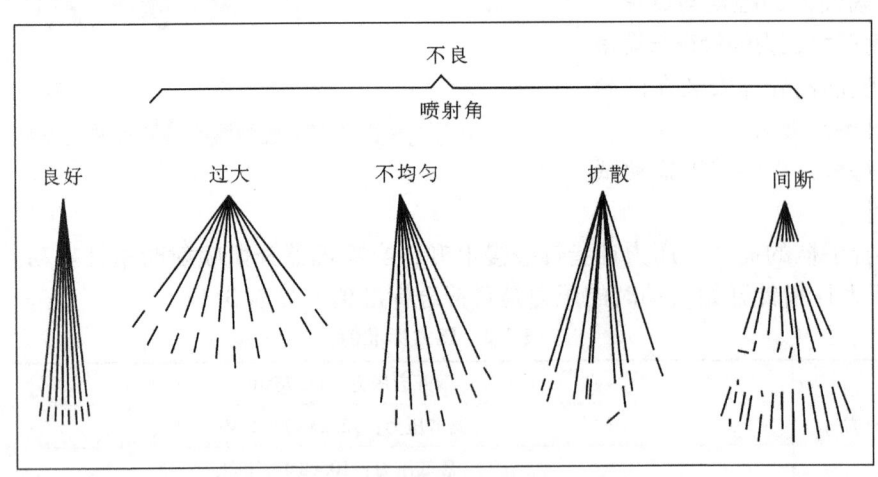

图 3-74 喷雾状态的检查

2）以每秒 4~6 次的速度摇动试验器的手柄。

3）查看此时喷射角是否很小（近零度），检查喷雾状态是否良好。

4）如果喷雾状态不良，则应分解喷油器更换喷管或喷嘴组件。

5）检查喷油器停止喷射燃油之后是否从喷口滴油，如图3-75所示。

6）判明检查不良，应分解喷油器更换喷管或喷嘴组件。

4. 喷油器密封性的检查

1）用喷油器试验器往喷嘴内腔加压至9.80~10.78MPa。在此状态下，检查喷管四周有无渗漏情况，如图3-76所示。

2）如属不良，应分解后更换喷管或喷嘴组件。

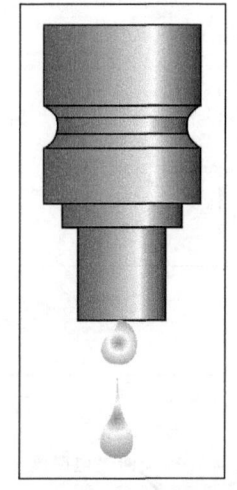

图3-75 喷雾停止后的检查

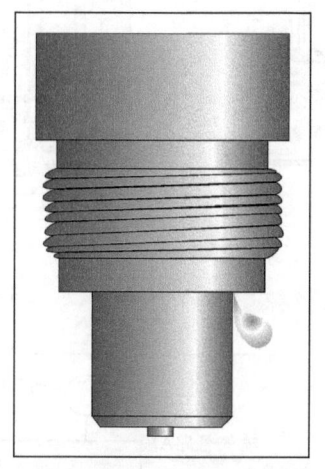

图3-76 喷管渗漏情况的检查

第六节 汽油-液化石油气(LPG)双燃料车的保养与维护

双燃料汽车是指具有两套相互独立的燃料供给系统（燃油供给系统和LPG供给系统，如图3-77、图3-78所示），并且两套燃料供给系统都可独立地向发动机供给燃料的汽车。只要做到正确的使用与维护，双燃料汽车运行中使用LPG燃料，汽车就可以具有较高的经济性、可靠的安全性和达到良好的排放净化效果。

（一）LPG供给系统的维护分类及维护周期

1. LPG供给系统的维护分类

LPG供给系统的维护要根据双燃料汽车的特点和运行规律进行确定，可以分为日常维护和定期维护。

1）日常维护：以清洁、补给和安全检视为中心作业内容，由驾驶人负责执行。

2）定期维护：除日常维护作业外，以检漏、检查、调整、紧固、恢复和保持为中心作业内容，维护检修燃气专用装置各功能部件，确保燃气专用装置安全有效，系统运行稳定并达到相应的技术条件。此项作业由具有相应资质的LPG汽车维护企业负责执行。

2. LPG供给系统的维护周期

1）日常维护：每日出车前、行车中和收车后进行。

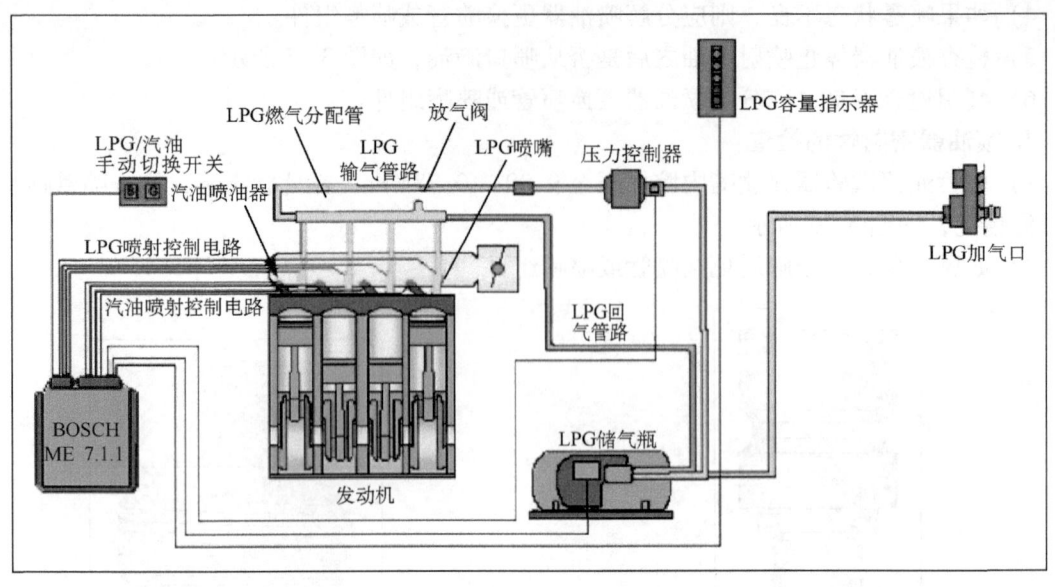

图 3-77 LPG 系统结构简图

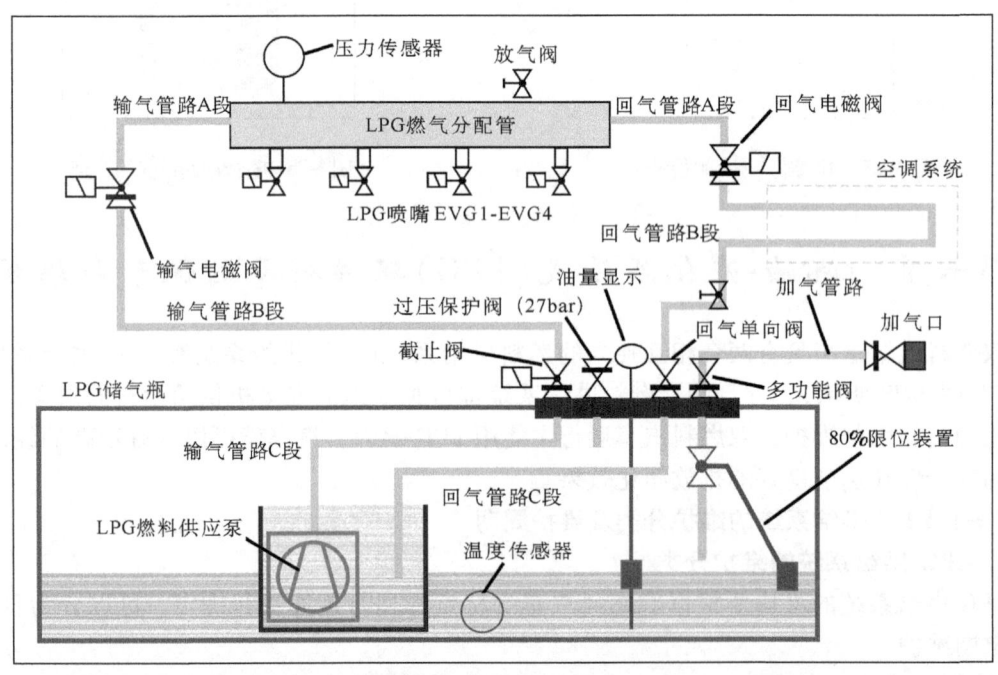

图 3-78 LPG 系统管路布置图

2)定期维护：建议周期为 5000~7500km，出租汽车等使用频繁的汽车每月进行一次，其他商务和家用汽车每季度进行一次。

（二）LPG 供给系统的维护内容及要求

1. 日常维护的内容和要求

1)检视燃气专用装置各功能部件、系统的工作状态及其连接和密封。要求系统的工作

第三章 汽车发动机的保养与维护

状态正常且连接处无松动、泄漏和损坏。

2）检查LPG压力或LPG储气瓶的储气量，不足时应立即加充，加充最大容量不要超过储气瓶容量的80%。

3）每天出车和收车时要进行两种燃料的转换运行，确保LPG供给系统和油气转换开关的工作正常。

4）车辆使用LPG时，电动汽油泵仍在工作，汽油箱中应保留10L以上的汽油，以防止电动汽油泵损坏。

5）行车中要随时观察燃气系统的工作状况，要特别注意燃气系统是否出现过热、异响、异味、碰撞（包括车辆底盘）、漏电和打火现象，如出现异常情况，应及时关闭LPG储气瓶阀门，并及时到有资质的LPG汽车维护企业进行维修。

2. 定期维护的内容和要求

1）LPG储气瓶和固定支架：检查其外观和固定情况。要求：LPG储气瓶表面应无严重划伤、凹凸和裂纹，当表面损伤深度超过1mm或多处为0.7mm以上时应更换LPG储气瓶；LPG储气瓶应固定牢固，无松动和窜动，LPG储气瓶的安装应符合GB 19239—2013《液化汽车专用装置的安装要求》的规定；固定支架应完好、无裂纹和变形，固定牢固，垫层完好。

2）LPG管路：检查各管路及接头有无破损、泄漏、松动和堵塞。要求：管路无损伤、挤压变形和堵塞，接头牢固且无泄漏；管路与其他物件无摩擦，不干涉，无老化和裂纹，连接可靠，与车体装卡牢固，无脱落，必要时进行管路通透、清洗，乃至更换管路；拆装高压管路时应更换管接头的环形卡箍。

3）组合阀和充气阀：检测密封性和工作性能。要求：各种阀的密封良好，开闭灵活有效；止回阀工作可靠，无漏气现象；加气口固定牢固。

4）蒸发减压器：检视外观和工作状况。要求：外观清洁，安装牢固，无泄漏；必要时进行解体清洗，更换一级、二级膜片，调压膜片和水封，试压检漏，并用测试器进行系统调试，调试后其尾气排放要符合相关标准；工作无异常情况。

5）混合器：检视外观和工作情况。要求：固定牢固，气道通畅，必要时进行清洗；空气滤清器要保持清洁。

6）油气转换开关和气量表：检查油气转换开关和气量表的使用性能。要求：油气转换开关灵活有效，气量表显示与LPG储气瓶内存气量相符，出现不一致时应检修组合阀，检查储气瓶安装位置与气量表，必要时予以更换。

7）LPG电磁截止阀：检查线路安装的牢固性和使用性能。要求：接线牢固可靠，开闭性能良好；LPG电磁截止阀内置滤网应清洁有效，必要时予以清洗或更换。

8）LPG供给系统线束：检查线束和接头。要求：线束无干涉、磨损和裸露现象，接地有效，接插可靠，必要时更换线束。

9）LPG闭环控制系统：检查系统的工作状况。要求：两种燃料的转换均能保证发动机的正常运转，并可以自由转换；LPG供给系统工作正常，没有油气混烧现象；油气转换开关在LPG发动机不运转时，气路各种电磁阀均正常有效，适时关闭；空燃比控制器工作正常，排放符合要求；电喷模拟调节器和功率阀工作正常，发动机工作平稳；发动机功率下降不超过5%。

10）电喷模拟控制装置：检查线束和工作状况。要求：车辆能在两种燃料模式下独立工作且油气转换过渡平稳，在 LPG 状况下发动机工作稳定，电喷模拟线束和电喷模拟调节器连接牢固，无磨损和干涉现象。

11）试车：检查发动机起动和工作状况及车辆行驶的动力性。要求：发动机起动顺畅、工作平稳，系统运行安全无泄漏，排放符合相关标准；车辆加速性能、爬坡性能及平顺性能良好，动力损失少。

（三）需要注意的事项

1）LPG 含有非挥发性物质，很容易损坏膜片和密封件，所以每月要将排污口打开一次，清除掉 LPG 沉积物。

2）每天至少用汽油工作 20min，以保持汽油机的良好状态，否则，气门座的寿命会由于长期得不到润滑而降低。

3）用汽油起动发动机时，只要将转换开关置于"汽油"位置即可，但用 LPG 起动时应首先将化油器中的汽油燃尽。为此，必须先将转换开关放在中间位置（既不供气也不供油的位置），待化油器中的汽油燃尽后再将它换到"LPG"位置。

4）如果准备长期不用 LPG，则必须将管道和蒸发器中的 LPG 燃尽或排尽，还要将蒸发器排液孔打开，放出污液，再对蒸发器做必要的清洗；否则 LPG 中不易挥发的物质会沉淀在密封件和膜片上，腐蚀密封件和膜片。

5）汽车每行驶 2000km 应清洗一次混合器，检查和调整一次发动机的排放，还应在拆下管道过滤器后用压缩空气吹去管道过滤器中的污物，防止气道堵塞。

6）LPG 装置的调整方法是：在发动机工作后，先将 LPG 调节阀开度由大逐渐关小，直至发动机运转正常；然后调整蒸发器上的怠速调整螺栓，使发动机怠速时 CO 和 HC 的排放量分别为小于 1% 和小于 $300×10^{-6}$ 或使混合气在发动机转速为 1200~1600r/min 时的空燃比为 12.5~12.8。

7）必须注意车用 LPG 的质量，无论是进口 LPG 还是国产 LPG，其丁二烯和硫的质量分数都应分别小于 0.5% 和 0.015%。

8）在汽车行驶中如果发现 LPG 泄漏，应立即关闭 LPG 开关，然后检查各紧固件和管路接头的松、漏情况，并及时检修。在故障未排除的情况下，汽车应以汽油为燃料行驶。

9）紧急情况的处理。汽车在行驶过程中如发生 LPG 泄漏，应立即靠边停车，关闭电源和 LPG 储气瓶组合阀上的手动截止阀，然后进行处理。如果有大量燃气泄漏或无法关闭组合阀上的手动截止阀，应立即切断电源，隔离现场，隔离人员和火源。如发生火灾，应用灭火器进行灭火或拨打"119"等待消防部门来处理。

10）事故车的修理。当车辆发生事故后，特别是涉及 LPG 供给系统损坏时，修车前要关闭 LPG 储气瓶总阀门，并到有资质的 LPG 汽车维护企业进行系统的拆装和恢复，以确保 LPG 供给系统的安全可靠，杜绝安全隐患。

11）双燃料汽车停驶后重新使用的处置。LPG 供给系统应经常使用，如果长期停用，应将 LPG 储气瓶内燃气用完；停用半年后再次使用时，应到有资质的 LPG 汽车维护企业进行 LPG 供给系统安全检测和调试，确定安全可靠后才可投入使用。

第四章

汽车底盘的保养与维护

第一节 离合器的保养与维护

离合器是汽车传动系中直接与发动机相联系的部件（其结构如图4-1、图4-2所示），其作用是使发动机的动力与传动装置平稳地接合或暂时分离，可靠传递发动机转矩，并防止传动系过载，以便于驾驶人进行汽车的起步、停车、换档等操作。

图 4-1 离合器实物图　　　　图 4-2 离合器结构图

1. 离合器踏板高度的测量和调整

如图4-3所示，离合器踏板高度的测量和调整方法如下：

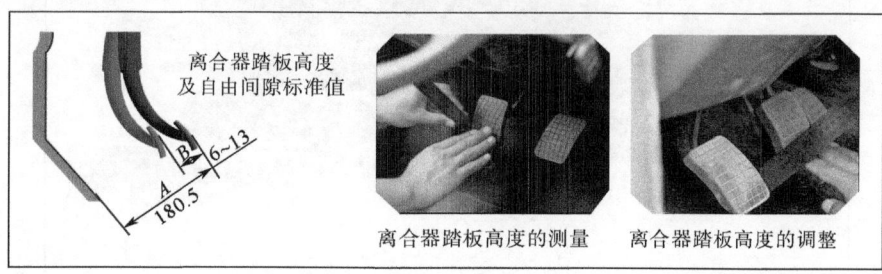

图 4-3 离合器踏板高度测量和调整

用直尺测量由地板到踏板垫面的距离（踏板高度），即距离 A，标准值为 180.5mm，如不相符，应调整踏板止动螺栓，调整到标准值后拧紧锁紧螺母。

2. 离合器踏板自由间隙的测量与调整

离合器踏板如果没有自由行程，会造成离合器打滑，汽车行驶无力；如果离合器踏板自由行程过大，不能使离合器彻底分离，会造成换档困难。

检查时，踩下离合器踏板，直到感受到有阻力为止。这一行程即是离合器踏板的自由行程。自由行程必须在 6~13mm 极限值范围内。如果不符合规定应到维修站检修。

离合器踏板自由间隙的测量和调整方法如下：

用直尺测量离合器踏板自由间隙，即距离 B，如图 4-3 所示，标准值为 6~13mm，如不相符，应调整离合器主缸顶杆长度，调整到标准值后拧紧顶杆锁紧螺母。

3. 液压式离合器操纵机构的排空气法

每次拆卸离合器油管、离合器软管、离合器主缸，或者踩下离合器踏板感觉绵软无力时应对离合器液压系统放气，并加注离合器油 SAE J1703（或 DOT3、DOT4），切勿使用质量差的离合器油。

1）使用一根塑料软管套在放气螺栓上，将排出的离合器油导入一个容器内，打开离合器轮缸放气螺栓。

2）慢慢地往复地踩下离合器踏板，如果往复踩下离合器踏板的速度过快，气缸里的空气将不能放尽，每次放松离合器踏板时都要回到最高位置。

3）踩住离合器踏板，拧紧放气螺栓。

4）对储油罐加注离合器油到规定位置。

第二节　手动变速器的保养与维护

手动变速器（图 4-4）是指通过人工拨动变速杆，改变变速器内齿轮的啮合状态，改变传动比，从而达到变速、变矩、变向目的的变速器。车辆的驱动方式不同，手动变速器的外部形状差异较大，但其基本组成结构是相同的，一般由动力传动机构、变速执行机构和减速输出机构组成。

图 4-4　三轴式手动变速器

第四章　汽车底盘的保养与维护

1. 变速器油的检查（一级维护操作）

1) 检查变速器是否有漏油现象，如有应维修漏油处。
2) 进行检查时，应确保汽车放平。
3) 卸下变速器油位塞。通过注油孔/油位塞孔检查油位。如果卸下油位塞时，油从油位孔流出或油位已达油位孔，说明油已加注到位。如果发现油量不足应用规定用油加注，让油位升至油位孔。
4) 按规定力矩拧紧油位塞。

2. 变速器油的更换（二级维护操作）

1) 将汽车放平。卸下放油塞，放油。
2) 按规定力矩拧紧放油塞。
3) 用规定用油加注，让油位升至油位孔。
4) 按规定力矩拧紧注油塞。

3. 变速杆与轴的检查（一级维护操作）

检查变速杆是否灵活，有无不正常的噪声。如操作不灵，用底盘防水润滑脂润滑变速杆支座和轴衬套。

第三节　自动变速器的保养与维护

自动变速器（图4-5）是指根据发动机转速、载荷、车速和其他操作因素自动改变变速器内齿轮啮合状态，改变传动比，从而达到变速目的的一种变速器。

液力自动变速器由变矩器、齿轮变速机构（多采用行星齿轮）和电子-液压控制系统三部分组成。

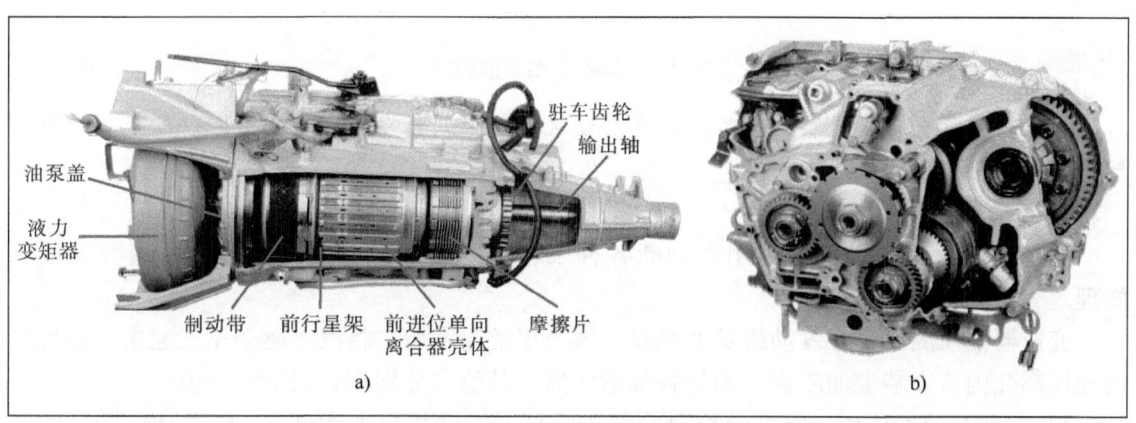

图4-5　自动变速器实物图
a) 后驱型（行星齿轮式）　b) 前驱型（平行轴式）

（一）自动变速器油

1. 自动变速器油的更换周期

汽车每行驶约100000km时更换一次自动变速器油。
规定变速器油：DIAMOND ATF SP-Ⅲ/ SK ATF SP-Ⅲ。

恶劣条件：每行驶 40000km 时更换一次。

2. 自动变速器油的检查

1）将车辆停在平坦路面上，拉紧驻车制动。

2）起动发动机，变速器油温度达到正常温度后，踩住制动踏板，将变速杆从 P 位到 L 位以 2~3s 为时间间隔在各档位来回移动 2~3 回，最后挂入 N 位或 P 位。

3）打开发动机盖，拔出变速器油尺。注意不要被旋转件划伤，避免被散热器烫伤。

4）擦干变速器油尺后，再次将它插入变速器，然后拔出，确认变速器油是否在[HOT]范围之内，如图 4-6 所示。

5）变速器油不足时，利用漏斗加入变速器油至[HOT]范围。

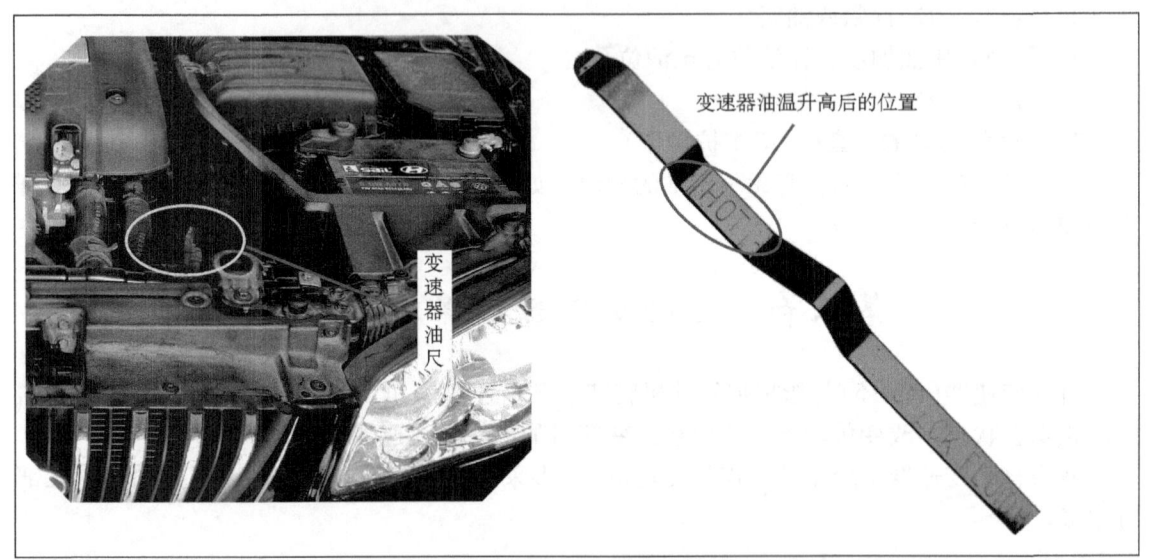

图 4-6　自动变速器油标尺

注意：测量自动变速器油量时，应在发动机温度达到正常温度后测量，注意不要被散热器和排气装置烫伤。

3. 自动变速器油压试验

测量控制管路中的油压，用来判断各种泵、阀的工作性能的好坏，以便调整或换件修理。

变速器油压测试是在发动机及变速器运转至正常温度后，将汽车驱动轮支起来；在检测的油压螺孔内，安装上油压表，测量各部油压值，其值应分别符合以下标准值：

1）检测减速油压值。将变速杆分别置于空档，发动机怠速运转；4 档发动机转速约为 2500r/min；3 档发动机转速约为 2500r/min；2 档发动机转速约为 1000r/min；1 档发动机转速约为 2500r/min；倒档发动机转速约为 1000r/min，其油压值均应为 360~490kPa。

2）检测强制降档制动油压。将变速杆置于 2 档，发动机怠速运转，其油压值应为 100~200kPa。将 OD 开关接通，变速杆挂入 4 档，发动机转速约为 2500r/min；将 OD 开关关闭，变速杆挂入 3 档，发动机转速约为 2500r/min；将变速杆挂入 2 档，发动机转速约为 1000r/min，其油压值均应为 830~900kPa。

第四章 汽车底盘的保养与维护

3) 检测前段离合器油压。将 OD 开关关闭，变速杆挂入 3 档，发动机转速约为 2500r/min，其油压值应为 830~900kPa；将变速杆置入倒档，发动机转速约为 2500r/min，其油压值应为 1640~2240kPa，发动机转速约为 1000r/min 时，其值应为 1500kPa。

4) 检测终段离合器油压。将变速器 OD 开关接通，变速杆置于 4 档，发动机转速在 2500r/min 以下，其油压值应为 830~900kPa；将 OD 开关关闭，手柄置于 3 档，发动机转速约为 2500r/min 时其油压值应为 830~900kPa。

5) 检测倒档制动油压。将变速杆置于倒档，发动机转速在 2500r/min 以下，其油压值应为 1640~2240kPa，如将变速杆置于倒档，发动机转速在 1000r/min 以下，其油压值应为 1500kPa。

自动变速器油压不良故障分析：

1) 变速器减速油压不良的故障原因：相关油路堵塞，滤清器堵塞，油压调整不当，减压阀卡住阀体固定部分松动。

2) 变速器强制降档制动油压不良的故障原因：强制降档活塞、油封、环片不良，阀门体松动，阀体总成不良。

3) 变速器前离合器油压不良的故障原因：强制降档活塞、油封及环片不良，阀门体松动或总成不良，前离合器活塞或环磨损，油封漏油等。

4) 变速器终端离合器油压不良的故障原因：终端离合器油封或环片漏油，阀门体松动或阀门体总成不良。

5) 变速器倒档制动油压不良的故障原因：阀体与传动轴磨损或漏油，阀门体不良，倒档制动活塞环片不良。

（二）自动变速器的免解体维护

自动变速器是高度精密的动力传输装置，装有许多精密部件，如液力变矩器、太阳轮、行星轮和复杂而细小的油道等，它们对污染物和温度变化非常敏感。如果缺少必要的保养，自动变速器会出现工作粗暴、换档困难等故障。

据统计，90% 的汽车自动变速器故障是由自动变速器油被污染劣化失去保护功能造成的。在不规范保养的情况下，极易出现工作粗暴、换档迟缓等状况。

借助于自动变速器清洗更换设备保养能够达到彻底清洗更换、深化保养的效果，把系统中的漆膜、金属磨粒、油泥和所有的旧自动变速器油彻底排出系统，避免新的自动变速器油加入后被污染劣化；恢复变速器油封和垫片的弹性，增强密封性能，防止系统出现渗漏；提高自动变速器油的性能，延长自动变速器和自动变速器油的使用寿命。定期使用自动变速器清洗更换设备和相配套的产品进行保养就会真正达到不解体清洗、全寿命使用的现代汽车保养目的。

1. 自动变速器的清洗循环

对自动变速器免解体维修时，要将自动变速器出油管从管接头处拆开（从回油管的管接头拆开也是一样的）。用清洗和注油用油管将自动变速器油路与维修设备连接起来，这样当换油泵转动时，就带动自动变速器油呈体外循环。此时在自动变速器量油尺孔（加油孔）加注一瓶自动变速器清洗剂，则在废油循环过程中与原来的废油充分混合，并彻底清洗自动变速器内各部位。

清洗过程中应不断变换变速杆置于 D 位和 R 位等各位置，踩住制动踏板并拉紧驻车制动；变换节气门开度，使自动变速器各档都能得到清洗。清洗循环时可用液压油流量调节阀调节流量，并从机械转动的指示器中可看到自动变速器油的流动，当自动变速器油受到污染而全变黑时指示器窗孔即变黑了，看不见叶轮转动，但用手摸时可以感到热量，用手摸清洗和注油用油管也能感到热量和油流波动；废油油量表指示废油流量，油量随着调节阀开度大小而变化，适当控制流量调节阀的开度，对废油和清洗液的循环有利，可以在较短的时间内清洗好自动变速器；当废油油量表显示为"0.00"时，表示循环液有堵塞之处，适当开启和关闭调节阀可将堵塞处冲开而重新恢复油流循环，直到将自动变速器清洗好为止。

2. 新油加注

新油加注也称换油，其工作原理是将新油用油泵压入自动变速器，与此同时顶出自动变速器中的废油。

当自动变速器清洗完毕，将清洗加注设备上的"换油"开关按下，此时内部油路的电磁阀动作，油路自动切换；新油油箱与进油管相连，废油油箱与出油管相连，而新油油箱与废油油箱是彼此分开的；当换油泵转动时，新油从进油管流进自动变速器，并逐渐顶出自动变速器中的废油。

当换油开始时，可从透明的进油管上看到废的黑油逐渐被红色的新油所代替；当换油快要结束时，出油管就变得透明并完全变红了，但此时还有间断的黑色油液；继续进行换油，顶出废油，直到出油管全部变红并透明，自动变速器中的脏物随废油排出，并在废油油箱侧面的玻璃管油面高度指示器的下部呈现新油为止，即把废油和脏物几乎全部排出。

强制换油的油量略高于自动变速器油量容积，如自动变速器的油量容积为 6L 时，换油量最好是 8L；油量容积为 8L 时，换油量应为 10L 比较合适。

换油的流量可由新油流量调节和指示装置调节和显示出来，通过新油数字式流量表指示出具体数字。调节阀门可以改变油量，当进油量略小于出油量时，可将新油刚好加注到量油尺的最小和最大刻度之间，几乎不用重新加注和减油。

3. 管路连接

清洗注油设备与汽车自动变速器连接的管路的形式各有不同，这是由于各种车型自动变速器的冷却油管的直径和形式不同。

对于自动变速器进、出油管的接头要依原车管路和接头的形式而定，而与清洗注油设备连接处只有一种形式即可，并应采用快换接头连接。与自动变速器连接的管接头，直径应相一致，能够刚好紧密连接为宜，而后用卡箍固定住，防止漏油；快换接头应设计成不漏油的形式。

清洗注油管以选用透明的耐油塑料为宜，因为这样可以看清油流在管路中的流动，给清洗和注油过程带来一个可视的动态感觉，能够看清清洗和注油的全过程，以便于排除液压系统的故障，对维修十分有利。

清洗和注油作业是在车上进行的，作业前应用衬垫防护汽车车身，以防止污染。要注意清洗液不要滴落在车身表面油漆上，如不慎滴落，应及时用棉纱擦拭干净。连接和松开管接头时，要防止油液滴落在发动机和排气管上，如不慎滴落，应及时擦拭干净；对滴落在排气管上的油滴，在发动机起动和运转中会烧成蓝色烟雾，要仔细辨认，以免误判为发动机故障。

在换油作业中，发现循环油路中有堵塞现象，多发生在自动变速器内部，此时可用改变油流量的方法进行冲洗。如果仍不见效可多加一瓶强力清洗剂强制清洗。两次清洗加换油作业，多用在自动变速器长期使用中从来没有清洗和换油的情况。

（三）自动变速器油滤清器

在进行预防性维护时，自动变速器油滤清器通常是被遗忘的对象。在大部分情况下，自动变速器油滤清器并不像机油、空气或燃油滤清器那样易于更换。除非该滤清器的堵塞已经影响变速器的正常工作，否则人们通常会忽略对其及时更换的重要意义。事实上，由于自动变速器油滤清器是对汽车第二大总成进行保护的装置，所以应该保持其清洁或者按照其制造商推荐的更换周期及时更换。

自动变速器通常采用纸质滤清器、毡质滤清器或滤膜滤清器来滤除其油液中的污垢。亚洲汽车制造商喜欢使用滤膜滤清器，而欧美制造商则更倾向于纸质或毡质滤清器。

（四）自动变速器失速试验

失速试验的目的是全面评定自动变速器的功能。试验方法是变速杆挂入 D 位或 R 位将车轮顶住，将驻车制动及行车制动器全面制动住，瞬间将加速踏板踩到底，观察发动机的最大转速值。

具体操作方法如下：

1）起动发动机，发动机冷却液温度在 80~100℃，变速器油温在 80~100℃，油面在"HOT"范围。

2）将四个车轮顶住，拉紧驻车制动器，如图 4-7 所示。

3）起动发动机将变速杆推入 D 位或 R 位。

4）一只脚将制动踏板踩到底，另一只脚将加速踏板迅速踩到底，立即观察并记录转速。

在整个试验中，踩下加速踏板的时间不得超过 5s。北京现代伊兰特轿车失速试验的转速应在 2000~2900r/min。

图 4-7　将四个车轮顶住，拉紧驻车制动器

如果 D 位与 R 位的失速转速低于标准值，则可能为液力变矩器不良或发动机功率不足。

如果仅在 R 位失速转速低于标准值，则可能为倒档离合器打滑。

如果 D 位与 R 位失速转速都过高，则可能为系统压力不足或低倒档制动器打滑。

如果仅在 D 位失速值过高，则可能为减速传动离合器打滑。

第四节　悬架系统的保养与维护

悬架是车架（或车身）与车桥（或车轮）之间一切连接装置的总称（图4-8、图4-9）。

它的功能是：将路面作用在车轮上的力和力矩传递到车架（或车身）上，保证汽车的正常行驶。

目前，汽车的悬架一般由弹性元件、减振器、导向机构、横向稳定杆组成。

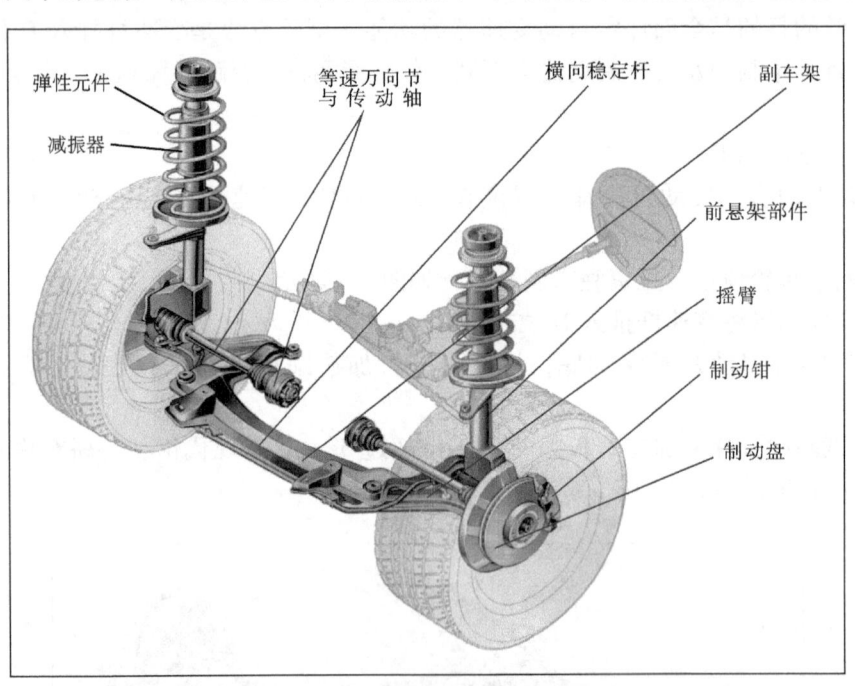

图 4-8　前桥与前悬架结构图

（一）悬架装置检查（一级维护操作）

1) 检查前、后减振器（图4-10）有无漏油、压痕或衬套上的其他损坏；检查支座端是否有损伤，如有损伤部件，应更换。

2) 检查前、后悬架装置（图4-11）是否有损坏、松脱或丢失零件，还应检查是否有损伤部件。

3) 检查前、后悬架上弹簧座有无脱开、撕裂或其他损坏。如有损伤，应更换。

4) 检查悬架螺栓与螺母是否拧紧，必要时，应重新拧紧，如有损伤部件，应维修或更换。

5) 检查前悬架上下摆臂的要点：

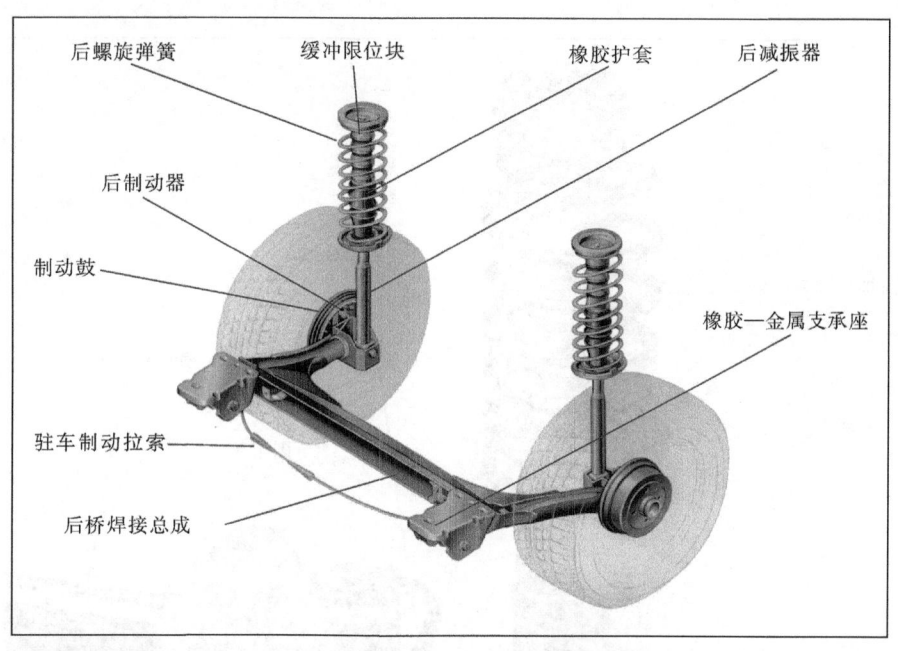

图 4-9　后桥与后悬架结构图

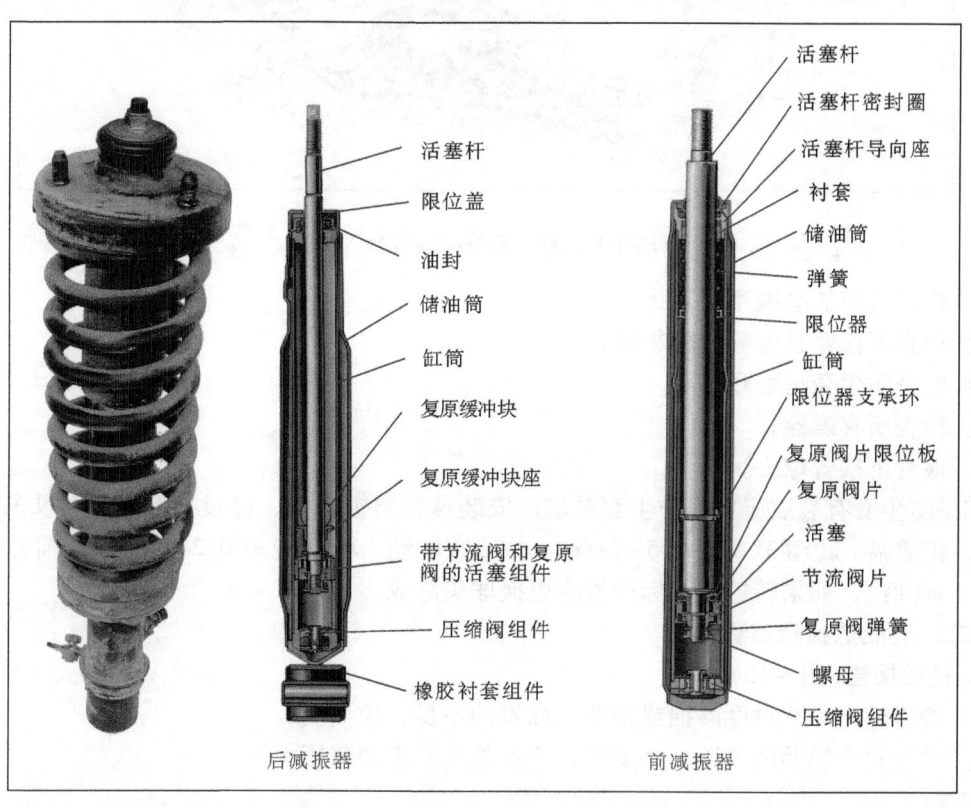

图 4-10　减振器图

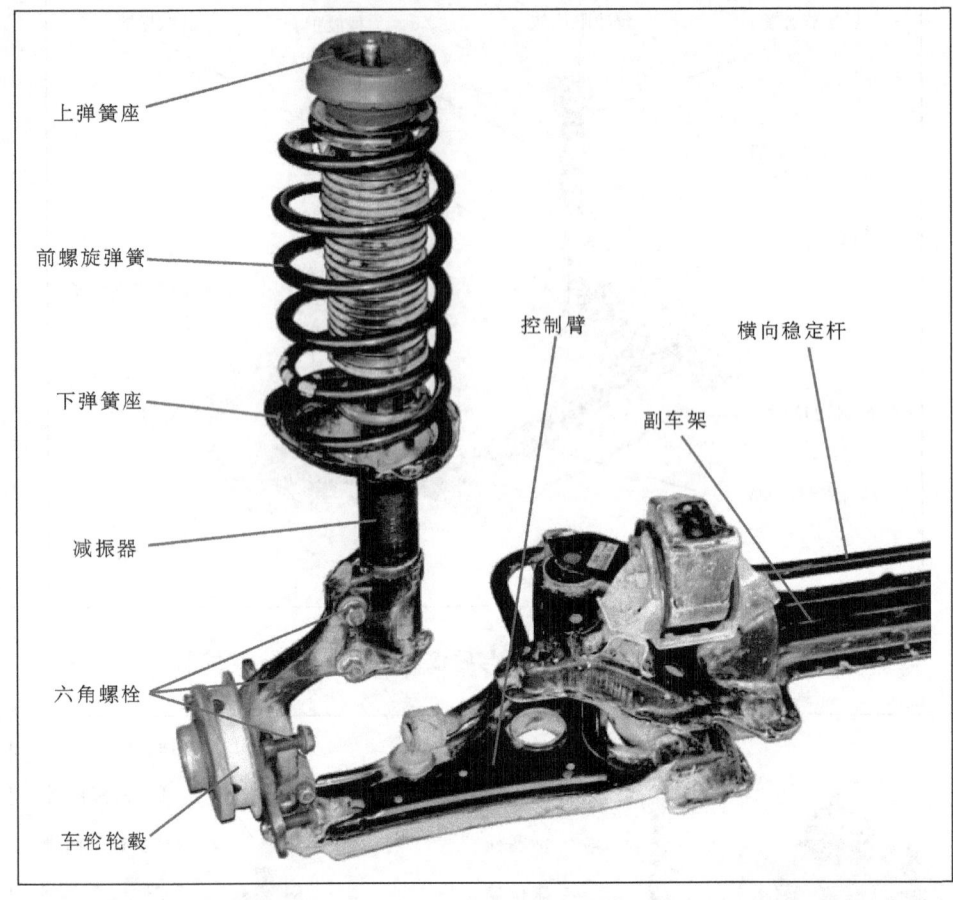

图 4-11 前、后悬架连接装置图

① 检查衬套的磨损和老化状况。
② 检查下摆臂是否弯曲或断裂。
③ 检查防尘套是否开裂。
④ 检查所有螺栓。
⑤ 检查下摆臂球头。

如果防尘套有裂纹应更换防尘套总成。安装球头自锁螺母，经过 24h 测量球头转矩（图 4-12），在常温下转动 3°，以 0.5~2r/min 的转速转动，标准转矩 0.2~1N·m（前）、0.5~0.15N·m（后），如果转矩低于标准值应更换球头总成。

（二）轮胎的检查与更换

1. 轮胎检查（图 4-13）

1) 检查轮胎是否过度磨损或损坏。如发现不良，应更换。
2) 检查每个轮胎的气压，必要时，应按技术要求调节压力。

注意：

1) 轮胎气压的检查应在轮胎冷却后进行。
2) 应在随车的轮胎标牌或用户手册中找出规定的轮胎气压。

第四章　汽车底盘的保养与维护

图 4-12　测量下摆臂球头转矩

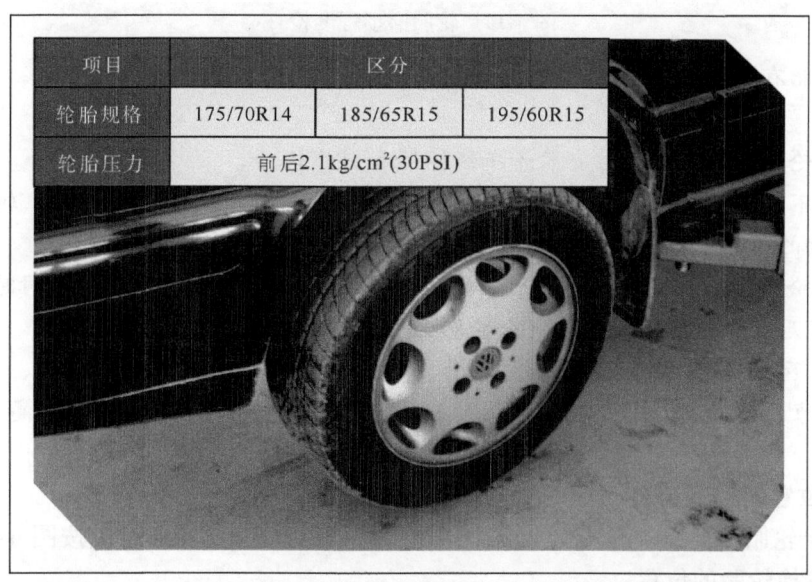

图 4-13　轮胎检查

2. 轮胎的更换时期

轮胎上没有表示外胎磨损程度的标记，也就是轮胎旁边槽中或△标记方向的突出部分表示磨损程度。当轮胎磨损到这部分时要更换。轮胎磨损程度检查如图 4-14 所示。

警告：

1) 轮胎气压比规定值低时(低 68.95kPa 以上)会导致轮胎过热，特别是热天高速行驶时更为严重，这时会出现外胎分离，轮胎间出现不规则变形，使车辆难以控制从而导致发生重大伤害甚至死亡事故。

2) 轮胎气压过高、驾驶不良、轮胎中央过度磨损、路面情况不良，都会增加导致伤害的可能性。

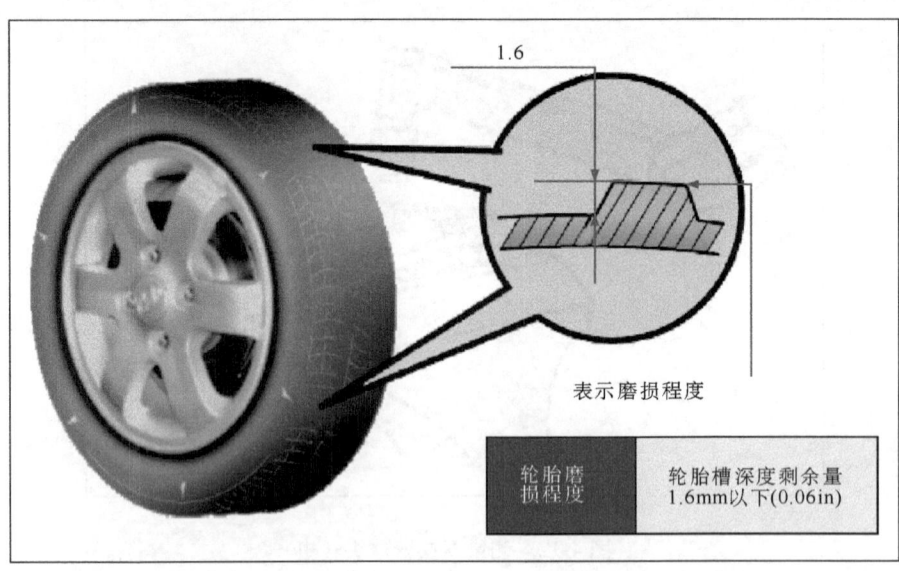

图 4-14 轮胎磨损程度检查

3）旧轮胎有破裂、失去制动性等的危险。

注意：

1）更换轮胎时，不要同时安装子午线轮胎和斜线轮胎。

2）使用不同规格、型号的轮胎对乘车舒适性、转向性、最低离地间隙、轮胎与车体间隙以及车速表的精确性都有影响。

3）更换轮胎时，最好同时更换四个轮胎。不能同时更换四个或没必要同时更换时，应同时更换前或后两个轮胎。仅更换一个轮胎会给转向性带来严重的不良影响。

4）使用不同规格的轮辋，会对车轮、轴承寿命、制动性、转向性、最小离地间隙、车轮间隙、防滑链间隙、车速表精确度、前照灯角度以及保险杠高度造成不良影响。

3. 轮胎位置的交叉变换

为了防止轮胎偏磨损，延长轮胎的使用寿命，每行驶 1 万 km 时应按图 4-15 或图 4-16 所示的顺序变换轮胎的位置。

4. 轮胎不正常的磨损现象

轮胎不正常磨损现象和原因如图 4-17 所示。

5. 检查轮胎磨损和轮辋跳动量

1）胎面花纹深度磨损极限为 1.6mm，当胎面花纹深度低于 1.6mm 必须更换轮胎。

2）举升车辆。

3）用百分表测量轮辋径向圆跳动量和轴向圆跳动量，如图 4-18 所示。对于钢制车轮，径向圆跳动量为 0.6mm，轴向圆跳动量为 1.0mm；对于铝合金车轮，径向圆跳动量为 0.3mm，轴向圆跳动量为 0.3mm。如超标应更换轮辋。更换后按图 4-19 所示的顺序拧紧车轮螺母，拧紧力矩为 90~110N·m。

第四章 汽车底盘的保养与维护

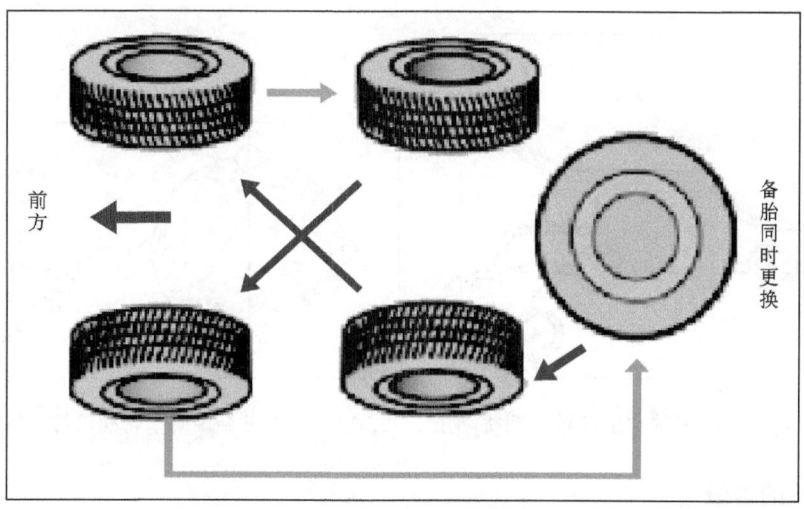

图 4-15 备胎同时更换轮胎的换位方式

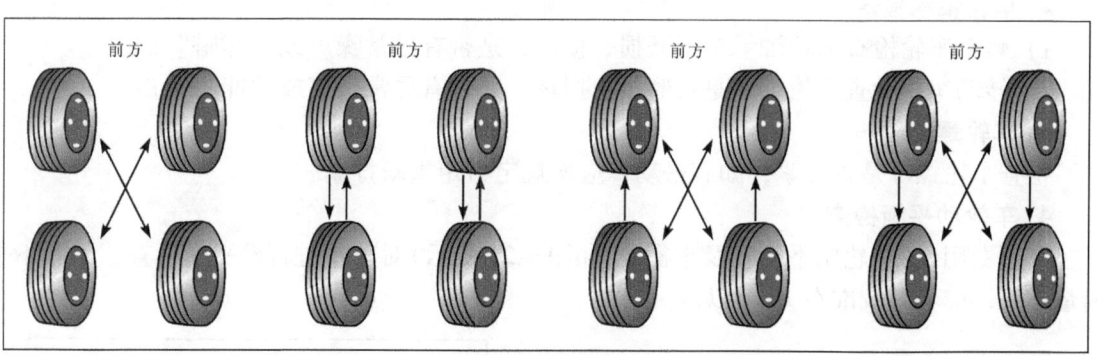

图 4-16 轮胎的换位方式

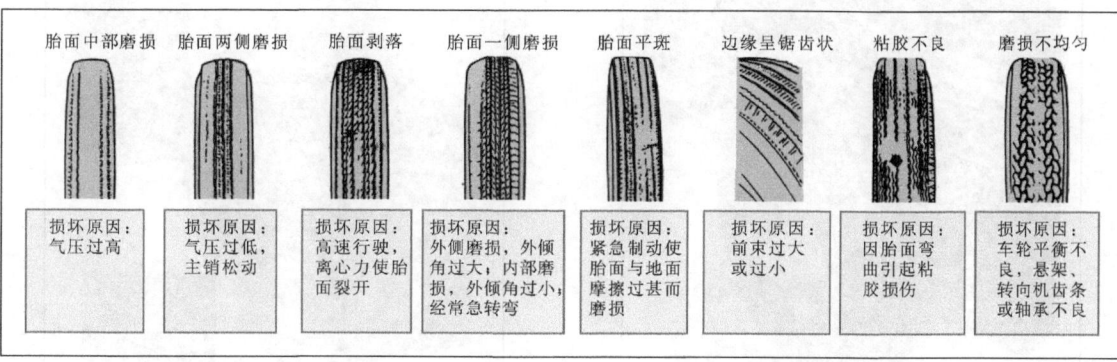

图 4-17 轮胎不正常磨损现象和原因

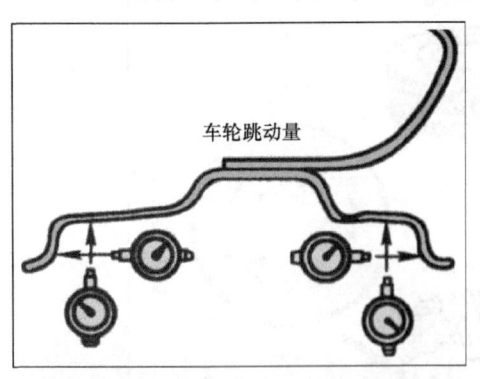

图 4-18 测量轮辋径向圆跳动量和轴向圆跳动量

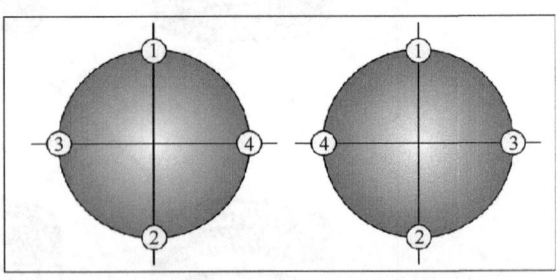

图 4-19 车轮螺母拧紧顺序

（三）车轮的检查

1. 车轮轮盘检查

检查车轮轮盘有无压痕、变形和裂纹，如图 4-20 所示。如轮盘严重损坏则必须更换。

2. 车轮轴承检查

1）转动车轮检查前轮轴承是否磨损、损坏，是否有异常噪声或"咔嗒"声。

2）转动车轮检查后轮轴承是否磨损、损坏，是否有异常噪声或"咔嗒"声。

3. 车轮螺母

检查车轮螺母是否拧紧，如有松动，应按规定力矩重新拧紧。

4. 车轮动平衡检查

利用专用仪器（轮胎平衡仪及平衡块，如图 4-21 所示）对车轮进行动平衡检查，如其不平衡量超限，应将其校准在 10kg 以内。

图 4-20 车轮轮盘检查

图 4-21 轮胎平衡仪及平衡块

(四)检查调整前轮定位

在检测之前,胎压应符合规定值,车辆必须置于水平地面上,前轮朝向正前方。

1. 前束的调整测量

1)汽车空载,检查轮胎气压,气压值应符合规定标准。

2)根据光学测试仪需要,将车轮定位做好调整前准备。

3)松开横拉杆左侧锁紧螺母及护套弹性卡环,根据需要拧动前束调整杆调整长度,直至满足规定值要求。

4)紧固锁紧螺母,重新安装好护套弹性卡环。

5)前束调整完成后,检查转向盘是否水平,如不水平,则松开转向盘锁紧螺母,调整转向盘至水平位置,拧紧转向盘锁紧螺母至规定力矩要求。

如图 4-22 所示,前束 = $B-A$,标准值为 $-2mm \sim +2mm$;前束 = $\alpha+\beta$,标准值为 $-10'48'' \sim +10'48''$。前束通过调整横拉杆来实现,调整转向横拉杆时先拆卡子,以防止防尘套扭曲,左右两侧横拉杆应均匀调整(图 4-23),横拉杆螺母拧紧力矩为 $50 \sim 55N \cdot m$,如图 4-23 所示。

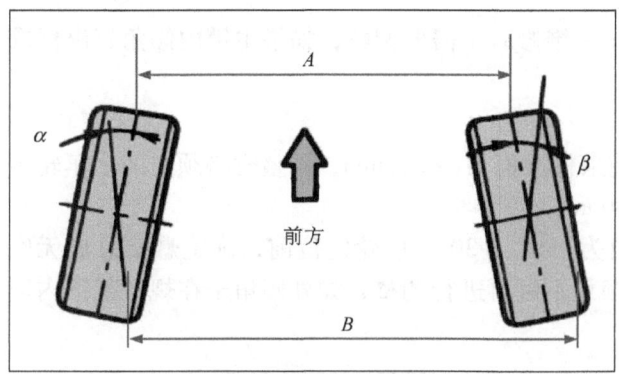

图 4-22 测量前束

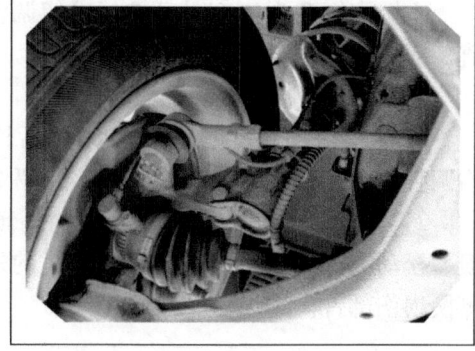

图 4-23 调整前束

2. 外倾角的调整

正常情况下,独立悬架和车轮轴承壳体装配后不必调整外倾角。如果发现外倾角因其他原因偏离了允许范围,可用独立悬架和车轮轴承壳体上的联接螺栓来校正外倾角,使其满足要求。

使用专用工具检测车轮定位,外倾角标准值为 $0°\pm30'$,后轮外倾角在制造厂已按规定外倾角调整,维修时不需要调整。调整后轮前束如图 4-24 所示。

1)汽车空载,检查轮胎气压,气压值应符合规定值。

2)根据光学测试仪需要,将车轮定位做好调整前准备。

3)校正外倾角前,检查行驶系统部件有无损坏。

4)如果检测发现车轮外倾角超差,可以松开弹簧端部和车轮轴承上的螺栓,扳动车轮加以矫正。

5)如需进一步矫正,可采用更换螺栓的方法来进行车轮外倾角调整,如图 4-25 所示。

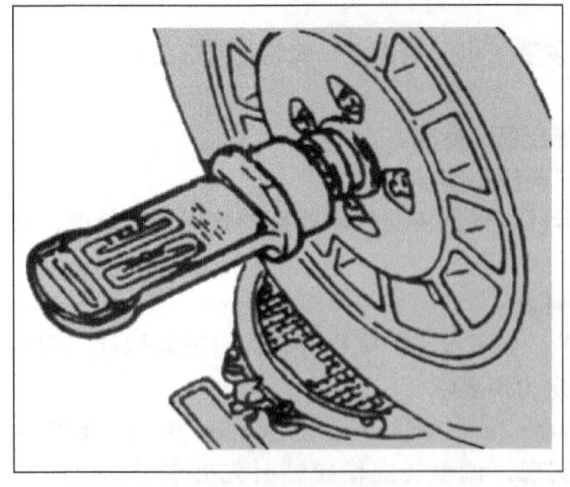

图 4-24 调整后轮前束

图 4-25 外倾角调整

3. 主销内倾角的调整

主销内倾角在生产时已按标准值调整，在维修时不需要调整，如果主销内倾角超出标准值，应更换弯曲或损坏的部件。

（五）检查调整后轮定位

1）后轮前束的调整（图 4-26）。后轮前束标准值为（2±2）mm，调整时必须对两个车轮平均调整助力臂螺栓，刻度盘接近于水平 2.4mm。

2）车轮外倾角的调整。后车轮外倾角为 −30′~+30′。后轮定位前，确定悬架总成无磨损、松动或损伤，由制造厂家调整过的外倾角不可再进行调整，如外倾角未在规定范围内应更换损伤部件。

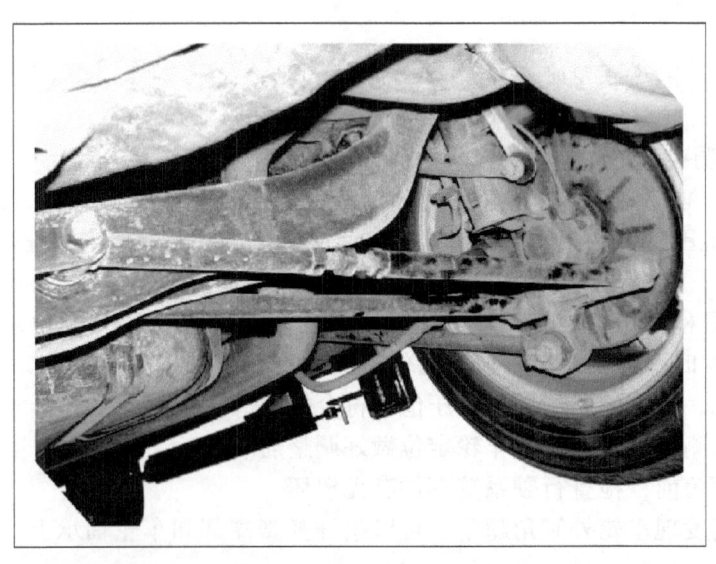

图 4-26 调整后轮前束

第四章 汽车底盘的保养与维护

第五节 转向系统的保养与维护

汽车在行驶过程中，经常需要改变行驶方向（即转向）。改变行驶方向的方法是，驾驶人通过一套专设的机构使汽车转向桥上的车轮（转向轮）相对于汽车纵轴线偏转一定角度。有时转向轮也会受到侧向力的干扰而自动偏转，改变行驶方向。驾驶人也可以利用这套机构使转向轮向相反方向偏转，使汽车恢复原来的行驶方向。用来改变或恢复汽车行驶方向的专设机构称为汽车转向系，系统结构如图 4-27、图 4-28 所示。

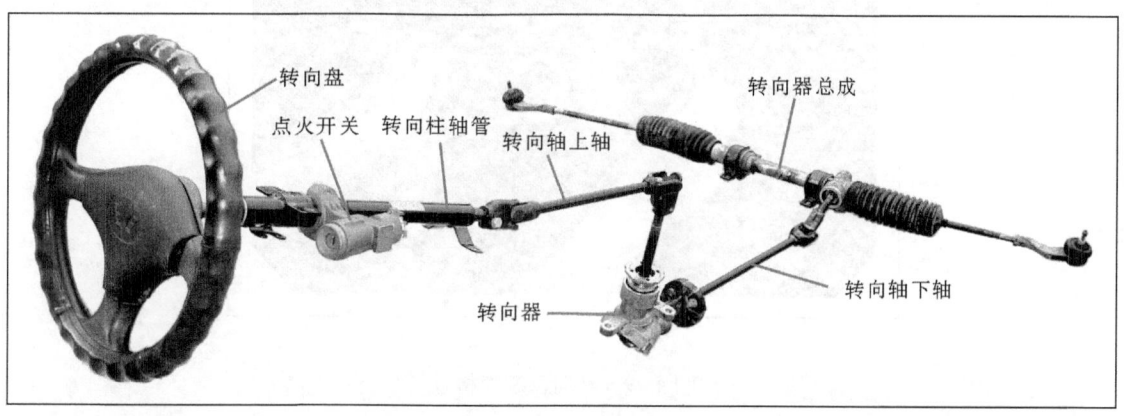

图 4-27 转向系统

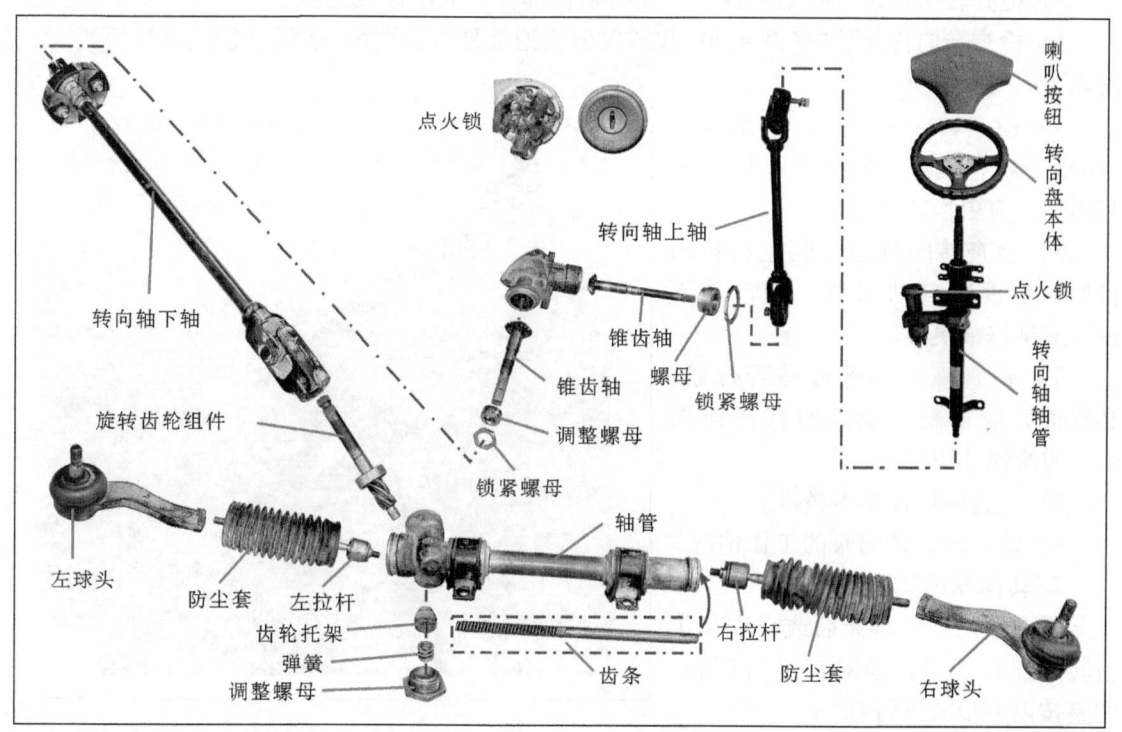

图 4-28 转向系统分解

1. 常规检查

1) 让汽车保持直线行驶状态检查转向盘的游隙是否恰当(图 4-29),是否有"咔嗒"声。转向盘游隙 a: 0~30mm。

图 4-29 转向盘游隙检查

2) 检查螺栓及螺母是否已拧紧,必要时重新拧紧。如有损伤部件,应维修或更换。

3) 检查转向杆是否松动或损坏。如有损伤部件,应维修或更换。

4) 检查转向杆保护罩(图 4-30)和转向齿轮箱罩是否有损坏(泄漏、脱开、撕裂等)。如有损坏,应用新罩更换。

5) 检查转向轴、万向节是否有"咔嗒"声和损坏,如有"咔嗒"声和损坏,应更换新部件。

6) 检查转向盘是否能左右转向自如,是否能自动回位。如转动不良,应维修或更换。

7) 检查螺栓和螺母是否拧紧,必要时,应重新拧紧。如有任何损伤,应维修或更换。

8) 检查转向盘是否校准。

9) 检查动力转向泵的工作情况。

2. 转向器的调整

转向器总成经拆装后或在安装了新转向器总成后,须对其进行调整。调整按以下步骤进行:

1) 使车轮位于直线行驶位置。

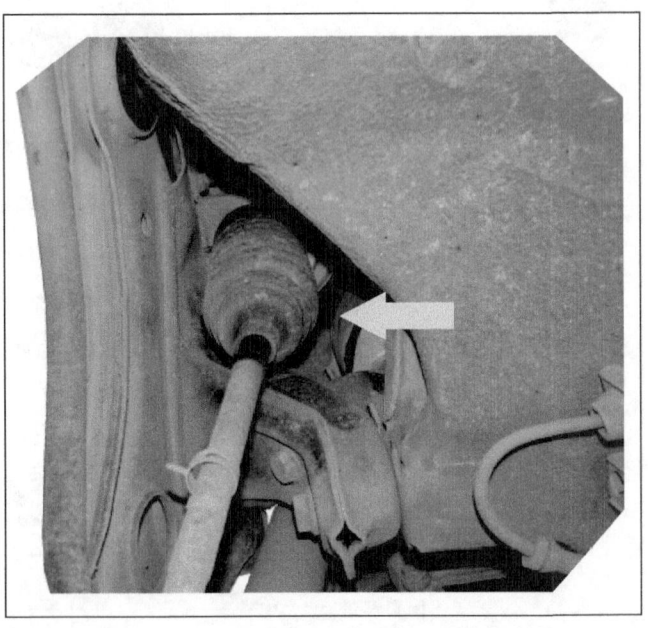

图 4-30 检查转向杆保护罩

2) 将自锁调整螺钉(图4-31)小心地拧进约 20°。
3) 进行道路试验。
4) 转向器如能自行回到直线位置，则把调整螺钉拧松一点。
5) 若转向器还有间隙，则将调整螺钉拧紧一点。

3. 检查转向盘自由行程

1) 将前轮摆正，在转向盘周边加 5N 的力。
2) 如图 4-32 所示，向左右方向轻轻转动转向盘，测量转向盘自由行程，标准自由行程为 0~30mm。
3) 如果自由行程大于标准值，应检查转向轴的连接部位和横拉杆球头的间隙。

图 4-31 自锁调整螺钉位置图

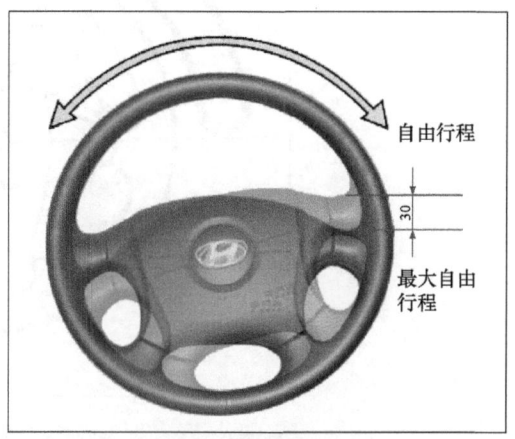

图 4-32 测量转向盘自由行程

4. 检查转向角度

1) 将前轮置于转角盘上，如图4-33 所示，检查车轮转向角，最大转向时，内侧车轮转向角标准值为 40.7°±2°，外侧车轮转向角标准值为 32.4°。

图 4-33 测量转向角

2）若超出标准值，进行前束调整后再测量转向角。

5. 检查转向盘制动回位

1）检查转向盘回正力（图4-34）时，无论转动转向盘的转速如何，左右两侧的回正力都应相同。

2）车速在23~30km/h时转动转向盘90°，保持1~2s后，放松转向盘应回到70°以上位置，如果快速转动转向盘时的瞬间感到转向盘沉重，这不属于故障。

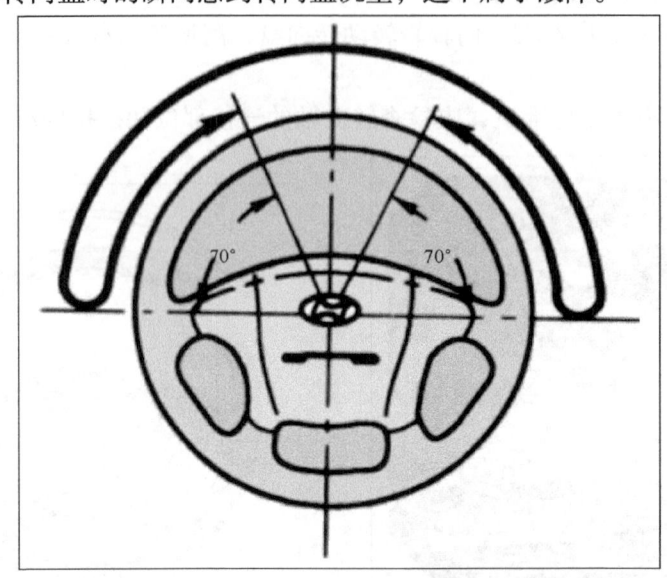

图4-34 检查转向盘回正力

6. 检查横拉杆球头预紧力

1）使用专用工具拆下转向横拉杆和万向节。

2）将球头销转动几次后带上螺母，检查预紧力，如图4-35所示。

3）规定预紧力为0.5~2.5N·m，如超过应更换横拉杆球头。

7. 动力转向液

（1）检查油面高度（图4-36）。

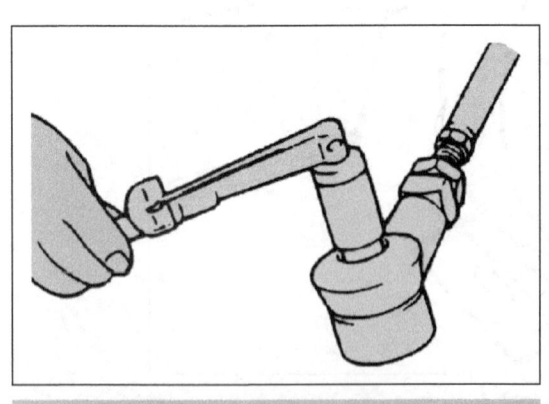

图4-35 检查球头预紧力

图4-36 检查液面高度

1）将车辆停放在平坦地面。
2）起动发动机,空档状态下转动转向盘数次,使转向液温上升到50~60℃。
3）在发动机怠速状态下数次转动转向盘至左右极限位置。
4）检查储液罐的转向液是否有泡沫或混浊。
5）检查发动机起动后和停止后的储液罐液面之差(图4-37),如果液面之差超过5mm应进行排气；熄火后如液面迅速上升说明放气不彻底；如果系统内有空气,助力泵和控制阀会发出噪声,这将降低动力转向泵性能。

(2) 更换动力转向液的方法
1）用千斤顶支起前轮,车下放支撑凳或用举升器将车辆举升。
2）从储液罐上拆下回液管,用塞子堵住储液罐。
3）将回液管插到适当的容器中。
4）拆开发动机高压线,转动起动机,同时反复转动转向盘到极限位置。
5）待转向液放尽后连接回液管,用卡子固定牢靠,储液罐内加入规定型号的动力转向液,容量大约1L。
6）进行转向系统放气。

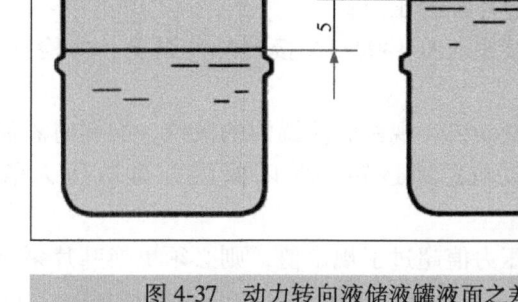

图4-37 动力转向液储液罐液面之差

(3) 对动力转向系统放气的方法
1）拆开发动机高压线,转动起动机几次,同时转动转向盘到极限位置5~6次(约15~20s),此时观察储液罐液面的高度,不能下降到储液罐内过滤器的下端,应随时加转向液。如果在怠速状态下放气,有可能空气被动力转向液吸收,因此在起动时进行放气。
2）插好高压线后起动发动机。
3）左右转动转向盘,直到储液罐内无气泡,转向盘在极限位置不要超过10s。
4）检查转向液是否混浊,液面高度是否高于规定值。
5）左右转动转向盘时,确定液面高度无变化,如果有变化应重新放气。发动机熄火时液面突然上升,表明系统内有空气。如果系统内有空气,从转力泵可以听到噪声,控制阀也发出异常噪声。

注意:
1）储液罐内没有动力转向液时,请不要起动发动机。
2）补充动力转向液时,防止进入灰尘。
3）动力转向液量过少时,转向盘可能转动不顺畅且有异常声音。
4）使用不符合规格的动力转向液,会降低转向器的性能并导致内部装置损坏。

(4) 动力转向液管路 要每天检查动力转向液管路接头是否漏油、破裂、磨损、扭曲等。

8. 动力转向系统的密封性检查

动力转向系统密封性的检查应在热车时进行。检查按以下步骤进行：

1）将转向盘快速向左、右两侧转至极限位置，并保持不动，此时可使系统内压力达到最大值。

2）目测检查转向控制阀、齿条密封、叶片泵（转向助力泵）。检查管路接头是否有漏液现象，如有渗漏则应更换密封件。

3）检查储液罐中是否缺少转向液，如缺少应检查动力转向系统的密封性是否完好。

4）如果动力转向器壳体中的齿轮齿条密封件不密封，动力转向液可能流入波纹管套里，此时，应拆开转向机构，更换所有密封环。

5）检查动力转向系统的管路接头处是否有渗漏现象，如有应查明原因并重新接好。

9. 动力转向泵的压力检查

1）拆下叶片泵的压力管。

2）将管接头 VAG1402/1A 接到叶片泵上，将检查仪器 VAG1402 和管接头 VAG1402/2 连接好。

3）起动发动机，观察储液罐内的液位，必要时添加动力转向液。

4）使发动机怠速运转，关闭阀门并读取压力值，该压力值应在 8.5~9.5MPa 范围内。

5）如果压力值超过了规定值，则必须更换叶片泵。

第六节　制动系统的保养与维护

汽车的制动系统是在车辆行驶过程中，使车辆减速、停车，以保持稳定的下坡速度，以及使停驶的车辆保持不动的系统。汽车制动性能是汽车安全行驶的重要保证，为此，对汽车制动系统提出了许多严格的要求。

制动系统一般由制动操纵机构（图 4-38）和制动器（图 4-39、图 4-40）两个主要部分组成。

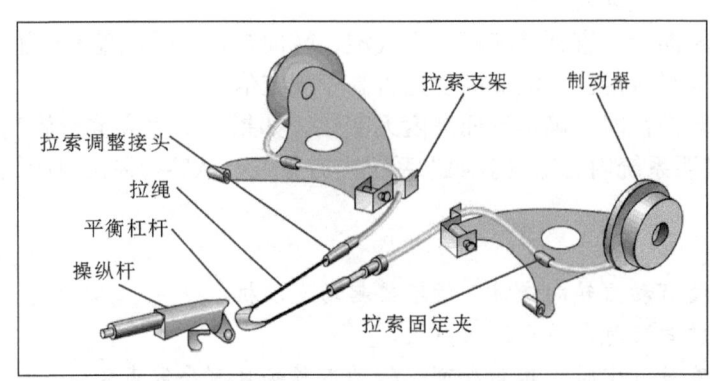

图 4-38　制动操纵机构

第四章 汽车底盘的保养与维护

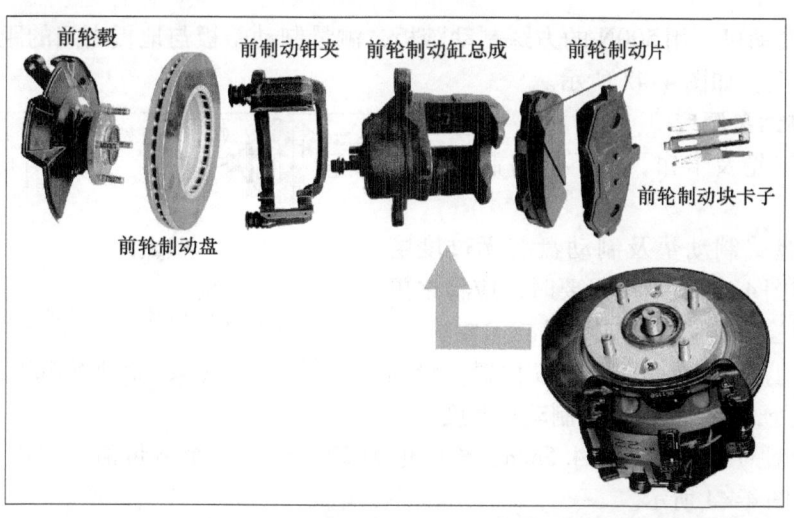

图 4-39 前轮制动器总成

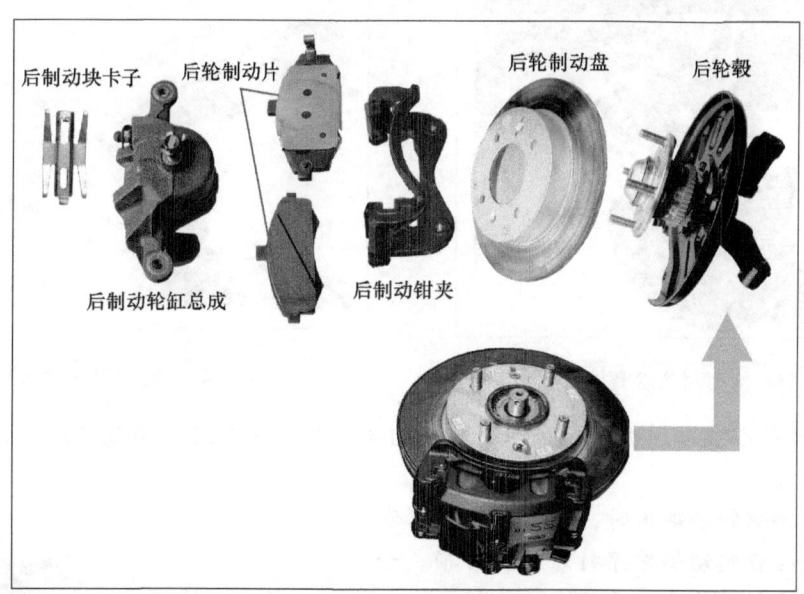

图 4-40 后轮制动器总成

1. 制动踏板自由行程的检查

关闭发动机踩几次制动器，用手下压制动踏板，有阻力时制动踏板移动的距离即为自由行程，如图 4-41 所示。制动踏板自由行程的检查步骤为：

1）拧松制动灯开关螺母，调整制动灯开关与制动踏板间隙，规定间隙为 0.5～1.0mm，然后拧紧制动灯开关自锁螺母。

2）检查制动踏板自由行程 B，规定自由行程为 3～8mm，如图 4-42 所示。

图 4-41 制动踏板自由行程

111

3）起动发动机，用500N的力踩制动踏板，测量制动踏板与地板之间的距离 C，规定值为75mm或以上，如图4-42所示。

2. 检查制动盘厚度

1）卸下车轮及卡钳，但不能将制动软管从卡钳上取下。

2）检查盘式制动垫及制动盘有无过度磨损、损坏，如图4-43所示。必要时，应将之更换。卡钳销螺栓的拧紧力矩应满足技术要求。

3）距制动盘端面外边缘10mm位置，沿圆周8个等分点处，用千分尺测量制动盘厚度。

4）制动盘厚度标准值为24.5mm，极限值为22.4mm，8个测量值中厚度之差不能大于0.005mm，如图4-44所示。

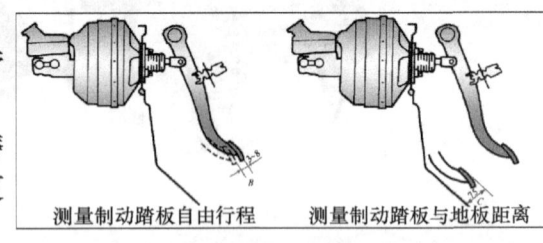

图4-42 制动踏板的测量

图4-43 检测制动盘磨损情况

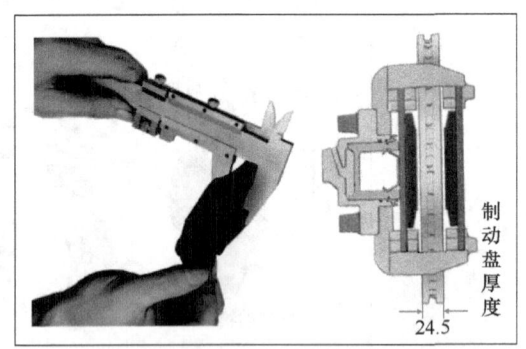

图4-44 检测制动盘的厚度

5）若制动盘厚度超过极限，必须更换制动盘。如果厚度之差超过规定值，应更换制动盘或车削制动盘。

注意：当脚踩制动踏板时，如果前制动器发出噪声，则应检查制动垫摩擦衬片是否磨损。如已磨损，左、右制动垫均应更换。

3. 真空助力器的检查及制动系统排气操作

（1）助力性能的检查　真空助力器失效后，驾驶人会感到制动效能下降，在踩踏制动踏板时，会感到发硬，阻力明显加大，这时应及时更换助力器总成。检查真空助力器（图4-45）的好坏还可按以下快捷方法进行判断：

1）发动机运转1~2min后关闭，按正常力量踩下制动踏板若干次，使真空助力器的内部真空消耗掉。最初踩下时能完全踩下，随后制动踏板高度逐渐上升，说明真空助力器工作正常。

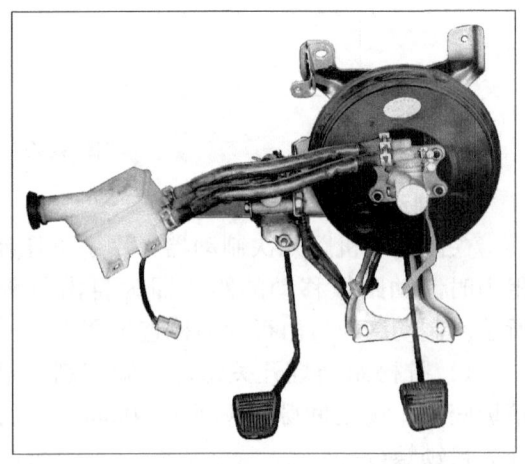

图4-45 真空助力器总成

第四章 汽车底盘的保养与维护

2）起动发动机，若制动踏板感到有明显的自动下沉（增力作用），则说明该真空助力器功能正常；若制动踏板毫无反应，无增力作用，则说明该真空助力器已经失效，应予以更换。更换助力器总成时，应同时更换密封垫。助力器总成及制动主缸固定螺母的拧紧力矩为20N·m。

3）发动机运转时踩下制动踏板，然后关闭发动机，在30s内制动踏板高度无变化，表明真空助力器工作正常。

上述试验中任一项试验结果不符合要求，应检查真空管、阀及助力器等的损坏情况。三项试验结果全部符合要求，说明真空助力器性能良好。

（2）助力器真空管单向阀的检查 真空助力器单向阀装在真空管内，如果单向阀失效，驾驶人会感到制动踏板发硬，有踩不到底的感觉，且伴随制动性能明显下降。检查单向阀时，按阀体上的箭头方向吹压缩空气应能通过；反向则不通过。也可用嘴吸法检验其单向通过性。单向阀密封不良时，应更换真空管总成。

（3）对制动系统放气的步骤

1）拧下制动液罐盖，加满制动液，如图4-46所示，注意勿将制动液滴在车身上，如油漆沾上制动液应立即清洗干净，以免腐蚀油漆。

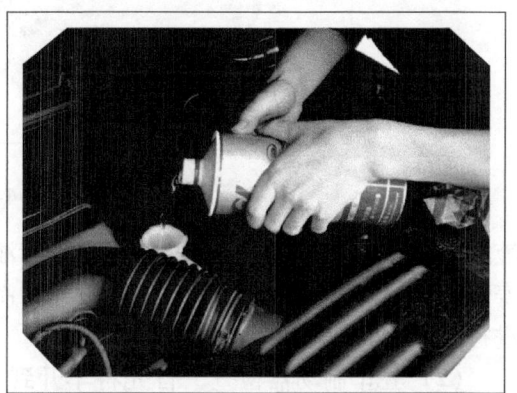

图4-46 加满制动液

2）按照图4-47所示的顺序对各车轮轮缸放气，先远后近。

3）在制动轮缸放气孔上插上软管，将另一端插入容器中。

4）一名操作者在车上踩若干次制动踏板。

5）在踩住制动踏板的情况下，另一名操作者拧松放气螺塞，直到流出制动液时再拧紧，然后抬开制动踏板。

6）重复进行第4、5步，直到放气孔中无气泡流出，按规定力矩7~13N·m拧紧放气螺塞。

4. 制动器的检查

汽车制动器（图4-48）的维护保养工作一般都始于两个比较简单的检查项目，而且这两个检查项目仅通过眼睛观察就可完成。

（1）制动器报警装置的检查

1）打开防护罩，查看制动主缸的液面高度，看主缸内制动液的液面是不是很低。

2）一般情况下，车辆仪表板上的制动警告灯都被非常准确地校准过，以便能真实地反映出制动液液面的变化情况。新车的制动器制动主缸的储液罐都是加满了制动液的。当制动衬垫出现磨损后，主缸储

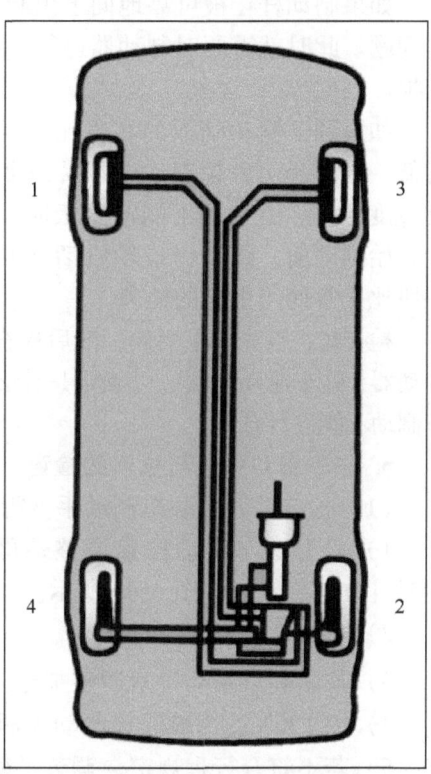

图4-47 车轮轮缸放气顺序

113

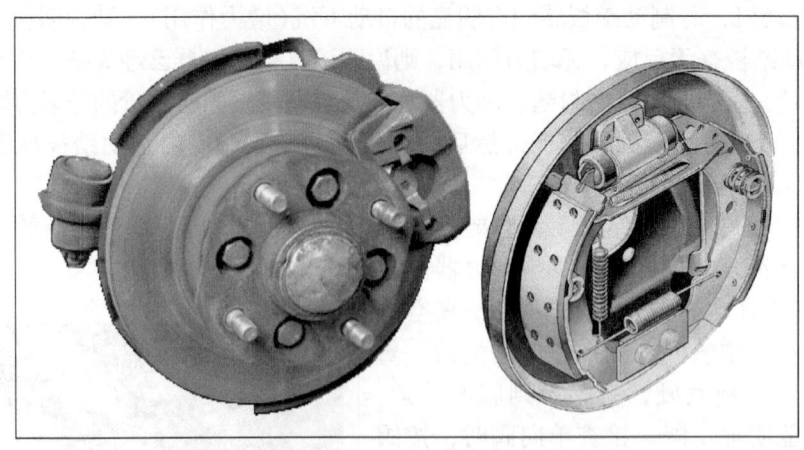

图 4-48 制动器

液罐的液面就会降低。假如这时没有给储液罐添加制动液,那么在制动衬垫快达到它的使用寿命之前,警告灯就会闪烁。车主在看到制动警告灯闪烁时,就应该及时把车辆送到维修厂进行制动器的维护保养。

(2)驻车制动器检查 首先将车开到平坦路面上,静止状态下拉紧驻车制动杆,听一听在驻车制动杆被可靠地向上提起后发出了多少次的"咔嗒"声,并看看制动器的踩下高度是否过低。

如果制动杆在被可靠地向上提起之前驻车制动灯就点亮,这就意味着后轮制动可能出现了问题。此时就需要对制动器进行一些检查和维护,可能是后轮制动摩擦片或者制动蹄已经磨损。

如果踩下制动踏板的高度比正常使用时低一些,说明后轮制动摩擦片或制动蹄已过度磨损。因为踩下制动踏板时,在后轮开始制动前,制动钳或轮缸活塞要运动一段比正常使用更远的距离。

检查时,首先卸下后轮,然后检查后轮制动器和驻车制动装置,以确定是什么使驻车制动不能进行自调。

5. 驻车制动手柄与拉索的检查

(1)检查并调整驻车制动手柄行程

1)松开驻车制动拉索调整螺母,按逆时针方向旋转,如图 4-49 所示。

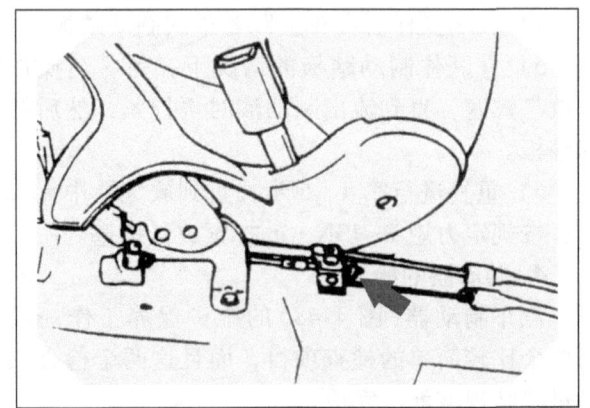

图 4-49 松开驻车制动拉索调整螺母

2)踩制动踏板 20 次。

3)拧紧驻车制动拉索调整螺母。

4)用 196N 的力拉驻车制动手柄,规定行程为 4~7 圈。

5)若不符合行程规定,调节平衡器上的调节螺母。

6)完全松开驻车制动手柄,驻车制动指示灯应熄灭,拉动后应点亮,如指示灯不亮应

第四章 汽车底盘的保养与维护

检查灯泡和线路。

7）将拉索调节后，松开驻车制动手柄，检查后轮制动器是否正常。

（2）驻车制动手柄与拉索检查

1）检查驻车制动手柄齿尖是否损坏或磨损。如发现损坏或磨损，应更换驻车制动手柄。

2）检查驻车制动手柄的操作及行程是否正确。必要时，应做调节，如图4-50所示。

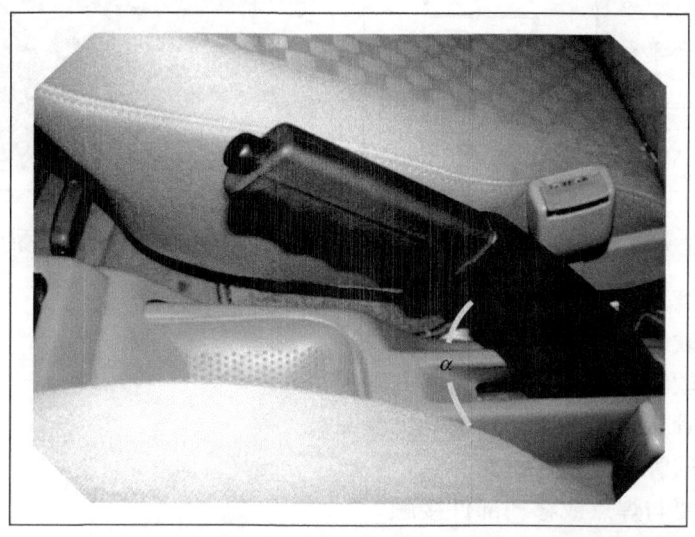

注：α为驻车制动手柄行程（图4-50），一般为4~7个齿（在施加20kgf拉力时）。

图4-50 驻车制动手柄

3）检查制动拉索是否损坏，移动是否顺畅。如有损伤，应更换。前轮制动管路如图4-51所示。

6. 检查制动管路

制动主缸形式为双活塞串联式，与轮缸X型（对角线）连接，图4-52和图4-53所示分别是不带ABS的制动管路图和带ABS的制动管路图。

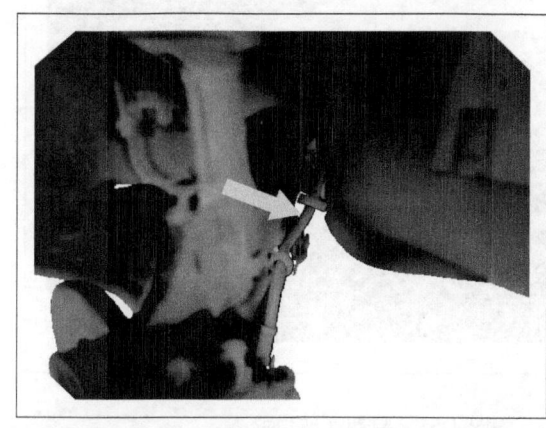

图4-51 前轮制动管路　　　　图4-52 不带ABS的制动管路图

执行检查（图4-54）时应有足够的光亮。必要时，应使用检查镜。

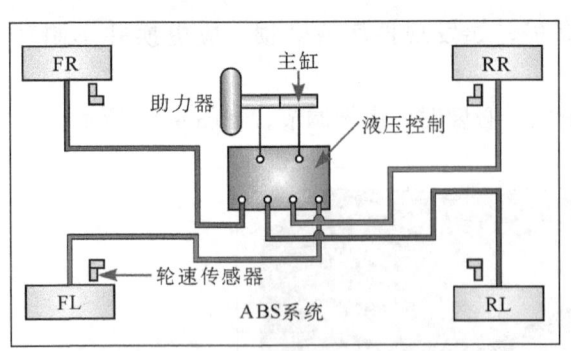

图4-53 带ABS的制动管路图

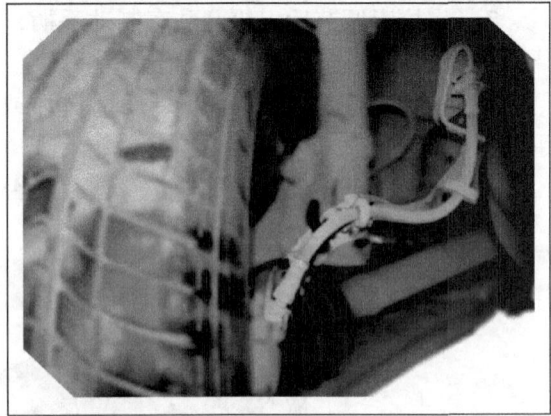

图4-54 制动管路的检查维护

1）检查制动管是否裂开、折叠和腐蚀。
2）检查制动软管是否裂开、损伤或漏气。
3）检查制动软管联接螺母是否损伤或漏气。
4）检查所有管夹是否夹紧，接头有无泄漏。
5）安装制动软管，不允许扭曲。
6）制动管不要与焊点或移动部件接触。
7）按规定力矩拧紧制动管接头，其中，喇叭口螺母为13～18N·m，制动管与前制动轮缸为25～30N·m。

注意： 更换任何制动管和软管后，必须进行排气操作。

7. 制动液检查与更换

车主应定期检查制动液储液罐内的制动液量（图4-55）。液面应在制动液储液罐侧面[MAX]与[MIN]标记之间。若液面低于[MIN]标记，则需补充制动液。

（1）检查（一级维护操作）

1）检查制动主缸与储液罐周围有无泄漏。如发生泄漏，应立即维修。

2）检查液位。如果液位低于储液罐最低液位，应用规定的制动液加注。

注意： 由于汽车在出厂前就加注了制动液，并在储液罐盖上已

图4-55 制动液液位检查

注明，如再加注时，应使用同样的制动液，否则会发生严重的损坏。不能使用过期的、用过的制动液或未密封容器内的制动液。

（2）补充制动液

1）擦净周围的污物后，打开制动液储液罐盖。

2）慢慢倒入推荐的制动液，切勿超量倒入。

3）拧紧制动液储液罐盖。

（3）更换（二级维护操作）　将制动系统内现存的制动液完全排尽，将符合要求的制动液加注进来，然后进行排气操作，如图4-56所示。

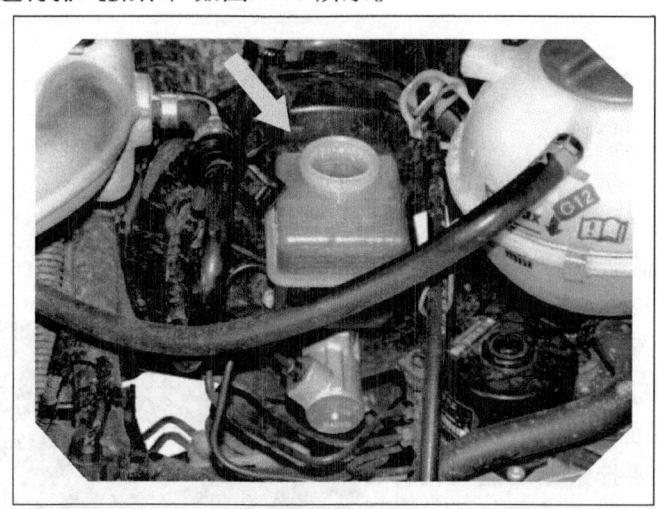

图4-56　制动液的补充与更换

警告： 制动液进入眼中会导致严重伤害。制动液能损坏漆面，所以在制动液沾到车体漆面上时应即刻擦拭。

注意：

1）如果制动液总是不足，请检查制动系统是否异常，如发现异常情况请到特约销售服务店和特约服务站检查并进行维修。

2）如果使用不纯净的制动液或混合使用不同的制动液，会对系统产生很大的影响，所以使用时请注意。

3）制动液应保存在密封容器内，防止湿气和灰尘进入制动液内造成制动系统损坏和工作不良。

4）补充制动液后应盖好制动液储液罐盖，以防止制动液流出。如果发现制动液流出赶紧擦掉，否则会损坏塑料制品部件。

5）请注意避免制动液溅洒到车体的喷漆表面上。

6）长时间与大气接触的制动液品质不能保证，所以不能使用。

8. 检查前制动片厚度

1）拆下车轮。

2）从轮缸检查孔查看摩擦片厚度，标准值（不包括制动片钢板）为10.75mm，极限值为2.0mm。前制动片的结构如图4-57所示。

9. 前制动盘偏摆量的检查与校正

（1）检查前制动盘偏摆量

图 4-57 前制动片

1）拆卸制动钳支撑螺栓，然后向上提起制动钳总成。

2）检查制动盘表面是否有凹槽、裂纹和生锈，清洁制动盘，去除所有灰尘。

3）在离制动盘端面外缘大约 5mm 处，放置百分表顶尖，如图 4-58 所示。转动制动盘，测量端面摆动量，极限值是 0.03mm。测量时要拧紧制动盘与轮毂联接的螺母，以保证测量准确。

图 4-58 百分表放置位置图

（2）校正前制动盘偏摆量

1）如果制动盘端面摆动量超过极限值，可进行校正。

2）在拆卸制动盘之前，用粉笔在最大摆动处做记号，如图4-59所示。

3）拆下制动盘后，在轮毂上放置百分表，边转动边沿轴向方向移动轮毂，测量轮毂端面摆动量（图4-60），极限值是 0.02mm，若超过极限值应拆下轮毂检查每个零件。

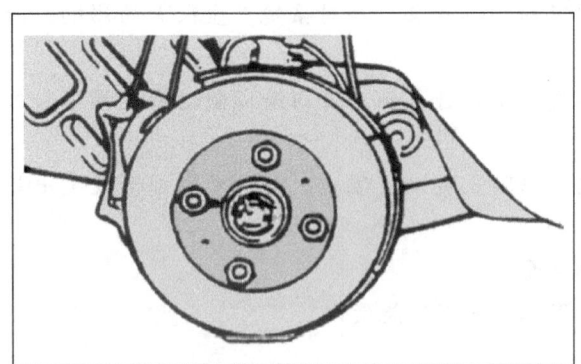

图 4-59 用粉笔在最大摆动处做记号

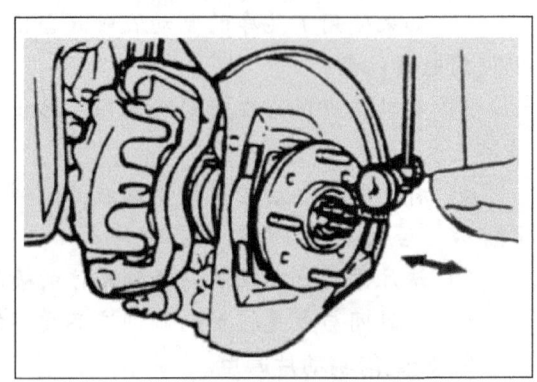

图 4-60 测量轮毂端面摆动量

4）若轮毂摆动量在极限之内，可将制动盘的标记转过180°进行安装，然后再测量制动盘的端面摆动量。

5）如果摆动量仍不合格，应更换制动盘或车削制动盘。

10. 后制动鼓与制动蹄片的检查

1）卸下车轮与制动鼓。

2）检查后制动鼓与制动器摩擦面有无过度磨损、损坏。在卸下车轮与制动鼓的同时，应检查制动轮缸有无泄漏。必要时，应更换。制动鼓内径标准值为180mm，极限值为181mm；制动蹄片厚度极限值为2.5mm（图4-61）。

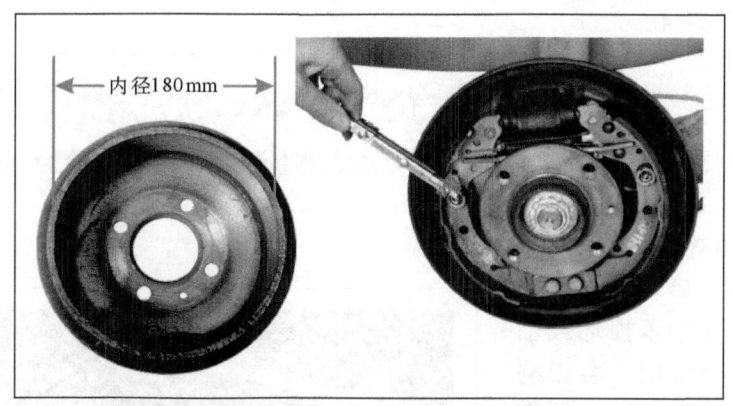

图4-61 后制动器检查维护

11. 轮速传感器输出电压的检查

1）检查轮速传感器（图4-62、图4-63、图4-64）与齿圈之间的间隙是否合乎标准值。前轮为1.10~1.97mm；后轮为0.42~0.80mm。

图4-62 前轮速传感器

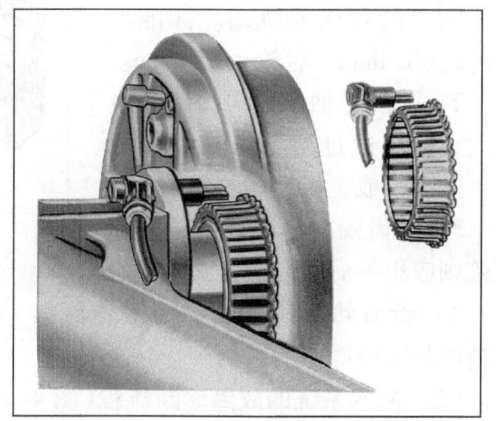

图4-63 后轮速传感器位置

2）将车升起使轮胎离地，松开驻车制动器。

3）拆下ABS轮速传感器线束插头，并测量。

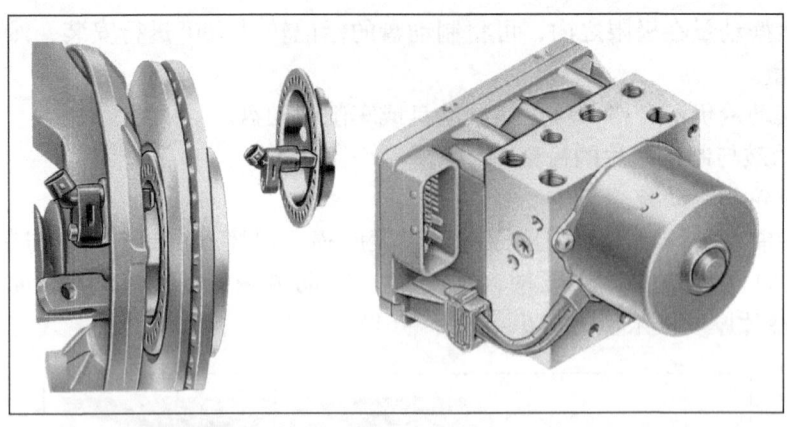

图 4-64 前轮速传感器位置

4)以每秒 1/2 转的速度转动车轮,用万用表测量输出电压,前轮为 70~310mV,后轮 >260mV。

12. ABS 的检查

(1)ABS 前、后轮速传感器齿圈检查 当后轮轴承损坏或轴承径向圆跳动量过大时,会影响后轮速传感器的间隙,因此须定期检查。

1)将轿车升起离地,用双手转动前、后轮,检查前、后轮摆动是否正常,如图 4-65 所示。若前、后轮摆动过大,则要检查前、后轮轴承的径向圆跳动。标准值为前轮<0.3mm,后轮≤0.05mm。

2)若后轮轴承径向圆跳动量过大,则需通过调整螺母调节后轴承间隙,或更换损坏的后轴承。

3)若齿圈变形或有严重磨损痕迹则应更换后轮齿圈。

图 4-65 检查前后轮轴承

4)若后轮齿圈被脏物堵塞,应消除齿圈空隙中的脏物。

(2)ABS 系统的故障诊断流程(图 4-66)。

1)起动发动机时,有时听到发动机室内发出"吭、吭"的声音,这是 ABS 控制单元自我检查系统状态的响声,属于正常现象。

2)ABS 回流泵转动时发出的声音,属于正常现象。

3)紧急制动时,由于反复进行制动及反复进行解除,底盘发出"嗒、嗒"的声音,这是悬架振动、轮胎与地面摩擦发出的响声,属于正常现象。

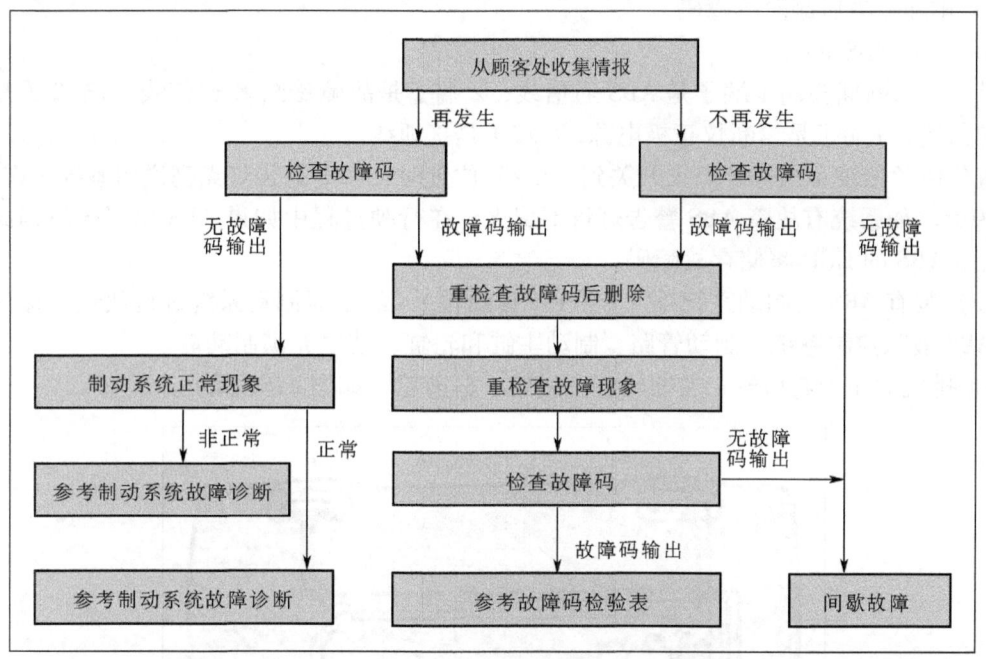

图 4-66 ABS 诊断流程图

4)装有 ABS 的车辆,在冰雪路面、砂土路面制动,其制动距离长于未装有 ABS 的车辆,这样可以避免车辆侧滑,属于正常现象。所以装有 ABS 的车辆在此种路面行驶应降低车速。

5)重踩制动踏板会感到踏板反弹,在冰雪及砂土路面感觉更强烈,这是 ABS 起作用的表现,属于正常现象。

用诊断仪 Hi-Scan 或 Hi-Scan PRO 查询故障码的步骤如下:

1)将点火开关置于"OFF"位置。

2)将诊断仪插头连接到仪表板罩下部的诊断插座上(图 4-67)。

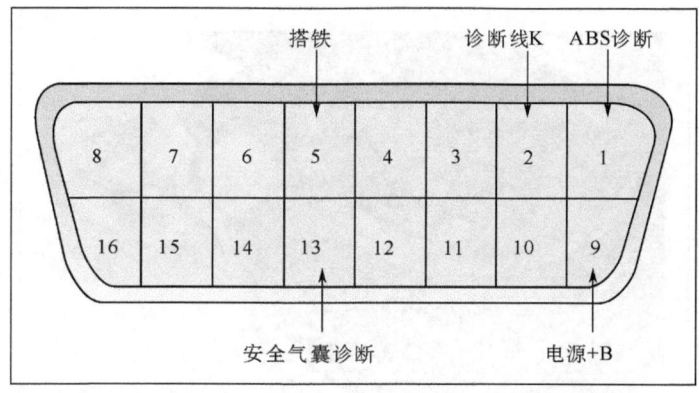

图 4-67 Hi-Scan 诊断插头

3)将点火开关置于"ON"。

4)操作 Hi-Scan 查询故障码。

5)排除故障后删除故障码。

6)拆下 Hi-Scan。

其中,诊断插头的 1 端子是 ABS 通信线,2 端子是故障诊断 K 通信线,13 端子是安全气囊通信线,9 端子是诊断仪正极电源,5 端子是接地线。

现代伊兰特轿车当打开点火开关到"ON"位置时,ABS 警告灯点亮说明系统正在自检,2s 后熄灭。如系统有故障 ABS 警告灯将不熄灭,在行驶过程中如果 ABS 出现故障则此灯也将点亮,ABS 的 ECU 将储存故障码。

(3)装有 ABS 的制动系统排气方法(用诊断仪) 经常对制动系统进行放气,保证气体排出 ABS 液压控制系统、制动管路、制动主缸和轮缸,使之充满制动液。

1)排气顺序为右后轮、左前轮、左后轮、右前轮,如图 4-68 所示。

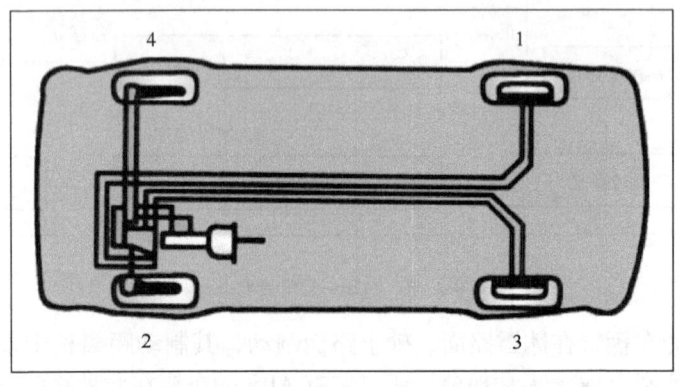

图 4-68 排气顺序

2)拧下储液罐盖,加满制动液,注意不要使制动液沾在油漆上,如沾上应立即清洗。

3)把放气管连接在制动轮缸放气孔上,另一端插入装有一些制动液的容器内,如图 4-69 所示。

图 4-69 连接放气管

4）把诊断仪 Hi-Scan 检测插头连接到诊断插座，如图 4-70 所示。

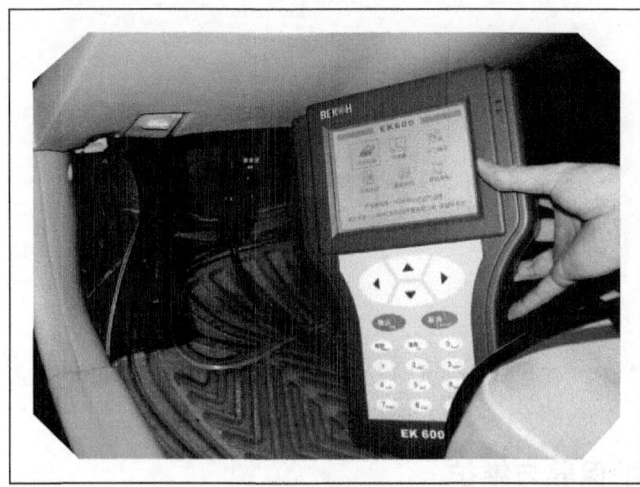

图 4-70　连接诊断仪

5）选择现代伊兰特轿车进行诊断，选择防抱死制动系统，选择放气模式。

6）按"YES"键，操作回流泵转动和电磁阀关闭。

7）按下"YES"键，就可以放气。注意电动机转动时间不要超过 60s，以保护电动机不被损坏。反复几次踩制动踏板，踩住不动时松开放气螺塞，直到制动液流出并无气泡流出时拧紧放气螺塞。

8）按步骤 7）的方法重复几次，直到放气孔中没有气泡流出，以规定力矩 7~13N·m 拧紧放气螺塞。

第五章

汽车车身的保养与维护

第一节 汽车锁匙、刮水器的保养与维护

一、汽车锁匙的保养与维护

(一) 发动机舱盖锁的调整

1) 用带垫圈的螺栓换下定心螺栓。定心螺栓是发动机舱盖铰链固定螺栓,不换下定心螺栓就无法调整发动机舱盖,故应用带垫圈的螺栓将定心螺栓换下。

2) 拧下发动机舱盖侧面铰链螺栓,沿前后方向和垂直方向调整发动机盖,如图 5-1 所示。

3) 转动弹性垫,调整发动机盖。

4) 拧松盖锁上的固定螺栓,调整发动机舱盖锁。

发动机舱盖锁的调整以保证前盖周边间隙均匀为宜,间隙标准为(9±1)mm,上下高度也均匀一致;发动机舱盖锁螺栓拧紧力矩为(14±2)N·m(图 5-2)。

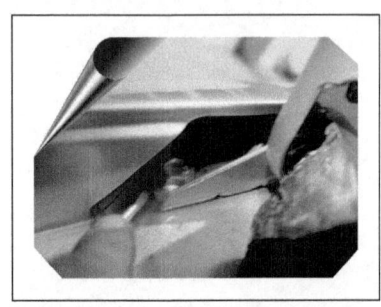

图 5-1 拧松铰链螺栓

图 5-2 拧紧发动机舱盖锁螺栓

(二) 行李舱盖锁的调整

1) 松开连杆,取出夹扣并分离电动机插头,如图 5-3 所示。

2) 松开门锁的两颗螺钉并取下行李舱锁,如图 5-4 所示。

3) 拆下牌照,如图 5-4 所示。

4) 拆下牌架上的四颗固定螺栓及一颗螺钉并取下牌架。

5) 松开亮条上的固定螺钉,取下亮条并调整门锁闩眼(用锤子和铜棒轻轻敲击闩眼)。用规定的力矩(5.4N·m)拧紧行李舱盖锁螺栓,如图 5-5 所示。

第五章 汽车车身的保养与维护

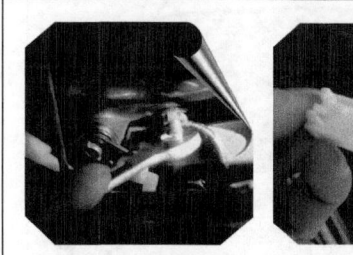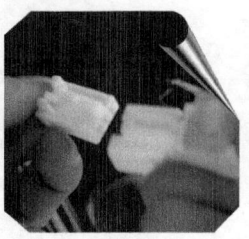

图 5-3 松开连杆,取出夹扣并分离电动机插头

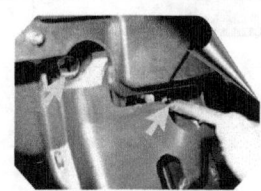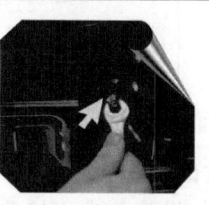

图 5-4 取下行李舱锁拆下牌照

(三) 车门锁的调整

1) 拆门(图 5-6)锁的控制装置,拆锁时,取下控制装置与锁装置间的固定卡。位于锁安装位与门锁电动机的手动锁装置及连杆是用同样的卡子连接的。

2) 调整门锁闩眼。

① 用胶带缠住螺钉旋具尖。

② 检查车门是否贴合,门锁连杆是否调整正确。

③ 将闩眼装配螺钉稍稍拧松,用锤子敲打闩眼,借以调整闩眼位置,然后再拧紧闩眼装配螺钉。

④ 装上闩眼盖。

3) 装锁,步骤与拆卸时相反。侧锁机构螺钉拧紧力矩为 $(7.2\pm0.7)\mathrm{N\cdot m}$。

注意:如果门不能关好,与外壳不匹配,可以调整锁相应碰板的位置解决此问题。

二、汽车刮水器的保养与维护

(一) 刮水器的检查

1. 刮水器片

图 5-5 拧紧行李箱盖锁螺栓

1) 经常检查刮水器片(图 5-7)的工作情况及磨损状态。

2) 更换刮水器片时,压下并分离弹簧夹后拔出刮水器片即可。

3) 拆卸刮水器臂(图 5-7)时,把刮水器片向外翻后提起刮水器盖,拧下螺母,左右转动刮水器臂并从操纵臂上拆下,按原来的角度安装新的刮水器臂。

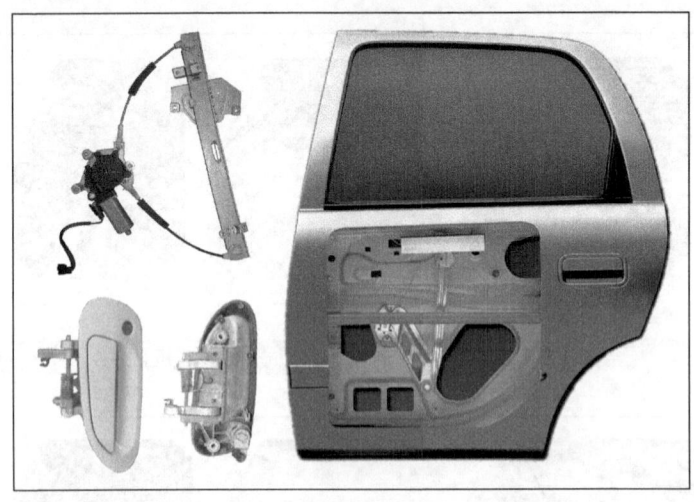

图 5-6　车门锁总成

2. 刮水器片的拆卸

1）竖起刮水器臂，为更换刮水器片做准备。

2）一只手抓刮水器片，另一只手按住刮水器片固定杆，从刮水器片固定装置上分离刮水器片。

3）向下移动刮水器片，即可拆卸刮水器片，如图 5-8 所示。

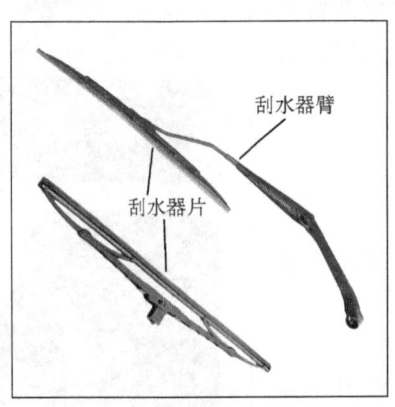

图 5-7　刮水器片及刮水器臂

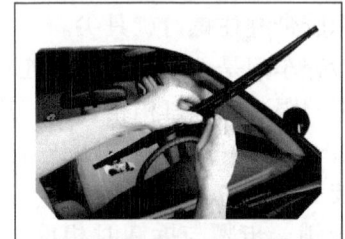

图 5-8　刮水器片的拆卸

3. 刮水器片的安装

1）把新的刮水器片水平放置后将固定杆朝下，然后将刮水器片孔对准固定杆并向下插入，如图 5-9 所示。

注意：

① 刮水器片在分离状态时，注意避免刮水器臂碰到风窗玻璃，以免玻璃破损。

② 汽车型号不同，刮水器片的型号也不同，更换时请注意。

2）把刮水器片朝上推到最高位置，然后把固定杆安装到刮水器臂上，听到"咔嗒"声为止，这说明安装位置是正确的，如图 5-10 所示。

为了防止损伤刮水器片，不要用汽油、燃油、氢氧化钠或其他清洗剂清洗风窗玻璃。

第五章 汽车车身的保养与维护

图 5-9 插入刮水器片

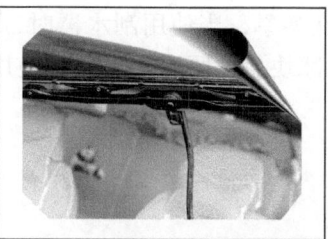

图 5-10 将刮水器片推到最高位置

（二）清洗液的检查

始终在清洗液罐中充满良好的清洗液并经常检查清洗液量。清洗液的检查如图 5-11 所示。

1）切勿在没有清洗液的情况下操作喷水器装置，否则会损坏喷水电动机。

2）夏季可以使用自来水，但冬季应该用防冻清洗液来代替。

3）切勿使用发动机冷却液，因为如果发动机冷却液喷到车体上会破坏车体保护层。

注意：当清洗液不足时使用喷水器，可能会损坏喷水电动机。

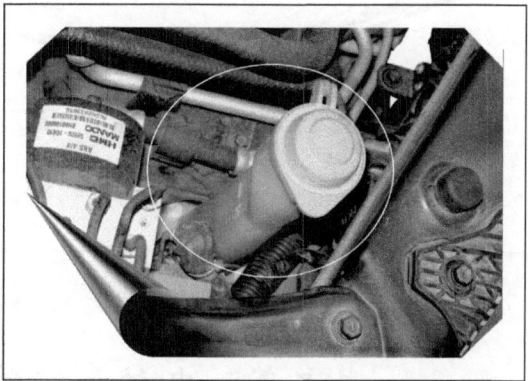

图 5-11 清洗液的检查

警告：切勿把发动机冷却液放入清洗液罐中。这些液体喷到玻璃上会挡住视线，喷到车体上会破坏汽车的保护层。

（三）刮水器的维护注意事项

电动刮水器的结构（图 5-12）比较脆弱，在使用中稍有不当就很容易造成刮水器部件的损坏，因此，在使用刮水器时应注意以下几个方面：

1）定期检查刮水器片，当发现其严重磨损或有脏污时应更换或清洗，否则将降低刮水器的工作效能，影响驾驶人的视线。

清洗刮水器时，可用蘸有乙醇的棉丝沿刮水方向擦去刮水器片上的污物。不可用汽油清洗和浸泡，否则会引起变形，影响其工作效能。

2）在实验刮水器工作情况时，应该先用水润湿风窗玻璃，否则会刮伤玻璃，同时由于刮片摩擦阻力大，还有可能损伤刮水器片或烧坏电动机。在过程中应注意电动机有无异常噪声，尤其应引起注意的是当刮水器电动机"嗡嗡"作响而不转动时，说明刮水器机械传动部分有锈死或卡住的地方，这时应立即关闭刮水器开关，以防烧毁电动机。

3）刮水器电动机一般不要拆下，若因故障必须拆下时，要防止电动机跌落损坏，因为刮水器电动机大多使用永磁直流电动机，其磁极多采用陶瓷材料。

4）刮水器电动机大多做成封闭式，不可随意拆卸。若必须拆卸，装配时要保持内部的清洁，不可将铁屑之类的污物落在其内，装配时还要注意向含油轴承的毛毡上加注少许机油，并更换或补充减速器内的润滑脂。

5）在冬季，当使用刮水器时，若发现刮水器片被冻结或被雪团卡住时，应立即关闭开关，清除冰块、雪团后方可继续使用，否则会因刮水器片阻力过大而烧坏刮水器电动机（图5-13）。

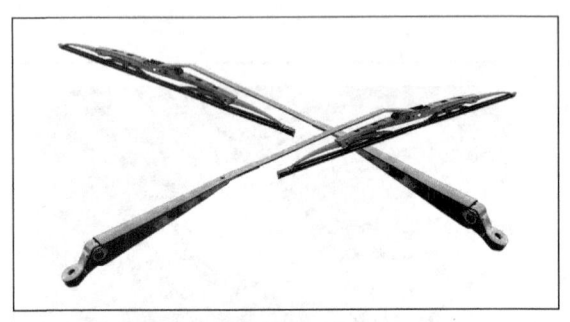

图5-12　刮水器

图5-13　刮水器电动机总成

第二节　电动车窗的保养与维护

电动车窗包括电动门窗和电动天窗。

一、电动车窗的保养与维护

电动车窗由车窗、玻璃升降机、开关等装置组成，如图5-14所示。

电动车窗玻璃的污损不仅影响外观，还会影响视野，过分脏污更会影响电动机开关车窗的动作，以致影响汽车行驶。

为防止雨水流入，车内窗框上附有橡胶带。玻璃污损后，与橡胶带的摩擦增大，开关也会受到影响，因此玻璃须经常保持干净。

下面介绍一些电动车窗保养与维护的注意事项：

1）电动开关车窗动作不顺畅的原因多为车门内部升降机里的润滑脂耗尽，应取下内盖加注。

2）若是玻璃完全不能动作，则有可能是开关故障。如果是开关的故障，只能更换。

3）电子装置如果不动作，应检查熔丝。仔细检查哪一条熔丝是用于电动车窗的。

4）开关的动作情况变差，车窗也不能顺利开启时，开关发生故障的可能性较高。

5）为内部机械装置加油之前，首先取下内盖。取下隐蔽螺钉、拆下快动开关即可。

6）取下内盖，剥开下面防水用的塑料纸，露出车窗的升降机开关。

7）在臂支点、齿轮的内部喷上机油。一边上下移动，一边喷涂就可以使很细小的部分

第五章 汽车车身的保养与维护

也能涂上。

8）支撑玻璃两端的滑块部分也需要检查。玻璃与导热的滑动状况差时，可涂上增亮剂。

9）为使玻璃顺利滑动，应尽量减少阻力。玻璃的污损也会成为阻力，因此应经常保持车窗的洁净。

二、电动天窗的保养与维护

（一）电动天窗的维护注意事项

电动天窗总成如图5-15所示。

电动天窗的维护注意事项：

1）对于手动天窗，有许多故障是人为因素造成的，如锁扣或摇柄（图5-16）不慎拧反方向而对天窗造成损害。

2）对于电动天窗，在颠簸的道路上最好不要完全滑开天窗，否则可能因天窗和滑轨间的振动太大而引起相关部件变形，甚至损坏电动机（图5-17）。

3）对于后加装的天窗，若想使其正常运行，且尽量降低其故障率，就要保证做到以下四点：合格的产品、专业的安装、正确的使用和定期的保养。

4）为了确保天窗完全防水，它采

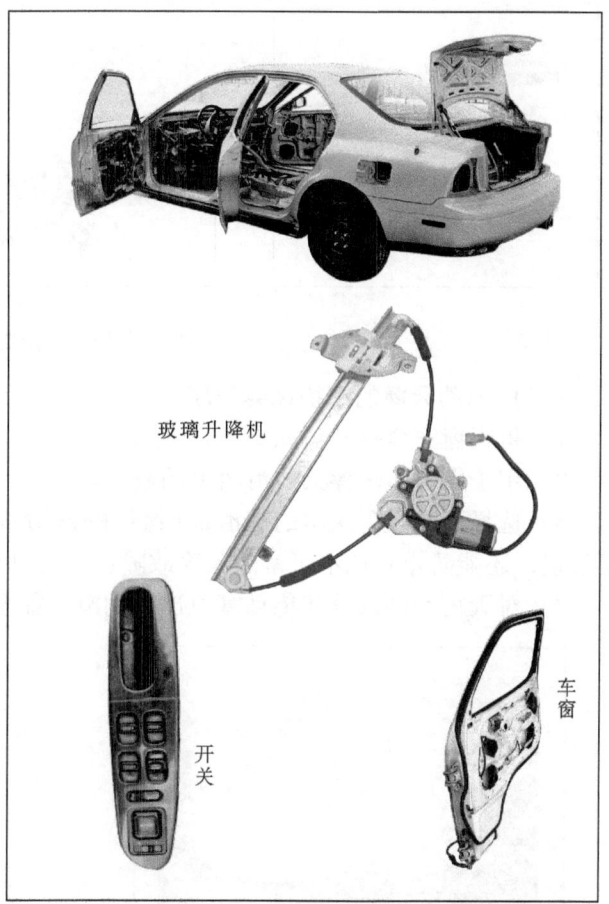

图 5-14 电动车窗总成

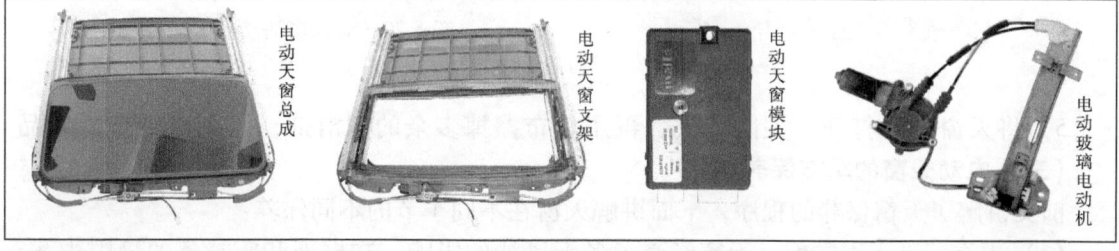

图 5-15 电动天窗总成

用橡胶密封圈（图5-18）密封。日常使用时要注意密封圈的防尘，尤其在冬季，要经常用除尘掸进行清洁，但要注意的是，不能在有冰冻的情况下开启天窗；在风沙较大的春秋两季，要每两个月用湿海绵清洁一次密封圈；另外，带天窗的车辆在长久停放前，要用滑石粉（用滑石粉保养，可延长密封圈的使用寿命）彻底清洁一次，以免因时间过长造成密封圈在空气中发生化学反应而自然老化。

5）在用高压水枪对车辆进行清洁时，不要将水柱直接对准密封圈，否则，不仅容易使密封圈在高压水柱压力下变形而使车内进水，还有可能损坏密封圈。

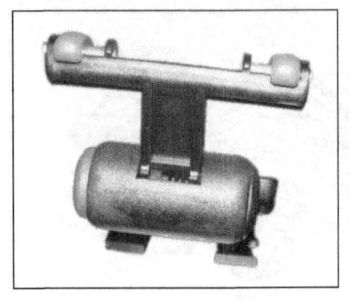
图 5-16 天窗手开机构
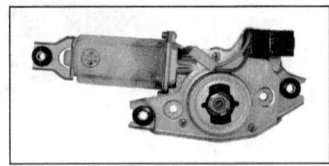
图 5-17 天窗电动机
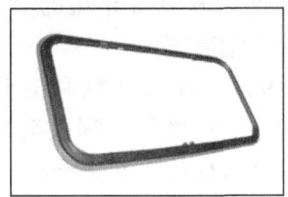
图 5-18 橡胶密封圈

（二）电动天窗的维护保养程序

1）将天窗完全打开，如图 5-19 所示。

2）用干净软布轻擦天窗滑轨上的灰尘。

3）选择不易吸附灰尘的润滑剂（这样的润滑剂能防止滑动部分和管道在运动过程中过早磨损，还能防止其他不正常的天窗故障，能起到延长天窗使用寿命的作用）。

4）对天窗活动部分和传动管道进行润滑，如图 5-20 所示。

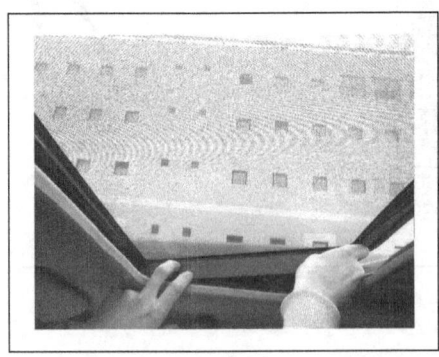
图 5-19 打开天窗
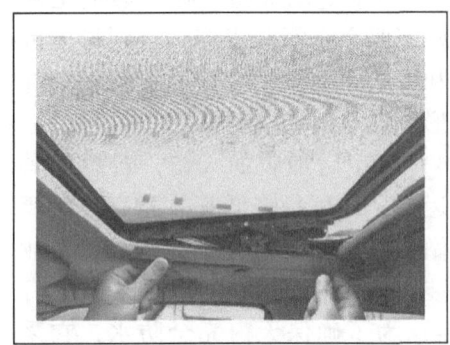
图 5-20 对天窗活动部分进行润滑

5）将天窗完全打开、关闭几次，再用软布擦掉多余的润滑剂，以免污染车内饰品。

（三）电动天窗的季节保养

前文讲解了天窗保养的程序，下面讲解天窗在不同季节的不同保养：

（1）雨季 进入雨季前，天窗经受了冬天风沙的影响，在框架和密封条的缝隙中积存了大量的沙子，如不及时清理，进入雨季后，就会降低天窗的密封性，从而引起漏水现象，那么，如何保养此时的天窗呢？其实很简单，只需打开天窗，用软布将框架和密封条缝隙中积存的沙子清理掉就可以了。

（2）冬季 冬季保养要注意以下几点。

1）汽车被冰雪覆盖时，打开天窗之前一定要确保天窗彻底解冻。因车内温度较高，会使天窗周围冰雪融化，隔夜后极易使天窗玻璃与密封胶框冻住。如强行打开天窗，易使天窗电动机及橡胶密封条损坏，因此要待车内温度上升，确认完全解冻后再打开天窗。

2）喜爱抽烟的人士，使用天窗的频率较高，但在极为颠簸的道路上最好不要完全滑开

第五章 汽车车身的保养与维护

天窗,否则可能因天窗和滑轨之间振动太大而引起相关部件变形甚至使电动机损坏。

3)冬季洗车后做好天窗防冻工作。冬季洗车无论是用冷水还是热水,只要没有完全擦净,车辆在行驶中天窗边缘残留的水分都有可能会结冰,所以洗车后应打开及关闭天窗,确保擦干天窗周围所有部位,以防产生冰冻现象。另外,因天窗密封条表面进行了喷漆或植绒处理,为避免冻住,喷漆处理胶条最好用软布擦干,再涂上些滑石粉。而植绒处理胶条(表面有黑绒)擦干即可,切勿粘上油污。

4)北方风沙大的地区,天窗的滑轨、缝隙中一般会积上不少尘土,如不定期清理,则会磨损天窗各部件。应经常清理滑轨四周,避免沙粒沉积,清理后涂抹少许机油。

(四)电动天窗的初始化调整

1)首先保证天窗电动机和机械组处于"零位"。

2)拆卸驱动罩盖。

3)拔、插控制单元到电动机的插头,拔、插延迟时间应大于3s,然后按照先连接档位开关,再连接电源的顺序进行连接。

4)将档位开关从关闭位置顺时针旋转一定角度(大约15°),并在电动机运转起来前迅速把开关回到关闭位,然后按下档位开关的一端(此操作同执行紧急关闭功能,并应在开关回到关闭位后的5s内完成),天窗开始进入初始化过程,即自动完成全开关闭翘起关闭的完整操作。

5)天窗关闭后,释放档位开关,初始化结束。

注意:

1)在判断天窗电动机有故障前(除天窗电动机本身不工作外),应首先进行天窗电动机、天窗机械组的"零位"检查,然后对电动机进行必需的初始化操作。

2)若在电动机初始化过程中发生异常现象,则应检查电动机和档位开关及电源的连接顺序是否符合要求,即先连接档位开关,再连接电源插头,若仍无法完成初始化,则考虑更换电动机。

3)电动机完成初始化后,则可进行正常的天窗操作,若在随后的操作过程中有异常现象发生,应重点检查天窗机械组,如检查轨道润滑是否良好,是否积灰太多导致运行阻力过大,轨道或传动机构是否存在机械变形等。

第三节 空调系统的保养与维护

一、维修汽车空调系统时的注意事项

汽车空调系统按其功能可分为制冷系统、加热系统、通风与空气净化系统和控制系统等几个主要组成部分,如图5-21所示。

汽车空调系统一定要保证定期检查、保养和清洗。清洗是保养空调的重要步骤,不仅增强制冷效果,同时可保护管道,减少各器件的损耗。由于冷凝器处在车头最前面,脏堵情况比较严重,用水枪仅能冲去浮土,所以只有把冷凝器取下来,反向吹洗方能除净。而蒸发器的脏堵情况会相对轻些,但由于内循环时灰尘会与附着在蒸发器表面凝结出的水分混合而变成泥,既影响风量又影响换热效果。一般(原装)空调的蒸发器至少每三年要拆下彻底清洗一次。

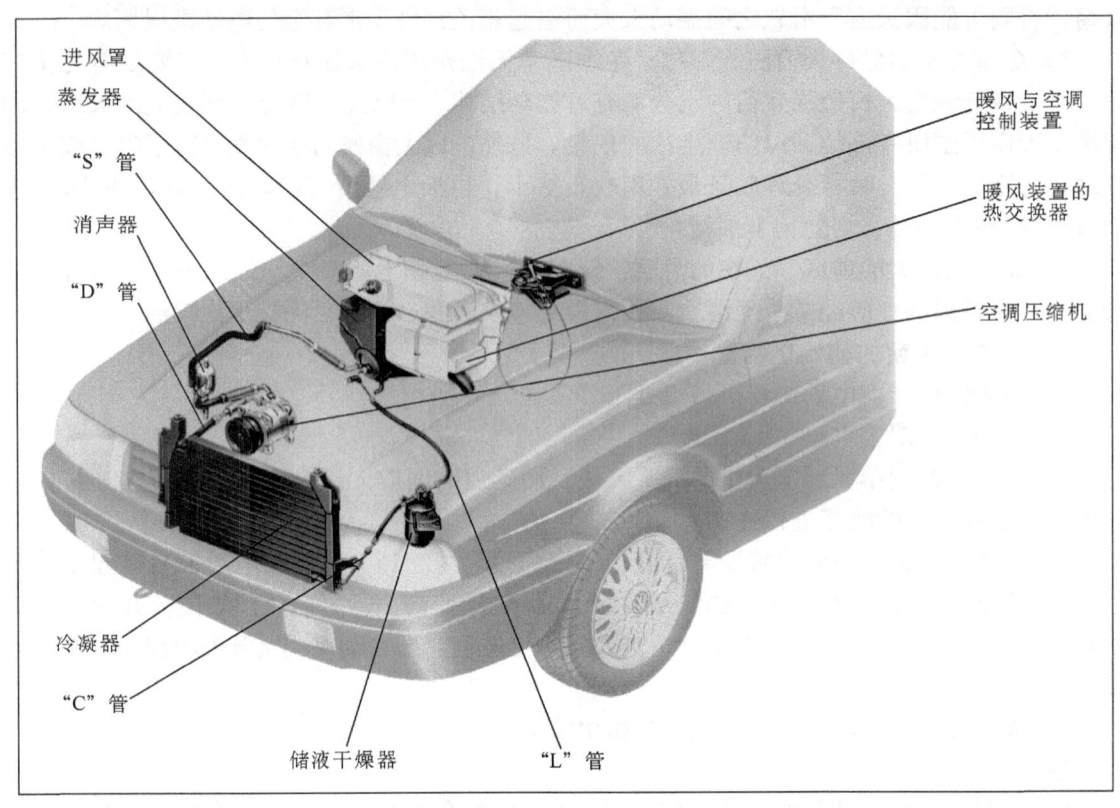

图 5-21 空调系统

维修汽车空调装置时需注意以下几点：

1）R-134a 制冷剂（图 5-22）具有很强的挥发性。制冷剂粘在皮肤上可能造成冻伤。因此，进行制冷剂排放工作时，必须戴上手套。

2）如果制冷剂进入眼睛，应立即用清水清洗。为了保护眼睛，进行制冷剂排放工作时，必须戴上护目镜。

3）R-134a 储存容器为高压容器。因此，严禁储存在温度高的地方。随时检查制冷剂储存场所温度是否在 52℃ 以下。

4）要经常使用电子检漏仪检查制冷剂的渗漏状态，R-134a 制冷剂与检漏仪的火花接触（检漏仪与丙烷燃烧产生小火焰）会产生有害气体。因此，进行检漏工作时应小心谨慎。

5）制冷剂必须使用 R-134a。如果使用其他制冷剂，会造成系统部件的损伤。

图 5-22 R-134a 制冷剂

第五章 汽车车身的保养与维护

6）PAG冷冻机油极易吸收大气中的水分，会损伤制冷系统。因此，必须采取下列防护措施：

① 拆下制冷系统部件后，应立即堵上管口，防止湿气进入制冷系统。
② 各部件安装准备工作就绪之前，应立即堵上各管口堵盖。
③ 连接制冷系统各部件的导管时，要快速进行，防止湿气进入制冷系统中。
④ 要使用规定型号的润滑油。
⑤ 制冷剂发生泄漏后，进行维修工作之前，要对作业区进行通风换气。

二、空调装置的维护

为了确保空调装置（图5-23）良好运转，要经常进行空调装置的维护。因为一旦出现故障，空调装置的修理成本将大大超过维护的费用。

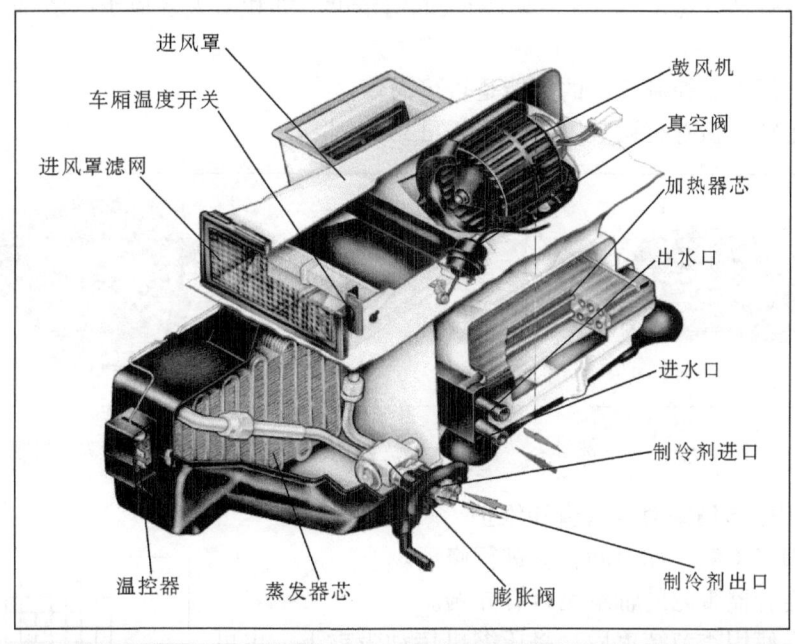

图5-23 空调系统部件

空调装置维护水平的高低，直接影响其故障发生率的高低。

如果能按规定进行维护，就能使空调装置在其使用寿命期内不出故障或将故障发生率降低到最低限度。

（一）日常维护

1）从窥视孔（图5-24）观察制冷剂的气泡是否正常，避免制冷剂过多或者漏完。

2）每个月检查一次压缩机传动带、风机传动带的松紧度和传动带质量。发现松紧度不当应进行调整，如果传动带龟裂应予以更换。传动带松紧度的标准是：用拇指全力压下传动带中点，其松紧读数为8mm时最佳。空调压缩机传动带的检查如图5-25所示。

3）要经常检查紧固件，不应松动。

4）不管是否使用空调，每周必须使空调工作5~10min，以便润滑空调装置，延长压缩机寿命。

图 5-24 干燥瓶窥视孔位置图

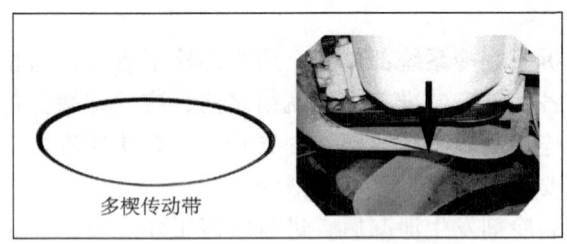

图 5-25 空调压缩机传动带检查

（二）使用季节前的检查和维护

1）检查冷凝器、蒸发器（图 5-26）的表面清洁度，如积灰太多应予以清洗，然后用压缩空气吹干。

2）检查各开关、控制元件的性能是否可靠。

3）开机运转，检查空调装置工作是否可靠。

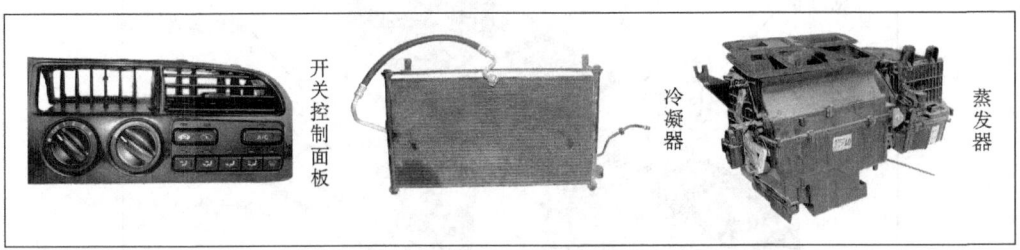

图 5-26 空调开关及冷凝器、蒸发器

（三）使用季节结束时的检查和维护

1）用检漏仪检漏，如泄漏，应进行修理。

2）检查离合器带轮的轴承是否有异响。

3）严禁在使用季节结束后，将压缩机传动带拆下，也可以稍稍地松弛传动带。

4）检查压缩机的油量，必要时给予补充。

5）若感觉制冷量不足时，可用以下方法检查。

① 门窗关闭，打开中央出风口，其余出风口关闭，鼓风机开到最高档，保持发动机转速在 2000r/min，冷热拨杆拨在最冷位置。

② 打开 A/C 开关，记录右出风口降至 10℃ 的时间及压缩机第 1 次停转的时间。再查看图 5-27，若时间与温度的交点落在阴影区内就属于正常。

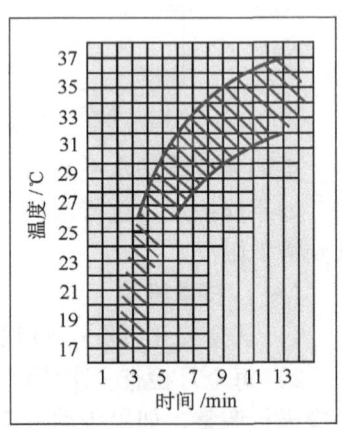

图 5-27 温度下降曲线图

第六章

汽车电器设备的保养与维护

电器设备（图6-1）由电源和用电器两部分组成。电源包括蓄电池、发电机和发电机调节器等；用电器包括起动机、点火系、照明和信号装置、仪表以及显示系统、汽车的辅助电器设备、刮水器、收音机、防盗器等。

第一节 蓄电池、交流发电机、起动机的保养与维护

一、蓄电池的保养与维护

蓄电池（图6-2）是汽车的重要电器设备，其性能的好坏将直接影响车辆是否能够正常运行。因此，在日常的运输、储存、更换等过程中，都要采取正确的维护和使用方法。

（一）蓄电池的定期维护

（1）电解液液面距离蓄电池盖底部的距离不能大于 1/8in（1in＝25.4mm） 为避免蓄电池的损坏，一定要确保电解液液面不低于极板的顶部，如图6-3所示。同时，也要避免因蒸馏水加注过度而导致电解液溢出的情况发生。另外，加注时，一定要使用蒸馏水，而不能使用普通自来水，因为自来水中含有的一些化合物可能会污染蓄电池。

如果是因为挥发而导致电解液液面过低，则一定不要加入蓄电池酸液来补充电解液。当蓄电池电解液损失时，水分会蒸发，而此时酸液仍留在蓄电池中。如果加入酸液，则会改变电解液的化学成分，并导致蓄电池很快失效。只有在电解液意外溢出的情况下才可以加入电解液。另外，一定要使用蓄电池生产商推荐的补偿方法。

（2）检查蓄电池的接线柱和导线 如果它们已经脏污或被腐蚀了，则应使用刮片或钢丝刷清理连接处。如果腐蚀非常严重，则需要查找出造成腐蚀的原因，腐蚀可能是由于蓄电池电解液溢出造成的。电解液里含有硫酸，而硫酸具有很强的腐蚀性。

（3）保持蓄电池顶部的清洁 用质量比1∶1的碳酸氢钠和水的溶液去除蓄电池顶部厚厚的灰尘和腐蚀物的聚集物（图6-4）。为了进行彻底的清洗，可能还需要使用钢丝刷或专用的蓄电池接线柱清洗工具，最后再用干净的水冲洗蓄电池顶部区域，并使之完全晾干。

（4）检查蓄电池的安装紧固部件 蓄电池必须安装牢靠，以防止车辆在运行时蓄电池出现松动。蓄电池非常重，如果不能对其正确约束，会产生晃动，当车辆在道路上遇到凸起物或坑洼时，蓄电池将会在发动机盖下面跳动。鉴于以下几方面的原因，是不允许这种情况发生的。

首先，蓄电池的正极接线柱可能会与车身上的接地搭铁部件接触，从而造成电路的短路。

汽车维护与保养图解教程　第 2 版

图 6-1　汽车常用电器设备

其次，经常性的振动和晃动对蓄电池是有害的，它将会缩短蓄电池的使用寿命。

最后，蓄电池松动会给接线柱和接线夹施加额外的重负并导致其失效，而接线夹失效可能导致发动机意外失速。

第六章 汽车电器设备的保养与维护

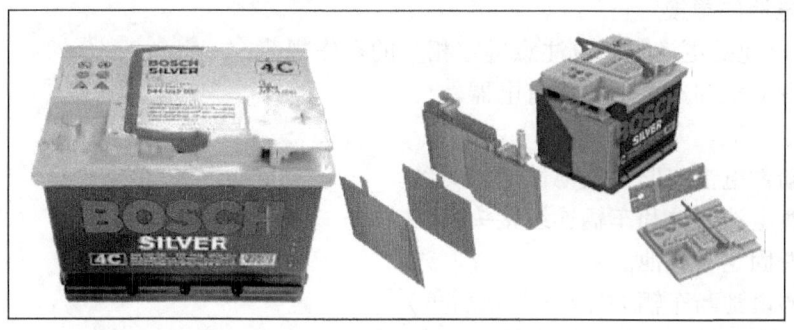

图6-2 蓄电池总成

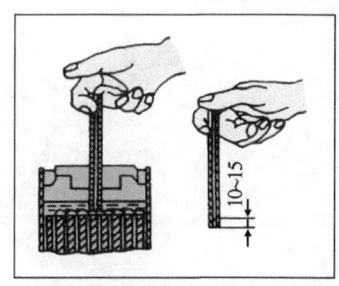

图6-3 用玻璃管测量电解液液面高度

图6-4 脏污的蓄电池

(5) 检查放电程度　一般冬季放电达25%，夏季放电达50%，就应将蓄电池拆下进行补充充电。因为电解液密度随放电加深而降低，所以可用测量电解液密度的方法来检查蓄电池的放电程度(图6-5)。根据经验，电解液密度每减少0.01g/cm^3，相当于蓄电池放电6%左右。捷达轿车蓄电池在不同状态下的密度值见表6-1。检查时，测得电解液密度及其温度，按下式换算为20℃时的密度：

$$S_{20} = S_t + 0.007(T-20)$$

式中，S_{20}是标准温度(20℃)下的密度(g/cm^3)；S_t是实测密度(g/cm^3)；T是实测温度(℃)。

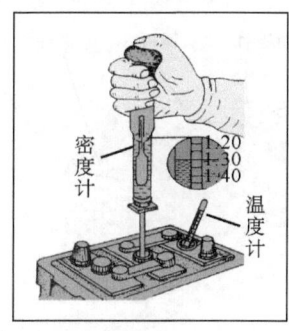

图6-5 检查蓄电池放电程度

表6-1 蓄电池密度值表

常温地带充电	°Be	密度/(g/cm^3)
放电	16	1.12
半充电	24	1.20
完全充电	32	1.28
热带地区充电	°Be	密度/(g/cm^3)
放电	11	1.08
半充电	18	1.14
完全充电	27	1.23

注：°Be为Baume值。

(二) 蓄电池的更换

在进行蓄电池的更换时，应注意遵守相应的操作规范：
1) 关闭发动机和车辆上的所有电器。
2) 取下蓄电池。
3) 确认新蓄电池与旧蓄电池性能相一致。
4) 清洁蓄电池端柱和车辆连线接头。
5) 安装并固定蓄电池。
6) 连接蓄电池与车辆的连线（先正后负）。

如图6-6所示为蓄电池的结构图。在蓄电池的安装过程中，要防止蓄电池正负极的意外短路。在两极断开和连接时，应保证正确的先后顺序，换句话说，就是在任何情况下都应避免负极单独连接蓄电池。另外，部分高档车辆断电时，可能需要重新设定参数，所以在更换该类车辆的蓄电池时，应保持车辆电器不断电。

(三) 蓄电池电压的检查

在检查捷达系列轿车蓄电池电压前，应使车辆至少处于静止状态2h，2h内不起动、不加载、不卸载。

测量蓄电池开路电压时应按照下列次序：

① 用蓄电池检测仪测量蓄电池接线柱间的断路电压（点火开关关闭），如图6-7所示。

② 若电压等于或大于12.5V，则蓄电池正常。

③ 若电压低于12.5V，则要查找原因。

注意：不能用数字万用表或指针万用表测量蓄电池电压，因为这两种测量方式在测量电路内无负载，测量时，仪表显示值不一定是蓄电池的实际电压，导致测量不准确。

(四) 蓄电池早期损坏的主要原因

1) 蓄电池固定不牢，行驶中造成剧烈振动致使蓄电池外壳盒盖破裂，极柱、连接板断裂等。

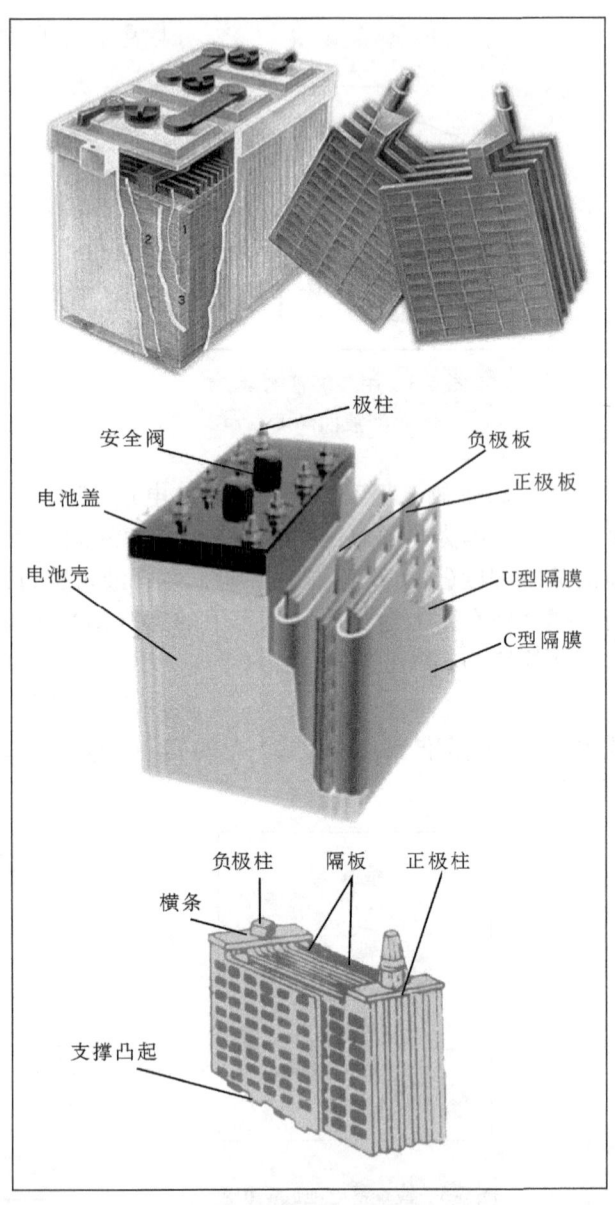

图6-6 蓄电池结构图

2）蓄电池极柱和夹头安装过松或过紧，拆装时敲打夹头，致使极柱损坏。
3）长时间连续使用起动机，使蓄电池急剧放电，造成极板弯曲，活性物质脱落。
4）电解液液面低于极板，使露出液面部分的极板硫化。蓄电池电解液液面高度的检查如图6-8所示。

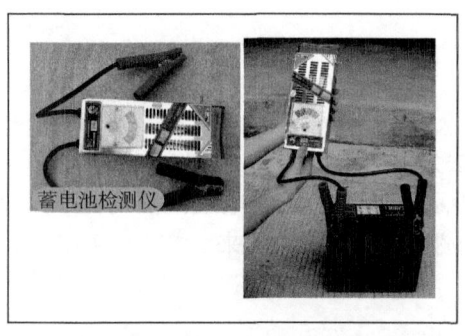

图6-7 蓄电池电压检测

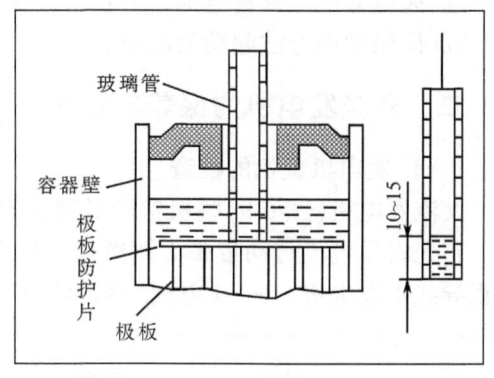

图6-8 蓄电池电解液液面高度的检查

5）蓄电池长期充电不足，使极板硫化。
6）电解液中加入了不纯的蒸馏水，或加注的蒸馏水中含有金属杂质。电解液中有杂质，会产生局部自行放电。
7）在冬季蓄电池放电后未及时充电，电解液密度过低而结冰，使活性物质脱落，缩短了蓄电池使用寿命。

（五）蓄电池使用应急注意事项

如果蓄电池的电压下降而无法起动发动机时，可用另一车辆上的蓄电池起动发动机。连接导线时要注意以下事项：

1）两车的蓄电池的额定电压必须均为12V，两蓄电池的电容量也必须一致。
2）跨接电缆必须有足够的承载能力。
3）只能使用带绝缘夹的跨接电缆。
4）无电蓄电池在-10℃以下时可能结冰，一旦发现蓄电池结冰，则必须先将其解冻后方能连接跨接电缆，否则，可能引起爆炸。
5）在任何情况下，两车都不得相互接触，一旦连接两蓄电池的正极，电流马上就会流通。
6）无电蓄电池与整车系统的连接必须正确无误。
7）装有升压蓄电池的轿车，其发动机必须处于运转状态。
8）按照下列顺序连接跨接电缆：
① 将正极电缆的一端连接到无电蓄电池的正极接线柱上。
② 将正极电缆的另一端连接到升压蓄电池的正极接线柱上。
③ 将负极跨接电缆的一端接到升压蓄电池的负极接线柱上。
④ 将负极跨接电缆的另一端用螺栓接到无电汽车的缸体上，不要接到无电蓄电池的负极接线柱上，防止产生电火花，防止点燃蓄电池溢出易爆气体。
9）在起动过程中要注意以下几点：

① 在任何情况下，电缆线夹的非绝缘部分不得相互接触，与蓄电池正极接线柱连接的跨接电缆切勿与车体导电部件相接触，以防发生短路。
② 应适当布置跨接电缆，避免其与发动机舱内的旋转部件接触。
③ 操作时，操作者的脸部切勿直接面对蓄电池顶部，防止脸部被酸烧伤。
④ 火源必须远离蓄电池，防止引起爆炸。
⑤ 按照常规方法起动发动机。

二、交流发电机的保养与维护

（一）发电机整机的检查

交流发电机（图6-9）整机检验最常见的检验方法为实车检验法。

首先将发电机传动带张力调整好，如图6-10所示，然后拆掉发电机的所有连线，另用一根导线把发电机"+"（电枢）接线柱与"F"（励磁）接线柱连接起来。

图6-9 交流发电机整体图

图6-10 调整发电机传动带张紧力

将万用表拨至0~50V直流电压档，将其正表笔接"电枢"接线柱，负表笔接外壳，如图6-11所示。

起动发动机，并把从发电机"电枢"接线柱上拆下的那根来自蓄电池正极的导线与发电机"电枢"或"励磁"接线柱碰一下，对发电机进行他励，然后慢慢提高发动机转速，观察电压表，若电压表所指电压值随发动机转速升高而增大则说明发电机良好；若电压表无电压指示，则说明发电机不发电。

其故障可能是：整流二极管击穿，转子或定子绕组搭铁、短路或断路，电刷卡住等。此时就应该进行分解检查。

交流发电机的工作是保证给蓄电池充分

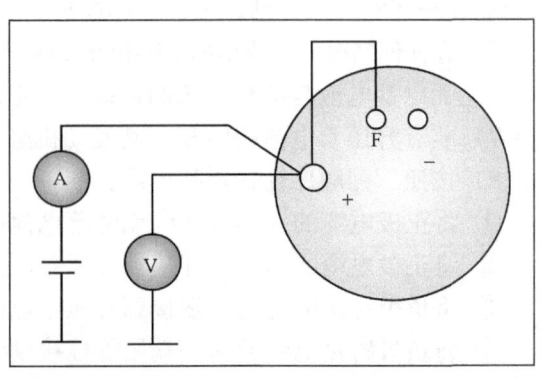

图6-11 车上检查发电机示意图

充电,以便在发动机工作时,蓄电池能够向汽车各电子部件提供稳定的电能。

(二) 发电机分解检查

1. 转子绕组的检查

1) 检查转子是否对地短路。按图 6-12 所示方法检查时,所测阻值应为无穷大或在 kΩ 范围内,否则有搭铁故障。

2) 检查转子绕组间是否短路或断路。按图 6-13 所示方法进行检查,用万用表检查两集电环之间电阻,其电阻读数为 2.8~3.0Ω。若所测阻值符合该范围,则说明绕组无短路、断路故障;若所测阻值低于 2.8~3.0Ω,则说明转子有短路故障;若所测阻值无穷大或在 kΩ 范围内,则说明转子有断路故障。

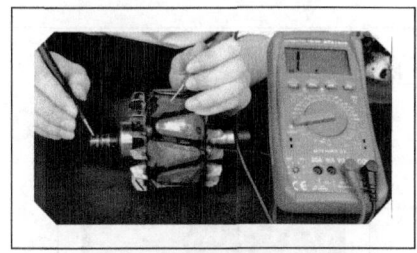

图 6-12　转子对地短路的检验

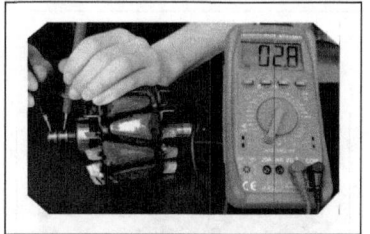

图 6-13　转子绕组间短路的检验

2. 二极管板检查

用电烙铁断开定子绕组,将万用表调至检测二极管档,如图 6-14 所示。检测正二极管时,用万用表"+"表笔接散热片,用"–"表笔逐个接二极管引线进行测量,全部读数应在 50~80Ω 以内,否则应更换二极管。检测负二极管时,用万用表"–"表笔接负极散热片,用"+"表笔逐个接二极管引线进行测量,全部读数应在 50~80Ω 以内,否则应更换二极管。检测励磁二极管时,用万用表"+"表笔接励磁端,用"–"表笔逐个接二极管引线进行测量,全部读数应在 50~80Ω 以内,否则应更换二极管。

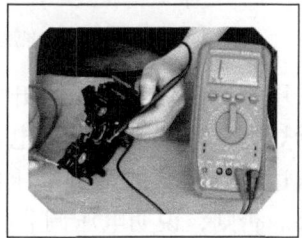

图 6-14　二极管板的检查

所有测试均需进行三次。

3. 定子绕组的检查

1) 定子对地短路的检查。首先将发电机解体(图 6-15),然后如图 6-16 所示,用万用表分别测量 1 和 2、1 和 3、1 和 4 处的电阻,其阻值应为无穷大或在 kΩ 范围内;否则有搭铁故障。

2) 定子绕组内断路的检查。如图 6-17 所示,用万用表分别测量线圈抽头 1 和 2、1 和 3、2 和 3 处的电阻,正常情况下,所测得的三个阻值都在 1Ω 以下且相等。若测量值在 kΩ 范围,则表明定子绕组断路。

4. 机械方面的检查

转子轴可用如图 6-18 所示的方法检查轴的径向圆跳动,其跳动值应不大于 0.10mm。滑环的表面应清洁、平整、光滑,圆度误差不大于 0.25mm。

5. 电压调节器检查

电压调节器采用试验检查法进行检查,其试验检查电路如图 6-19 所示,试验用电源宜

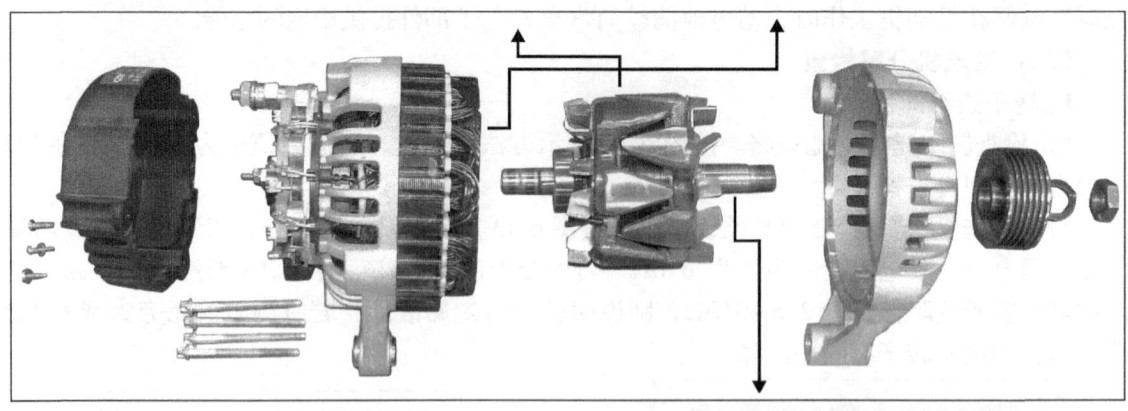

图 6-15　交流发电机结构图

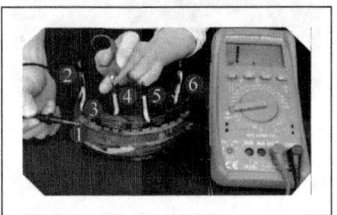

图 6-16　定子对地短路的检查

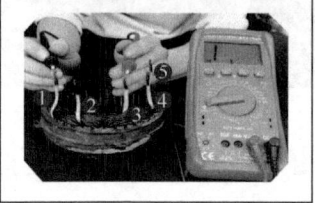

图 6-17　定子绕组内断路的检查

采用可变直流电源。当开关闭合时，指示灯亮；调节可变直流电源，当电源电压达到被检测的调节电压值时，指示灯灭。否则，说明电压调节器有故障。

电刷架应无破损和变形，电刷能活动自如，如图 6-20 所示，当电刷磨损超过极限长度 5mm 时，应更换电刷。调整驱动发电机传动带的张紧力，新传动带挠度为 2mm，旧传动带为 5mm 为适宜。

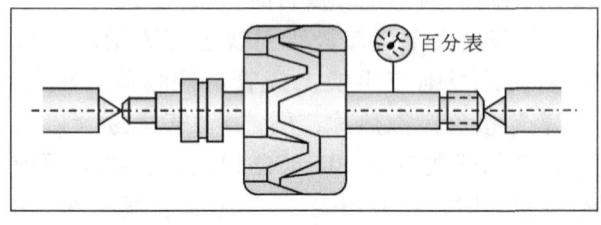

图 6-18　转子轴的径向圆跳动的检查

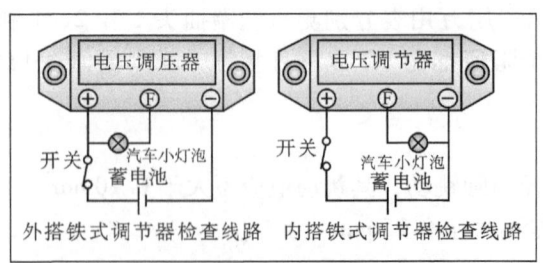

图 6-19　电压调节器试验检查电路

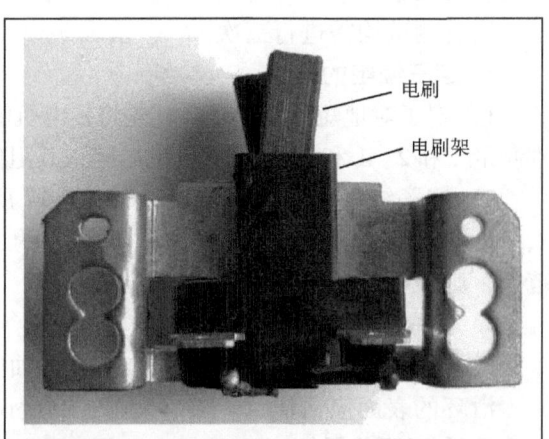

图 6-20　电刷与电刷架

三、起动机的保养与维护

起动机(图6-21)是为起动发动机而设置的,通过它的起动来转动曲轴。起动机工作在大电流、高功率的环境下,平时应对其进行良好的养护。

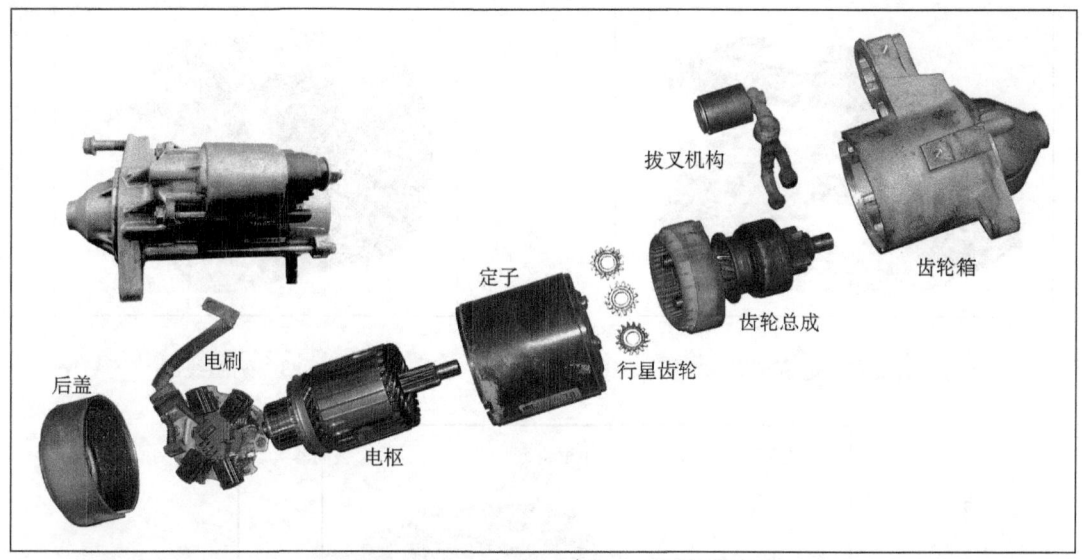

图6-21 起动机总成及结构图

(一) 起动机的日常检查

在日常保养车辆时,应对起动机做下列检查、维修和保养:
1) 若是开关接触不良,可用细砂布磨光,如果弹簧或绝缘体损坏,要及时更换。
2) 移动杠杆如弯曲,应给予校正。
3) 驱动弹簧如折断,要配换新件,若是弹簧装置的螺纹松脱,应将其旋紧。
4) 如果套管与驱动齿轮间有污垢阻塞,要将它洗刷干净,同时加入机油数滴。
5) 当吸铁式的移动杠杆失调时,可拆下吸铁开关,旋转杠杆与圆柱体的连杆调整。
6) 起动发动机时,起动机从蓄电池吸取的电流约为300~400A,因此为避免蓄电池放电过甚和损坏,起动机起动时间不可太久,约5s以内。如果一次不能起动,要停止少许时间(10~15s),再起动第二次。连续三次以上起动不着,应在查明原因后再起动。
7) 各线接头必须旋紧,应经常保持清洁与干燥,如发现电线损坏,可用胶布包扎。
8) 整流器应按规定定期清洁,如有积垢,可用洁布蘸汽油擦拭,但必须切断电源。
9) 电刷弹簧如变软或折断,应更换新件。
10) 起动机固定螺栓的拧紧力矩为60N·m。

(二) 起动机故障检查

起动机常会出现不能转动或转动缓慢的故障和现象,遇有这种情况,应从以下几个方面进行检查:
1) 蓄电池无电或电力微弱,于是出现起动机不能转动或转动缓慢的故障。
2) 起动机线头松动或脱落,开关或吸铁开关失效。

3) 电刷磨损或刷面不正,弹簧无力,以至于换向器接触不良。电刷架如图 6-22 所示。
4) 励磁线圈(图 6-23)或电枢线圈短路和断路。
5) 换向器污损,云母片凸出,造成电刷与换向器接触不良。电枢总成与换向器如图 6-24 所示。

图 6-22　电刷架

图 6-23　励磁线圈

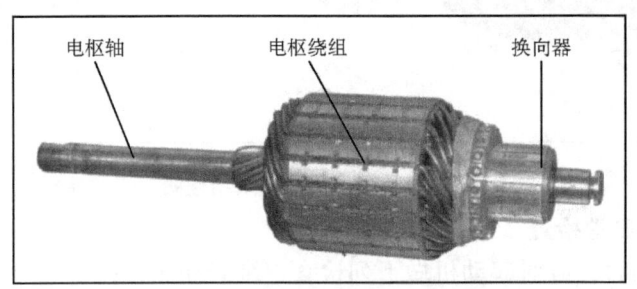

图 6-24　电枢总成与换向器

第二节　灯光信号装置的保养与维护

外部车灯(图 6-25)的及时维护十分重要,因为这不仅影响行车的舒适性,而且还直接关系到行车的安全性。通常情况下车主自己很难意识到前照灯、尾灯、转向灯或制动灯是否仍在正常工作。大多情况下,车灯的故障绝不仅仅是烧灯泡、插座锈蚀或插头损坏这一类的小毛病,经常是"病理"比较复杂,往往需要采取专业的诊断技术来分析故障发生的根本原因。即使是那些低价位的汽车,其内部和外部灯具也是由电脑进行控制的;而那些豪华汽车,仅其前照灯就由多台电脑进行控制。如果前照灯损坏,通常采用类似的灯具进行更换。有些汽车装备了高强度放电前照灯(HID),该设备通过其预先设计的电子系统产生的高压电弧放电生成高密度光源。

注意:普通的石英卤素灯泡不能在此应用。另外,还要检查前照灯镜头是否有裂纹,因为虽然表面裂纹并不会影响前照灯的照明性能,但是湿气会沿着裂缝渗入灯具内,这势必将降低灯泡的使用寿命。前照灯光照方向的校准也应列入维护项目清单中,因为为了确保驾驶者行车的安全,一定要确保前照灯能够为行驶车辆提供良好的正向照明。

其他灯系,如转向灯、车牌照明灯、示廓灯、倒车灯以及制动灯(包括中间高位制动

第六章 汽车电器设备的保养与维护

图 6-25 外部车灯位置图

灯)等也应定期检查。另外,许多车辆还将雾灯作为标准装备或流行的选装件,雾灯一般安装在汽车上较低的位置,因此极易受到石块的损伤,在对其进行维护时,除了检查照明系统本身外,车灯镜头的裂纹也不应被忽视。

(一) 前照灯的检查与调整

前照灯的调整(图 6-26)对安全行车十分重要,需用专门设备进行。滚花螺钉 A 用于垂直方向的调整,顺时针方向转动螺钉 A,光束下移,逆时针转动螺钉 A,光束上移。滚花螺钉 B 用于横向调整,左右转动螺钉 B 可以实现光束的左右移动。调整前照灯照射位置时,汽车轮胎气压应在标准范围内,驾驶人座椅乘坐一人或放置 75kg 重物,燃油箱应注满燃油,汽车上的随车装置应装备齐全。

前照灯的调整以近光灯丝的配光性为准，方法如下：

1）在轮胎气压正常的情况下，将被调整的车和校验屏幕垂直停放在平直路面上，车和屏幕相距10m，前座坐一人或配重75kg。

2）调整灯光调节螺钉，使灯光明暗截止线与校验屏幕上的分离线重合，明暗截止线的拐点与中心标记重合，如图6-27所示。

3）灯光调整应单灯进行，在调整其中一个灯时，应该把另一个灯遮盖住，或者拔掉另一个灯的熔丝。

（二）灯泡的更换

（1）前照灯灯泡的更换

1）将点火开关置于[OFF]位置，打开发动机盖。

2）灯泡冷却后拧下前照灯固定螺栓，如图6-28所示。

3）分离导线连接器。

4）拆下防尘盖。

5）按下安全弹簧，拆下灯泡（图6-29），用同功率灯泡更换。

6）按拆卸的相反顺序安装。

图6-26　前照灯照射位置的调整

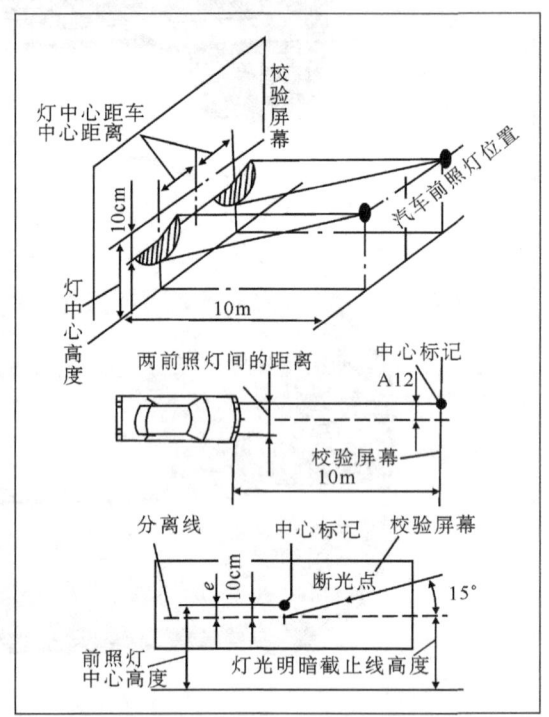

图6-27　灯光校验屏与前照灯调整关系

（2）制动灯灯泡的更换　制动灯灯泡安装在前照灯反光镜中，因此更换时应打开发动机罩。更换右侧制动灯时，应先拆去灯罩（见前照灯灯泡的更换），向左旋转灯座，从反光镜中取出灯座，向灯座内推压灯泡并向左旋转，取出坏灯泡。插入新灯泡，并将装有新灯泡的灯座装回反光镜中向右旋转。最后安装好灯罩。

（3）前转向灯（图6-30）的更换　用螺钉旋具拧出转向灯罩固定螺钉，用平头螺钉旋具把转向灯罩从螺钉孔一侧小心地向前撬开，将灯座向左旋转，取出灯座。向灯座中推压坏灯泡，左旋拉出坏灯泡。装入新灯泡向右旋转将其卡住。装上灯座，向右旋转卡住灯座。然后把螺钉卡口压入车身上的螺钉孔中，拧上转向灯罩固定螺钉。

（4）后尾灯（图6-31）的更换　打开行李舱盖，向灯座内推压两个定位片，取出灯架。向灯座内推压坏灯泡，向左旋转取出坏灯泡。装入新灯泡，向右旋转将其卡牢。插入灯架，确保定位片到位。

第六章 汽车电器设备的保养与维护

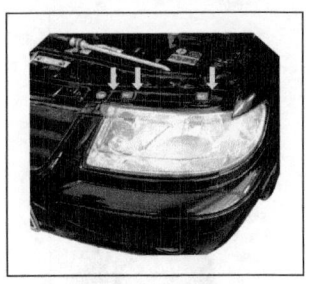

图 6-28 拆前照灯总成

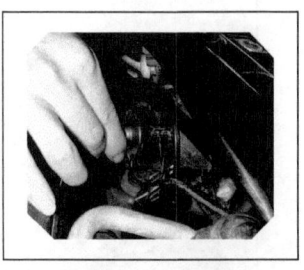

图 6-29 拆灯泡

图 6-30 前转向灯

图 6-31 后尾灯

（5）牌照灯的更换 拆下灯罩，拉出牌照灯总成，拆下坏灯泡。装入新灯泡，将灯座和灯罩装在一起（灯泡上的定位点必须与灯座上的定位点对正），然后与橡胶密封圈一起装入，拧紧灯罩固定螺钉，但不能拧得太紧。

（6）车内照明灯的更换 小心地向灯的中心推压与灯相对的定位弹簧，拆下车内照明灯总成，取出坏灯泡，换上新灯泡后，先将车内照明灯总成带开关的一侧装上，再将定位弹簧卡牢。

（7）行李舱灯的更换 从行李舱灯前面的凹坑中插入旋具，小心地将灯撬下来。换上新灯泡，并将其从有导线接头一侧装上。

（三）卤素灯泡更换注意事项

卤素灯泡主要用于保险杠外部车灯，如图 6-32、图 6-33 所示，在更换灯泡时应注意：

1）灯泡冷却后更换。

2）不要用手触摸玻璃部分。

3）要防止碰刮或摩擦。

4）如果在灯泡亮的状态下，则要防止液体喷洒。

5）灯泡只有安装到大灯上时才能亮。

6）更换灯泡时，请戴上保护镜。

注意：如果灯泡上粘附油液，则在灯泡过热或亮时，可能导致损坏。

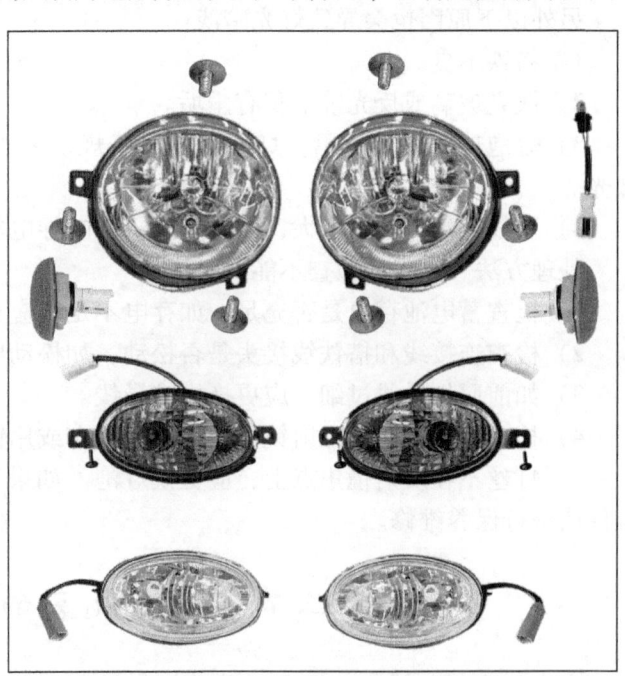

图 6-32 前保险杠外部车灯

147

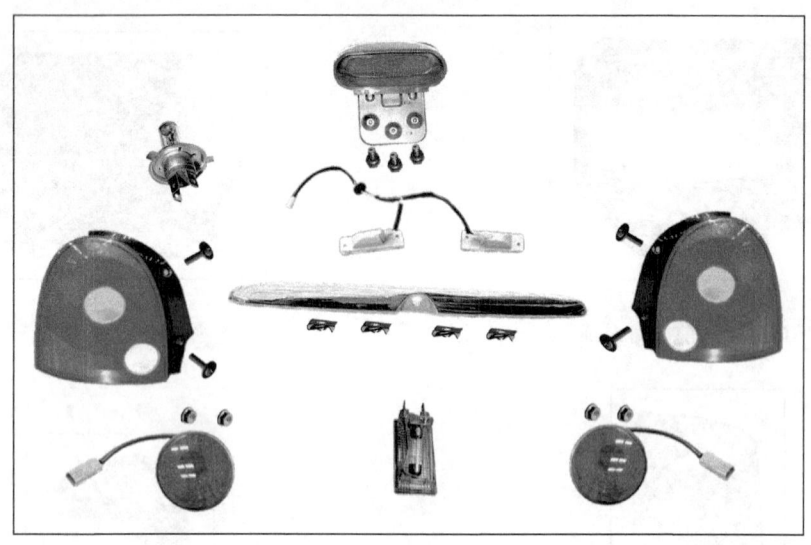

图 6-33　后保险杠外部车灯

警告：卤素灯泡内充满压力气体。因此，当灯泡破损时，有玻璃片飞溅的危险。

（四）车灯小毛病的处理方法

车灯是汽车的眼睛，除了美观以外，对行车安全也尤为重要。如果出现以下小毛病，也完全可以自行修理。

卤素灯泡主要症状为灯光发红而暗淡，主要原因为蓄电池充电不足，或连接线接触不良。

另外以下原因也会导致灯光暗淡：

1）搭铁不良。

2）散光玻璃或反光镜上积有尘垢。

3）灯泡玻璃表面发黑，灯泡光度低于规定要求，灯泡灯丝不位于反射焦点上而引起散光。

4）导线过细，电阻增大，导线过热，影响导电等。

处理方法——五项检查不能少：

1）检查蓄电池存电是否充足，如存电不足，应充电。

2）检查连接线和搭铁线接头是否松动，如松动应清除锈蚀，用砂纸磨光后固定牢靠。

3）如前照灯导线过细，应更换标准导线。

4）检查灯光玻璃和反射镜尘垢，并用绒布或用镜头纸擦拭干净。

5）灯丝不在反射镜焦点上，应更换灯泡。如果车灯有更严重的失灵情况，最好还是去维修店进行保养维修。

第三节　安全气囊的保养与维护

安全气囊（图 6-34），顾名思义是保障驾车人和乘客安全的，安全驾驶中，安全气囊是不会起作用的，一旦发生紧急情况，尤其是正面碰撞，它就会起到保障生命安全的作用。

（一）安全气囊系统的保养与维护

1）安全气囊（SRS）系统的气囊保存要严格按规定执行。气囊保存时，若存放位置不当，可能会引起气囊误触发，如丰田皇冠轿车的气囊不允许竖直放置。

2）安全气囊组件的检查与拆装需要由专业人士承担。

3）对安全气囊系统的任何作业均应先摘下蓄电池电缆，30s 以后，待控制块中的电容完全放电后再进行，以免造成气囊误爆。

4）不要使安全气囊系统的部件受到 85℃ 以上的高温。

5）安全气囊组件和控制块要避免受到磕碰和振动。

6）对安全气囊系统的电气测试要待系统安装好后才可进行，切不可用万用表测量气囊引发器的电阻，以免造成气囊误爆。

7）不得擅自改动安全气囊系统的线路和元件。

8）对安全气囊传感器不能进行人为冲击试验。在汽车修理作业中如对传感器会有冲击，应将它拆下，待修理完毕后再按规定装复。

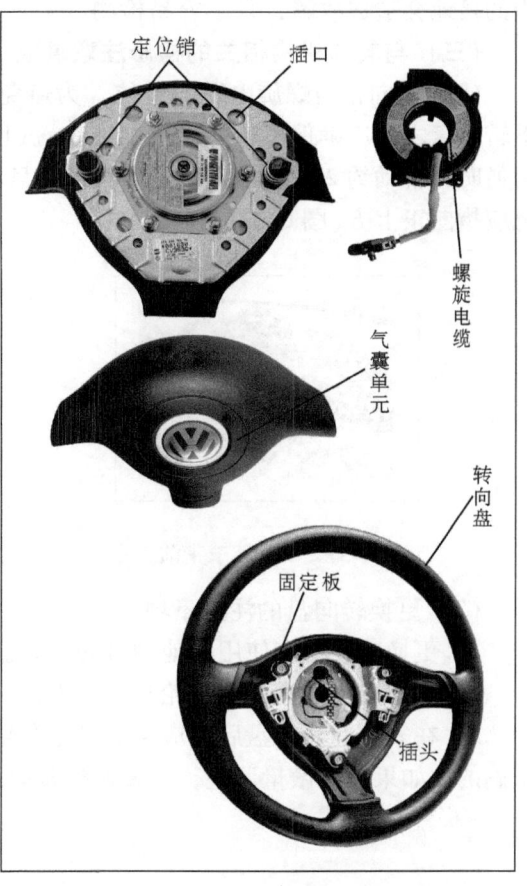

图 6-34　安全气囊分解图

（二）安全气囊系统检修注意事项

（1）一般性故障预防措施

1）认真仔细检查 SRS 零件表面，如果其表面已显示出现凹坑、裂缝及变形，则应立即更换。

2）不要使用万用表检查 SRS 引爆装置，可能会损坏安全气囊系统，甚至造成气囊自动引爆事故。

3）千万不可以使用从其他车上拆下的 SRS 零件，如需修理必须使用新件。

4）每当进行 SRS 线路检查时，首先一定要拆下蓄电池负极导线等待 15min 后方可进行。

5）拆下来的安全气囊组件应存放在水平坚固表面上，且远离火源及任何油料、润滑脂、清洁剂和水等，存放时，应使其衬垫面朝上，并最好用棉花之类的东西罩住。

（2）线路故障预防措施

1）不可以试图修改、并接或修理 SRS 线路，若存在断路或导线损坏，则应更换整个 SRS 线束总成（所有 SRS 线路包覆着黄色绝缘体）。

2）要确保装设的电线不被挤压或干涉其他零件。

3）要确保所有的 SRS 接地部分清洁，并使接地部分的金属处紧密牢固地接触车身。不当的接地会造成故障，且不容易检测。

（三）与转向机构相关的检修注意事项

（1）转向盘与螺旋电缆的定位　为避免重新组装时转向盘或安全气囊定位不准，在拆下转向盘之前应确保车轮处于正前方位置（图 6-35）。顺时针转动螺旋电缆至止动位置，然后逆时针转动约 2 周直至黄色轮齿与转向盘罩上的定位标记对齐。螺旋电缆标牌上的箭头标记应指向正上方（图 6-36）。

图 6-35　车轮处于正前方

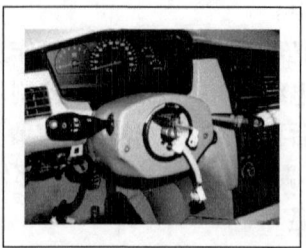

图 6-36　螺旋电缆标记向上

（2）更换转向盘的注意事项

1）更换时，不能使用其他型号的转向盘，只能使用该车专用转向盘。

2）在安装转向盘前，前轮必须处于正前方位置。

3）在安装好转向盘后，应再次确定车轮仍处于直线行驶的方向，且转向盘转动角度是正确的。如果需要微量调整，只要调整转向横拉杆即可，而无须拆下或再调整转向盘。

参 考 文 献

[1] 郎全栋，等. 汽车运行材料[M]. 北京：人民交通出版社，2003.
[2] 张弟宁. 汽车维修[M]. 北京：人民交通出版社，2002.
[3] 陈礁. 汽车材料[M]. 北京：高等教育出版社，2005.
[4] 《车主一看通口袋丛书》编委会. 我爱我车——维护保养[M]. 北京：机械工业出版社，2006.
[5] 凌凯汽车资料编写组. 汽车机修[M]. 北京：北京邮电大学出版社，2006.

读者沟通卡

一、申请课件

本书附赠教学课件供任课教师采用，可在机械工业出版社教育服务网（www.cmpedu.com）注册后免费下载；也可扫描二维码关注"爱车邦"微信订阅号获取课件。

 爱车邦	**免费下载** 教学课件、学习视频、海量学习资料 ➢ 扫描二维码，关注**"爱车邦"** ➢ 点击"粉丝互动"→"视频课件"

二、意见反馈和编写合作

联 系 人：谢元
电　　话：010-88379771
电子信箱：22625793@qq.com
地　　址：北京市西城区百万庄大街 22 号汽车分社
邮　　编：100037